2024年度版

証券業務の基礎

Basic series

三井住友信託銀行
三井住友トラスト・アセットマネジメント株式会社［著］
三井住友トラスト・キャリアパートナーズ株式会社［編］

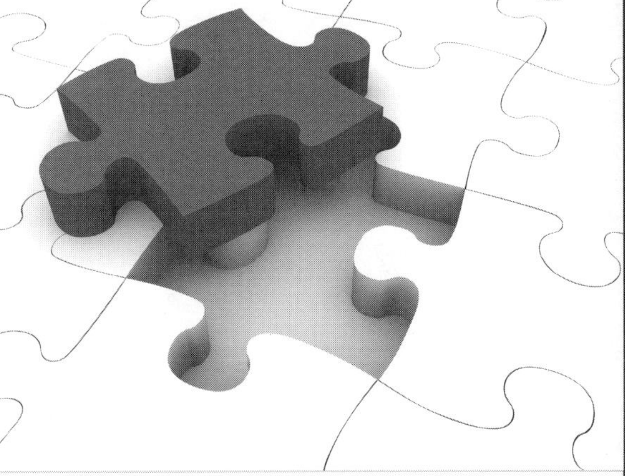

経済法令研究会

2024年度版刊行にあたって

本書は、まさしく銀行が公共債の窓口販売を通じて本格的な証券業務の参入を果たした1983（昭和58）年に刊行されて以来、常に時代の変化を追って改訂を重ねてきました。

この初版の刊行より約50年間で、世界の証券市場は、大きな変化を遂げ、グローバル経済が発展を遂げるなか、日本の証券市場も大きな影響を受けてきました。特にここ数年は金融制度改革やグローバル金融規制が進展し、規制の撤廃や緩和、法制度・会計制度の変更等、多岐にわたる改革が行われています。

このような環境変化の過程において、投資家に対しては自己責任の原則がより明確にうたわれ、同時に金融機関に対しても金融商品取引法等で投資家保護を目的とする説明責任等が課せられており、証券業務に携わる者にとって、より幅広くかつ専門的な知識を持つことが求められています。

このような変化を踏まえ、日常業務の遂行に役立つように、この度、2024年度版を刊行する運びとなりました。

従来同様ご活用いただければ幸いです。

2024年５月

三井住友信託銀行株式会社

三井住友トラスト・アセットマネジメント株式会社

第1編 わが国の証券市場と諸制度

序章 わが国の証券市場

第1章 金融商品取引法

第2章 投資信託の仕組みと種類

第3章 顧客保護に関する事項

第4章 銀行の証券業務

第 2 編 証券発行市場

第 1 章 証券発行市場の概要

第 2 章 公社債の発行市場

第 3 章 株式の発行市場

第 4 章 証券化商品の発行市場

第 3 編 証券流通市場

第 1 章 公社債の流通市場

第 2 章 株式の流通市場

第 5 編　証券税制と会計制度

第 1 章　個人に係る証券税制

第 2 章　法人に係る証券税制

第 3 章　会計制度

第1編
わが国の証券市場と諸制度

序 章

わが国の証券市場

1 金融システムの中の証券市場

「金融市場」には、金融機関と顧客（預金者）で取引を行う「預金市場」、金融機関同士相対で取引を行う「金融機関市場」、公開市場で取引を行う「証券市場」等がある。「預金市場」、「金融機関市場」は相対で取引を行うのに対し、「証券市場」は誰でも参加できる公開取引を行うという点が異なっている。

「証券市場」は、取り扱う証券ごとに市場が異なっており、代表的なものには「株式市場」、「公社債市場」等がある。

■図表1　金融市場イメージ図

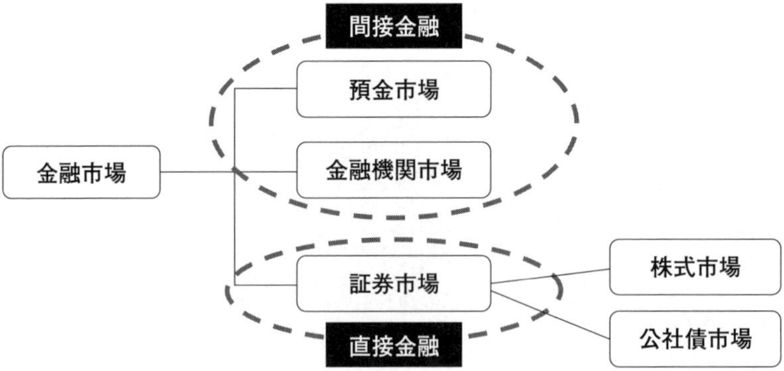

日本では、長い間金融市場の大部分を間接金融が占めてきたが、規制緩和や金融ビッグバンの流れを受け、直接金融へのシフトが注目されている。間接金融が、銀行等の金融機関が資金需給の間に介在し資金を融通させているのに対し、直接金融は、個人や企業等の資金の出し手（投資家）と国や企業等の資金の使い手の間で市場を通じた取引を行い、出し手が直接使い手へ資金を融通している。したがって、間接金融の場合は、金融機関が使い手の信用リスク等を負い、投資家が金融機関のリスクのみを負えばよいのに対し、直接金融は使い手の信用リスク等を資金の出し手が直接負っている。ただし、金融機関を介在させないため、直接金融では間接金融に比べてより効率的に資金が活用されている面もある。

■図表２　直接金融と間接金融

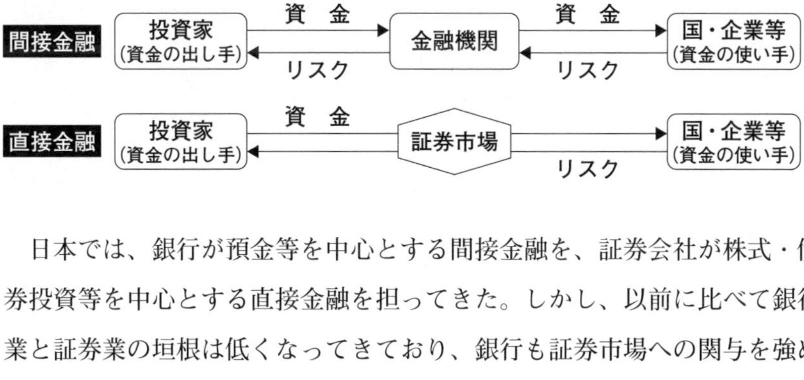

日本では、銀行が預金等を中心とする間接金融を、証券会社が株式・債券投資等を中心とする直接金融を担ってきた。しかし、以前に比べて銀行業と証券業の垣根は低くなってきており、銀行も証券市場への関与を強めている。また、一部の銀行では、同一金融グループ内の証券会社で証券業を行う等の姿勢も見られる。

2 グローバリズムの中の証券市場

近年ますます証券市場のグローバル化が加速しており、アメリカでのリーマンショック、ヨーロッパでのギリシャ危機等が、瞬時に世界中へ広がるようになっている。また、世界的に低金利環境が長期化するなかで先進国の資金が高いリターンを求めて、新興国への投資等を行うようになり、これが徐々に主流を占めていくようになった。そこで、各国の金融商品取引所が自国の存在感を示すため、競争を繰り広げている。たとえば、日本を代表する証券市場である東京証券取引所では、近年の日本の地位低下に歯止めをかける策を練っており、システムの更改、昼休み時間削減（2011年11月より実施）等を行っている。

また、東京証券取引所グループと大阪証券取引所は2013年１月に経営統合を行い、日本取引所グループが誕生した。同年７月には現物株の市場を統合し、上場企業数や株式売買代金で世界第３位の市場となった。

なお、日本取引所グループは、上場企業の持続的な成長と国内外の幅広い投資家から魅力ある投資対象の現物市場と見てもらえるよう、2022年４月４日より４市場区分（一部、二部、マザーズ、ジャスダック）から３市場区分（プライム、スタンダード、グロース）へ変更した。

さらに、日本取引所グループは、利便性の高い現物市場を目指すため、2024年11月から、取引終了時間を現在の15時から15時30分へ延長する予定である。

他にも、近時注目の市場としてデジタル資産市場がある。デジタル資産とはデジタル証券、暗号資産、ステーブルコインの総称である。法規制の面でも、2020年５月１日施行の改正金融商品取引法（金商法）で、ブロックチェーン技術に代表される分散型台帳技術を用いた「トークン」に表示される有価証券に係る権利が、「電子記録移転有価証券表示権利等」と定義されるなどの整備が行われた。

また、2050年のカーボンニュートラル実現のため、2022年度の実証事業を経て2023年10月、カーボン・クレジット市場を開設した。

第1章 金融商品取引法

1 金融商品取引法の概観

金融商品取引法（以下、「金商法」という）は、『金融・資本市場をとりまく環境の変化に対応し、利用者保護ルールの徹底と利用者利便の向上、「貯蓄から投資」に向けての市場機能の確保および金融・資本市場の国際化への対応を図る』ために制定された。具体的には、その第１条において「企業内容等の開示の制度を整備するとともに、金融商品取引業を行う者に関し必要な事項を定め、金融商品取引所の適切な運営を確保すること等により、有価証券の発行及び金融商品等の取引等を公正にし、有価証券の流通を円滑にするほか、資本市場の機能の十全な発揮による金融商品等の公正な価格形成等を図り、もつて国民経済の健全な発展及び投資者の保護に資することを目的とする」と定められており、投資者保護のための横断的法制を整備することで、利用者保護ルールの徹底と利用者利便の向上を促進している。

この法律は、「情報開示（ディスクロージャー）」、「金融商品取引所、金融商品取引業者等への規制」、「取引の規制」、「罰金・課徴金制度」の４つの柱からなっている。

金商法が施行される以前は、個別・縦割りの規制が敷かれていたため、悪質な業者等による投資家への被害が防ぎきれていなかった。それに対応するため、横断的な法律を施行し、投資家を保護することとした。

また、近時の情報通信技術の進展に伴う金融取引の多様化に対応し、2020年5月に暗号資産デリバティブ取引（暗号資産交換等は、資金決済法で規制される）および電子記録移転権利等の業務に関する規制が導入された。暗号資産交換については、2021年6月に改正資金決済法が施行され、交換業者倒産時の顧客への優先弁済権等の利用者保護の確保やルール明確化のため、制度整備が行われた。

さらに、金融のデジタル化による電子的支払手段（ステーブルコイン等）の発行・流通増加と当該領域でのアンチマネーロンダリング対応の必要性高まりに伴い、安定的かつ効率的な資金決済制度を構築するため、2022年6月に資金決済法が改正された。同改正により、ステーブルコインの発行者・仲介者の定義明確化、高額な電子マネーを取扱う場合の犯罪収益移転防止法に基づく取引時確認義務の適用、銀行等からアンチマネーロンダリング対応に関する委託を受けて為替取引分析を行う業者への許可制導入等を通じた、適切な業務運営を確保するための対応が行われた。

2 ディスクロージャー規定

金商法には、有価証券の発行・流通に際して、取引の対象である有価証券の真実価値に係る情報を市場に広く提供し、市場取引の成立を確保することを目的として、有価証券の募集または売出しの際の届出、有価証券届出書、目論見書の作成・開示の規定等がある。また、不特定多数の投資家から株式を買い付ける株式公開買付制度（TOB）に関する規制や、株式を大量に取得した場合に届出が必要となる大量保有報告制度の規定がある。ここでは、主に大量保有報告について説明していく。

大量保有報告とは、株券等に係る大量保有の状況を投資者に迅速に開示するための制度である。上場株券等の保有割合が５％超となった場合、その日から５営業日以内に大量保有者や共同保有者の概要、保有目的、保有株式の内訳、最近60日間の取得処分状況、保有株券等の取得資金に関する情報等を記載した大量保有報告書を内閣総理大臣に提出しなければならない。経営権の取得を目的とした買収は、たとえ買収先の企業が望んでいない敵対的買収であったとしても、直ちに金商法に違反するわけではない。しかし、買収のため株式の大量買付を行うことで、株価の乱高下が生じるおそれが強く、これに関する十分な市場情報を有していない一般投資家が不測の損害を被らないよう、株式の大量取得・保有に関する状況を開示するよう求めている。このような情報を適切に投資者に伝えることで、株式市場の公正性・透明性確保、投資者保護が図られている。

対象となる有価証券は、①株式、②新株予約権証券および新株予約権付社債券、③投資証券等、④外国の者が発行する証券・証書で前述の①から②の性質を有するものとして政令で定めるものなどである。この制度は、大量保有により会社の支配権に影響を及ぼすものを対象にしているため、無議決権株は、対象から除外されている。

大量保有報告書の提出義務は、株式の保有者が負っており、保有者に含まれるのは、自己または他人の名義で株式を保有する者、信託により議決権行使権限を有する者、投資一任契約等により株式投資に必要な権限を有する者等である。保有割合の計算については、保有者の保有株式数に共同保有者（夫婦関係や親子会社の場合は、共同保有者にみなされる）の保有株式数を加え、それを発行済株式数で除した割合が株式保有割合となる。提出後、保有割合が１％以上増減した場合等報告事由に該当した場合は、その日から５営業日以内に変更報告書の提出が求められる。ただし、証券会社や銀行等の日常の営業活動として大量の株券等の売買を行っている機関投資家は、事務負担等を考慮し、報告頻度および開示項目について軽減措置がとられている（特例報告制度）。

金商法では、投資者への情報開示を目的として、有価証券の募集・売出しに関しても、有価証券届出書の提出が定められている。これは、有価証券の条件や企業の財務状況等を記載し、財務局を通じて内閣総理大臣へ提出するものである。しかし、募集・売出しの際に厳格な情報開示規制を設けることで、事務手続きが煩雑となることを避けるため、一定の要件（上場企業、一定額以上の株券の売買金額・時価総額、指定格付の取得等）のもと、発行登録制度という緩和措置がとられている。

3 金融商品取引業

金融商品取引業は、内閣総理大臣の登録を受けた金融商品取引業者（以下、「金商業者」という）が行うことができるものである。金融商品取引業は、業務内容の範囲によって、第一種金融商品取引業、第二種金融商品取引業、投資助言・代理業、投資運用業に分類される。金融商品市場は、

■図表１－１－１　金融商品取引業の区分

区　分	業　務
第一種金融商品取引業	有価証券（第二条第一項有価証券）の売買等、市場デリバティブ取引等、店頭デリバティブ取引等、有価証券の引受け、私設取引システム運営、有価証券管理業務等、暗号資産関連店頭デリバティブ取引、電子記録移転権利等
第二種金融商品取引業	みなし有価証券（第二条第二項有価証券）の売買等、集団投資スキーム持分等の自己募集、有価証券に関するものでない市場デリバティブ取引等
投資助言・代理業	投資助言業務、投資顧問契約・投資一任契約締結の代理・媒介
投資運用業	投資一任業務、ファンド運用業務

投資家が積極的に資産運用を行うため、また企業が円滑に資産調達を図るために、公正かつ円滑なものでなければならない。金商業者は金融市場の担い手として、市場仲介機能の発揮や金融商品の公正な価格形成に貢献し金融市場に対する投資家の信任を高めることにより、金融市場の発展、さらには我が国の経済の発展に寄与していくことが求められている。一方で、その地位の重要性を鑑み、その行為規制が幅広く定められている。

銀行等の預金を扱う金融機関は、原則として、有価証券関連業、または投資運用業を行うことができない。これは、預金の預入れを業とする金融機関が投資運用業等を行って損失を被った場合、財務の健全性を害し、預金者へ不測の損害を与えてしまうことや、これらの業務の兼営が行われてきた時代に、多くの不正が発生した歴史的背景等が理由としてあげられる。

1 一般的義務

(1) 誠実・公正義務

資本市場において公正な価格形成をするため、金商業者、その役員および使用人は、顧客に対して誠実かつ公正に職務を執行しなければならない。

(2) 広告規制

金商業者が金融商品取引業の内容について広告を行う場合、一定の義務を課し、利益の見込等について著しく事実に相違する表示、または著しく誤認させる表示をすることを禁止している。対象となる広告は、郵便、FAX、電子メール、ホームページ、パンフレット配布等「多数の者に対して同様の内容で行う情報の提供」と定められている。

(3) 書面交付義務および説明義務

金商業者は、金融商品取引契約の際に、契約締結前書面等の交付および取引内容の説明が義務として課されている。これは、金商業者と投資者との間の情報格差を埋め、金融商品等の公正な価格形成のために不可欠である。

⑷　適合性原則の順守義務

金商業者は、金融商品取引について、顧客の知識、経験および財産の状況および金融商品取引契約を締結する目的に照らして、不適当と認められる勧誘を行って投資者の保護に欠けることのないよう業務を営まなければならない。たとえ投資者が望んでいる取引であっても、経験や財務状況に照らして不適当と考えられるときは、当該取引を引き受けてはならない。

⑸　最良執行義務

金商業者は、有価証券売買等に関する顧客の注文について、最良の取引条件で執行するための方針および方法を定めなければならない。また、金商業者は、最良執行方針を公表し、その方針に従って取引を執行しなければならない。

⑹　受託契約準則の順守義務

顧客の売買等の注文が取引所金融商品市場で執行される場合は、その所属する金融商品取引所が定める受託契約準則によらなければならない。

⑺　分別管理義務

金商業者が顧客から有価証券や金銭の預託を受けた場合、金商業者は顧客に対し、善良な管理者の注意をもって有価証券管理業務を行う必要がある。これには、金商業者が破たんした場合に、顧客から預かっている財産を保全する目的がある。また、分別管理を徹底することで金商業者破たんの影響を限定し、資本市場に与える影響を軽減する効果も期待されている。

⑻　損失補てんの禁止

顧客が投資によって損失を被った場合、金商業者がこの損失を補てんする行為は禁止されている。このような行為は、資本市場の担い手である金商業者が、市場の担い手という責務に背き、公正な価格形成を妨げるものであるからである。また、顧客が金商業者に対して損失補てんを要求することも禁止されている。

2　業態・業務状況に係る行為規制

⑴　名義貸しの禁止

金商業者が自己の名義を使って他人に金融商品取引業を行わせることを禁止している。

⑵　社債管理者になること等の禁止

有価証券関連業務を行う金商業者は、社債管理者または担保付社債信託契約の受託会社になることができない。これらの行為は、社債権者の利益を保護するためのものであり、資本市場の担い手として有価証券関連業務を行う金商業者の中立的立場と相容れないためである。ただし、社債の引受人となることは可能とされている。

⑶　回転売買等の禁止

顧客の意思を確認せず頻繁に売買を行うことは禁止されている。これは、投資者保護の目的に背き、市場の公正を損なうおそれがあるためである。

⑷　過当な引受競争を行う営業の禁止

金商業者が引受けに関して自己の取引上の地位を維持または有利にするために、著しく不適当と認められる数量、価格等の条件により、有価証券の引受けを行うことを禁止している。

⑸　金融機関との誤認防止

金商業者の本店、その他の営業所または事務所について、金融機関の本店、その他の営業所、事務所、代理店と同一の建物に設置してその業務を行う場合は、顧客がその金商業者を金融機関と誤認しないようにするため、適切な措置を講じなければならない。

有価証券を引き受けた金商業者は、その有価証券を売却する場合、引き受けた日から６ヵ月を経過するまでは、その買主に対し買入代金を貸し付けてはならない。

3　市場価格歪曲に係る市場阻害行為

(1)　フロントランニングの禁止

顧客から有価証券の売付けまたは買付けの委託等を受けた場合、その委託売買を成立させる前に自己の計算においてその有価証券と同一の銘柄の売買を成立させることを目的として、その顧客の委託価格と同一またはそれよりも有利な価格で売付けまたは買付けをする行為は、売買注文情報の不当利用行為であり、顧客に対する誠実義務に反する行為として禁止されている。

(2)　無断売買の禁止

金商業者が顧客の同意を得ずに、当該顧客の計算により有価証券の売買をしてはならない。これは、金商法で定めなくとも、法律上無断売買として無効となる。

(3)　自己計算取引および過当数量取引の制限

金商業者が自己の計算において売買等を行う、または過当な数量の取引を行う場合は、取引所金融市場等の価格変動を強めるおそれがあるとともに、顧客注文と自己計算取引とを組み合わせることで、顧客取引より自己取引を優先させる温床ともなる。取引一任契約等に基づいて有価証券の売買またはデリバティブ取引を行う場合は、委任の本旨または当該契約の金額と照らして妥当な範囲で取引を行わなければならない。

(4)　法人関係情報の管理

法人関係情報は、金商業者自身のインサイダー取引、法人関係情報を利用した顧客の売買取引誘引を引き起こす可能性があり、金商業者がこのような不公正取引を防止できないと認められる情報管理を行っていた場合に是正命令を発せられることがある。

(5)　作為的相場形成の禁止

金商法は公正な価格形成を目的としているため、それを害する相場操縦は禁止されている。しかし、相場操縦はその立証が困難であるため、金商業者またはその役職員は、特定の銘柄の有価証券等について、実勢を反映しない作為的相場が形成されることを知りながら売買取引を行うことを禁止されている。ここでの「知りながら」は、受託の時期、数量、発注者の地位、身分等を勘案して、客観的に判断される。

⑹　信用取引の自己向かいの禁止

信用取引では、顧客の信用取引を市場で執行した金商業者は、その決済に必要な現金または株式を自己の責任で調達しなければならない。同一銘柄について、顧客の買いと金商業者の売り、逆に顧客の売りと金商業者の買いをマッチングすれば取引は成立する。しかし、顧客の買いと金商業者の売りのケースでは、株式が値上がりすれば顧客が利益を得て、値下がりすれば金商業者が利益を得るというように、顧客と金商業者の利害が対立してしまう。このような取引は顧客に対する誠実義務に反しており、公正な価格形成を阻害するものとして禁じられている。

⑺　役職員の地位を利用した売買の禁止

金商業者およびその役職員は、自己の職務上の地位を利用して、顧客の有価証券の売買等に係る注文の動向、その他職務上知り得た特別な情報に基づいて有価証券の売買を行ってはならない。

⑻　引受金商業者による安定操作期間中の自己買付等の禁止

安定操作とは、人為的に株価を維持している状態であり、これ自体が相場操縦の性質を有している。これは、資金調達目的のために、一定の枠内で認められている。安定操作を行っている金商業者が自己の計算による買付け、または他の金商業者に関する買付委託を行うことは、発行市場における需給を歪めてしまう可能性が高いため禁止されている。

4　金融商品仲介業

金融商品仲介業は、金商業者または登録金融機関から委託を受けて、次の4つの行為を行うものである。この行為を行う法人を金融商品仲介業者と呼ぶ。

①有価証券の売買の媒介

②取引所金融市場における有価証券の売買・市場デリバティブ取引または外国市場デリバティブ取引の委託の媒介

③有価証券の募集もしくは売出しの取扱いまたは私募の取扱い

④投資顧問契約または投資一任契約の締結の媒介

金商業者と金融商品仲介業者の違いは、金商業者は直接顧客へ金融商品を販売するのに対し、金融商品仲介業者は、顧客と金商業者を仲介する点である。

5　金融サービス仲介業

近時の銀行・証券会社・保険会社のサービスをワンストップで受けたいという利用者ニーズに応じ、2021年11月施行の「金融サービスの提供に関する法律（金融サービス提供法）」では「金融サービス仲介業」が創設された。特定の金融機関に所属せず、1つの登録で「銀行」・「証券」「保険」・「貸金」業すべての分野のサービスを仲介することが可能となり、一定の要件のもと、届出を行えば電子決済等代行業【参考1－1】も可能となった。

なお、非上場株、デリバティブ、信用取引等の、顧客に対し高度に専門的な説明を必要とする金融サービスの仲介はできず、取扱可能サービスは、国債、上場株、投資信託等に限定される。また、利用者財産の受入禁止、金融機関から受け取る手数料等の開示義務等、行為規制も敷かれている。

【参考1－1】電子決済等代行業

「電子決済等代行業」は、2018年6月に施行された銀行法改正で新たな業種として新設された。業務としては、顧客の依頼により銀行に決済指図をして経費等の振替処理や送金を行う「決済指図伝達サービス」、顧客の同意を得て金融機関の口座情報を取得し、FinTech企業等の家計簿サービスや中小企業向け会計サービスの提供を容易とする「口座情報提供サービス」がある。

4 金融商品取引所等

金融商品取引所は、内閣総理大臣の免許を受けて金融商品市場を開設する金融商品会員制法人、または株式会社である。従来は非営利組織であったが、金融・資本市場のグローバル化と取引所間の競争激化に伴い、株式会社形式に変更された。しかし、株式会社化した取引所は、株式会社としての営利性と取引所の公正性・透明性確保に向けた自主規制業務の間に利益相反が生じるおそれがある。自主規制業務とは、取引所が収益のみを追求した結果、顧客の利益を害してしまうことのないよう、取引所が自らを規制しているものである。具体的には、上場・上場廃止の審査、取引参加者の法令遵守状況等の調査があげられる。自主規制業務の決定機関は、取締役会等とは異なる独立した自主規制法人もしくは自主規制委員会となっている。

金融商品取引業協会は、金商業者の自主規制団体であり、金商法でその設置が認められている。その形態としては、認可金融商品取引業協会と認定金融商品取引業協会および認定投資者保護団体の3つがある。認可金融商品取引業協会には日本証券業協会があり、また、主な認定金融商品取引業協会には金融先物取引業協会、投資信託協会、日本投資顧問業協会等がある。認可金融商品取引業協会【参考1－2】は、有価証券の売買およびデリバティブ取引等を公正かつ円滑にし、金商業者の発展および投資者を保護することを目的として、金商業者によって設立されるものである。金融商品取引所と同じく自主規制機関であるものの、取引所の取引規制の対象が会員業者にとどまるのに対して、当該協会の規制は取引所金融商品市場以外での売買取引についても広く対象としている。設立には内閣総理大臣の認可が必要である。主な業務としては、次のようなものがある。

①店頭売買有価証券市場の開設

②協会員の法令遵守のための措置

③外務員の登録事務

④紛争処理制度の運用等（1編3章❻参照）

日本投資者保護基金は、金商法の規定により設立された、投資者保護を目的とする機関である。そもそも、金商業者は顧客資産の分別管理義務を課されているが、金商業者が義務を怠る等の理由により、金商業者の破たん時に顧客が業者へ預けた金銭・有価証券が戻ってこなくなる等、投資判断等とは関係ないところで投資者が損害を被る可能性がある。こうした場合に、投資者の救済や市場の連続性を維持するため、投資者保護基金がある。金商法上、有価証券関連業を営む証券会社等の第一種金融商品取引業者は、必ず投資者保護基金に加入しなければならないこととされている。つまり、投資者保護基金会員の経営破たん等の際、会員が顧客から預かっている有価証券・金銭の返還が困難な場合には、基金が顧客に対し、金銭による補償を行うこととなっている。

会員は、原則として、有価証券関連業によって顧客から預かった有価証券・金銭を会員自身の固有財産と分別して管理しなければならないことになっている。そのため、大抵の場合は、会員が経営破たんした場合でも、顧客から預かった有価証券・金銭をそれぞれの顧客に返還することが可能

【参考1－2】認定金融商品取引業協会

「第二種金融商品取引業協会」の他、暗号資産交換等、近時の金融取引の多様化に対応し、「日本暗号資産取引業協会」「日本STO協会」が認定金融商品取引業協会として認定を受けている。

になるが、何らかの理由により返還できない場合は、投資者保護基金が顧客の有価証券・金銭について金銭による補償を行う。また、補償の対象は法律上の一般顧客（金融機関等の適格機関投資家等「プロの投資家」を除く）に、補償される取引は有価証券関連業に係る取引に関して会員に預託した金銭・有価証券等に限定され、補償される取引限度額も１人当たり1,000万円となっている。

5 不公正行為の禁止

金商法では、利用者保護を徹底し、取引の公正性・透明性を確保し、市場に対する国民の信頼を確保することだけでなく、資本市場の機能が阻害されるのを防止する目的で不公正取引を禁止している。罰則の内容も従前の証券取引法（以下、「証取法」という）と比較して開示書類の虚偽記載や不公正取引等についての罰則水準を引き上げた。主なものとして、風説の流布、偽計取引、相場操縦、インサイダー取引等があげられる。

⑴ 風説の流布・偽計取引

金商法では、有価証券の募集・売出し、売買等の取引、もしくはデリバティブ取引等のため、または有価証券相場の変動を図る目的をもって風説を流布し、偽計を用いてはならないと定められている。また、このような犯罪によって得た利益は、没収・追徴の対象となる。

⑵ 相場操縦

相場操縦とは、市場において相場を意識的・人為的に変動させ、その相場があたかも自然の需給によって形成されたものであるかのように他人に誤解させることによって、その相場の変動を利用して自己の利益を図ろうとする行為である。これによって得た利益は、没収・追徴の対象となることに加え、これにより損害を受けたものに賠償しなければならない。具体的には、売買の意思のない取引を行い、取引が頻繁に行われているように見せかける仮装売買、馴合売買、および上場有価証券売買等の取引を誘引する目的をもって、有価証券売買が頻繁であると誤解させる現実取引による相場操縦がある。

①仮装売買：上場有価証券の売買等において、他人に取引状況を誤解させる目的をもって、権利移転・金銭の授受を目的としない仮装の取引をすること

②馴合売買：上場有価証券の売買等において、自己が行う売付けと同時期にそれと同価格で他人が買付けを行うことをあらかじめその者と共謀して行うこと

③現実取引による相場操縦：上場有価証券の売買等において、取引を誘引する目的をもって有価証券の売買等が頻繁であると誤解させるために、相場を変動させるべき有価証券の売買申込等を行うこと

(3) インサイダー取引

会社の内部者情報に接する立場にある会社役員等が、その特別な立場を利用して会社の重要な内部者情報を知り、情報が公表される前にこの会社の株を売買することをインサイダー取引という。会社役員等と一般投資家の間には持っている情報に格差があるため、このようなインサイダー取引が行われていると、投資家間での不公平が生じ、証券市場の公平性・健全性に対する投資家からの信頼を損なうおそれがあるために規制されている。

金商法166条および167条において規制されているインサイダー取引とは、未公表の重要事実を知って、会社関係者または情報受領者が、特定有価証券等の売買等を行うことをいう。

さらにインサイダー取引の増加を背景に、未公表の重要事実を知っている会社関係者が、他人に対し、「公表前に取引をさせることにより利益を得させる目的」をもって、情報伝達・取引推奨を行う行為が禁止されてい

る（情報伝達・取引推奨行為に対する規制）。

また、インサイダー取引規制の対象となる特定有価証券等の範囲には、株式のみならず社債、新株予約権、優先出資証券、REIT 等上場投資法人が発行する投資証券等が広く含まれる。

(i)重要事実の例

【上場会社等の場合（上場投資法人等を除く）】

①決定事実：新株等発行（公募増資等）、業務提携・解消、民事再生・会社更生、株式交換・合併等

②発生事実：行政処分の発生、損害の発生等

③決算情報：業績予想等の修正

④その他バスケット条項：①〜③のほか、上場会社の運営、業務または財産に関する重要事実であって投資者の投資判断に著しい影響を及ぼすもの

【上場会社等の子会社の場合】

①決定事実：業務提携・解消、民事再生・会社更生、株式交換・合併等

②発生事実：行政処分の発生、損害の発生

③決算情報：業績予想等の修正

④その他バスケット条項：①〜③のほか、上場会社等の子会社の運営、業務または財産に関する重要事実であって投資者の投資判断に著しい影響を及ぼすもの

【上場投資法人等の場合】

①決定事実：資産運用に係る委託契約の締結・解約、投資口の募集、合併等

②発生事実：行政処分の発生、損害の発生等

③決算情報：業績予想等の修正

④その他バスケット条項：①〜③のほか、上場投資法人等の運営、業

務または財産に関する重要事実であって投資者の投資判断に著しい影響を及ぼすもの

【上場投資法人等の資産運用会社の場合】

①決定事実：上場投資法人からの委託を受けて行う上場投資法人等の資産の譲渡・取得、株式交換・合併等

②発生事実：行政処分の発生、特定関係法人の異動等

(ii)会社関係者の例

①上場会社等（上場会社とその親会社・子会社、上場投資法人、上場投資法人の資産運用会社およびその特定関係法人）の役員等（役員、代理人、使用人その他従業員）

②上場会社等の帳簿閲覧権を有する株主

③上場会社等に対して法令に基づく権限を有する者

④上場会社等と契約を締結している者または締結交渉中の者

⑤ ②、④が法人である場合、その法人の他の役員等

6 罰金・課徴金制度

金融機関への検査・監督および証券取引等に対する監視するための機関として、金融庁が置かれている。金融庁は証券取引等に対する監視を証券取引等監視委員会に委任しており、証券取引等監視委員会は日常的な市場監視や、業者に対する検査、有価証券報告書等の検査、課徴金検査、犯則事件の調査等、次の権限について委任を受けている。

①金商業者、金融商品仲介業者、金融商品取引所等ならびにその取引の相手、業務受託者および関連会社ならびに外国金融商品取引所等への資料等の提出命令、検査権限

②風説の流布、相場操縦、内部者取引等によって課徴金が課され得る事

件に係る報告徴収、立入り検査

③公開買付関係者、大量保有報告関係者、特例業務報告者、認可協会、投資者保護基金、取引所の対象議決権保有届出提出者および主要株主、金融商品取引清算機関、証券金融会社、公認会計士・監査法人への報告資料提出命令

④違反行為の禁止・停止の裁判所に対する申立てに係る金融庁長官の権限

資本市場は公益性が高く、市場の監視、上場管理、会計制度のように機動的に対応が必要な項目が多く存在する。これに対応するための金融行政制度は、市場阻害行為が生じそうな場合に差止めを行うこと、市場阻害行為が起こってしまった場合に違法行為によって獲得された利益をその違法行為を行ったものからはく奪すること、市場阻害行為が起こらなくなるような抑止力のある制裁を準備することが必要である。

7 デジタル資産

1 デジタル資産と金融規制

2010年代における暗号資産（当時は仮想通貨）の広がりや流出事件等を受け、金融規制におけるデジタル資産の取扱いも変化してきた。2020年５月施行の改正資金決済法・金商法等と政令・内閣府令等は、デジタル資産に関して議論がされてきた様々な事象・ビジネスモデルにおいて一定の解を与えるルールメイキングの集大成であり、大きな意味をもつ。その後もデジタル資産の多様化に伴い関連法令等が整備されている状況であり、直近では2022年に改正資金決済法が公布されている。なお、金融規制ではデジタル証券、暗号資産、ステーブルコイン（デジタルマネー類似型）をデジタル資産の対象としており、そのためNFTやユーティリティトークン

等は原則として金融規制の対象外である。

2　デジタル資産の分類

前述の通り、デジタル資産はデジタル証券、暗号資産、ステーブルコイン（デジタルマネー類似型）の３つに分類される。

デジタル証券は、金融商品取引業等に関する内閣府令１条４項17号、６条の３に規定される「電子記録移転有価証券表示権利等」のことを指し、次の２つを要件とする。①金商法２条２項の規定により有価証券とみなされる権利であること、②電子的に記録・移転が可能であること。

暗号資産は2022年６月17日に施行された改正資金決済法２条14項で定義されており、次の３つを要件とする。①法定通貨もしくは法定通貨建資産（プリペイドカード等）以外の財産的価値であること、②不特定の者に対する決済手段として利用でき、かつ法定通貨（日本円や米国ドル等）と相互に交換可能であること、③電子的に記録・移転が可能であること。

■図表１－１－２　デジタル資産の定義と根拠法

デジタル資産	定義	根拠法
デジタル証券	電子記録移転有価証券表示権利等。以下２つの要件を満たすもの ①金商法２条２項の規定により有価証券とみなされる権利 ②電子的に記録・移転が可能	金融商品取引法
暗号資産	以下３つの要件を満たすもの ①法定通貨もしくは法定通貨建資産（プリペイドカード等）以外の財産的価値 ②不特定の者に対する決済手段として利用でき、かつ法定通貨（日本円や米国ドル等）と相互に交換可能 ③電子的に記録・移転が可能	改正資金決済法
ステーブルコイン（デジタルマネー類似型）	以下３つの要件を満たすもの ①法定通貨建資産（前払式支払手段を除く） ②不特定の者に対する決済手段として利用可能 ③電子的に記録・移転が可能	改正資金決済法

ステーブルコイン（デジタルマネー類似型）は改正資金決済法２条５項で定義されており、次の３つを要件とする。①法定通貨建資産（前払式支払手段を除く）であること、②不特定の者に対する決済手段として利用可能であること、③電子的に記録・移転が可能であること。

根拠法はデジタル資産ごとに異なるが、電子的に記録・移転可能であることを要件としているのは共通している（「図表１－１－２」）。

3　デジタル証券の分類と規制

デジタル証券は「電子記録移転有価証券表示権利等」と定義づけられており、権利をトークン化した有価証券のことである。

トークン化が可能である権利は、「金商法２条１項各号に掲げる有価証券に表示されるべき権利（国債、社債、株式等）」および「金商法２条２項各号に掲げる権利（信託受益権、集団投資スキーム持分等、いわゆるみなし有価証券）」である。「金商法２条１項各号に掲げる有価証券に表示されるべき権利」はトークン化された場合、金商法では、①トークン化された有価証券表示権利（トークン化有価証券）として扱われる。「金商法２条２項各号に掲げる権利」についてはトークン化された場合、金商法では、②電子記録移転権利、もしくは、③適用除外電子記録移転権利として扱われる（「図表１－１－３」）。なお、適用除外電子記録移転権利（電子記録移転権利の定義から内閣府令により除外されるもの）の範囲【参考１－３】は、金融庁によれば、投資者保護とイノベーションのバランスにも配慮しつつ、流通性等を勘案したものとして定められた。

【参考１－３】適用除外電子記録移転権利の範囲

令和２年４月３日付金融庁「令和元年資金決済法改正等に係る政令・内閣府令等に対するパブリックコメントの結果等について」における「コメントの概要及びコメントに対する金融庁の考え方（質問番号137～140に対する金融庁パブコメ回答）」を参照

【参考１－４】投資事業有限責任組合（LPS）におけるデジタル証券への投資

投資事業有限責任組合契約に関する法律３条１項では、資金調達円滑化の観点から、投資事業有限責任組合（LPS）が実施できる業務が列挙されている。LPS がデジタル証券に投資する際には、組合契約において定められた事業内容にデジタル証券への投資が含まれる必要があるが、2023年４月19日付経済産業省「投資事業有限責任組合契約に関する法律３条１項に規定される事業におけるセキュリティトークン等の取扱いについて」において、投資事業有限責任組合が取得及び保有が可能とされる有価証券については、トークン化されたものの取得および保有も当然に対象事業となることが明らかとなった。

なお、デジタル証券への投資が、組合契約において定められた事業内容の範囲内と認められない場合は無権代理行為となり、民法117条に従い、無限責任組合員が相手方に対して履行または損害賠償責任を負うことになる。

デジタル証券の規制についても証券の分類ごとに規制が異なる。①トークン化された有価証券表示権利（トークン化有価証券）は、第一項有価証券に該当するため、発行者は原則として発行・継続開示の義務がある。また、取引者は第一種金融商品取引業の規制を受けるため、登録時の最低資本金5,000万円、自己資本比率の継続的なモニタリングなど高水準の規制を受ける。②電子記録移転権利については、トークン化の前は第二項有価証券であったが、トークン化されることにより第一項有価証券に該当するため、発行者に対する規制および取扱者に対する規制は、①トークン化さ

■図表１－１－３　権利の種類と金商法上の扱い

	権利の種類	権利をトークン化した場合の金商法上の扱い
電子記録移転有価証券表示権利等	金商法２条１項各号に掲げる有価証券に表示されるべき権利（国債、社債、株式等）	①トークン化された有価証券表示権利（トークン化有価証券）
	金商法２条２項各号に掲げる権利（信託受益権、集団投資スキーム持分等）	②電子記録移転権利 ③適用除外電子記録移転権利

れた有価証券表示権利（トークン化有価証券）と同様である。一方、③適用除外電子記録移転権利については、第二項有価証券に該当するため、発行者は原則として発行・継続開示の義務はない。取扱者に対しては第二種金融商品取引業が適用され、最低資本金は1,000万円でよく、自己資本規制も受けない（「図表１－１－４」）。

■図表１－１－４　デジタル証券の規制関係

	発行者に対する規制	取扱者に対する規制
①トークン化された有価証券表示権利（トークン化有価証券）	第一項有価証券 原則として発行・継続開示の義務あり	第一種金融商品取引業 登録時の最低資本金5,000万円、自己資本比率の継続的なモニタリングなど高水準の規制を受ける
②電子記録移転権利	第一項有価証券 原則として発行・継続開示の義務あり ※改正前は第二項有価証券	第一種金融商品取引業 ※改正前は第二種金融商品取引業
③適用除外電子記録移転権利（内閣府令により、電子記録移転権利から除外されるもの）	第二項有価証券 原則として発行・継続開示の義務なし	第二種金融商品取引業 最低資本金は1,000万円、自己資本規制は受けない

第2章 投資信託の仕組みと種類

1 投資信託制度

1 投資信託とはなにか

投資信託は、各々の国により形態や種類は異なっているが、基本的には、一般投資家から出資された資金を、投資家に代わって専門の運用機関がリスク回避のため分散投資による合同運用を行い、運用による利益または損失を出資に応じて投資家に配分するものである。

一般に有価証券投資等を行う際に、リスクを抑えて効率的な投資成果をあげるためには、投資対象や投資時期の分散と、その分散投資を可能にするまとまった資金が必要となる。また、経済・市場に対する調査・分析、高度な投資手法等々、専門的な知識や経験も不可欠となる。

しかしながら、個々の投資家が単独でこれを行うには限界がある。投資信託や投資法人は、こうした一般の投資家に対して有価証券等への投資機会を与えている点に意義があるといえる。

2 投資信託の定義

1951年、投資家の保護を目的に委託会社の監督規制を中心とした「証券投資信託法」が制定され、以後、投資信託市場を取り巻く環境の変化等に応じて改正されてきた。特に、1998年12月には私募投資信託と証券投資法人が解禁され、2000年11月には、「投資信託及び投資法人に関する法律」（以下、「投資信託法」という）となり、投資対象が不動産等まで拡大されるなど、大幅に改正が行われた。

2006年６月には、従前の「証取法」を改正した「金商法」が制定され、これに伴い「投資信託法」も改正された。また、2008年６月には「金融商品取引法等の一部を改正する法律」が公布され、これに伴い、再度「投資信託法」も改正されることとなった。この改正により、投資信託が投資対象とすることができる資産に商品や商品投資等取引が追加された。さらに、投資商品の複雑化やリスク複合化等を背景に個人投資家の保護（分散投資、情報開示の改善等）を目的として、2013年６月に「投資信託法」および「金商法」が改正された。

投資信託法は、運用の専門家が投資家の資金を主として有価証券等に対する投資として合同して運用し、その成果を分配する制度として投資信託と投資法人を規定している。このうち、投資信託は、投資信託法において、委託者指図型投資信託および委託者非指図型投資信託と定義している。

⑴　投資信託

委託者指図型投資信託とは、信託財産を委託者の指図に基づいて主として有価証券、不動産その他の資産で投資を容易にすることが必要であるものとして政令で定めるもの（以下、「特定資産」という）に対する投資として運用することを目的とする信託であって、投資信託法に基づき設定され、かつ、その受益権を分割して複数の者に取得させることを目的とするもの（投資信託法２条１項）をいう。

なお、証券投資信託とは、委託者指図型投資信託のうち主として有価証券に対する投資として運用することを目的とするもの（投資信託法２条４項）であって、投資信託財産の総額の２分の１を超える額を有価証券に対する投資として運用することを目的とする（投資信託法施行令6条）ものをいう。すなわち、次にあげるものが、証券投資信託の法的要件となる。

①委託者である投資信託委託会社が運用指図を行う。

②主として有価証券投資を目的とする。

③投資信託法に基づき投資信託契約により設定される。

④受益者が複数である。

何人も証券投資信託を除き、信託財産を主として有価証券に対する投資として運用することを目的とする信託契約を締結してはならない（投資信託法7条）が、信託の受益権を分割して複数の者に取得させることを目的としないものは禁止されない（投資信託法7条但書）。

一方、委託者非指図型投資信託とは、1個の信託約款に基づいて、受託者が複数の委託者との間に締結する投資信託契約により受け入れた金銭を、合同して、委託者の指図に基づかず主として特定資産に対する投資として運用することを目的とする信託であって、投資信託法に基づき設定されるもの（投資信託法2条2項）をいう。

⑵ 投資法人

投資法人とは、資産を主として特定資産に対する投資として運用することを目的として、投資信託法に基づき設立された社団（投資信託法2条12項）をいい、有価証券を主な投資対象とする証券投資法人や不動産を主な投資対象とする不動産投資法人が設立されている。

3 投資信託の分類・種類

⑴ 公募投資信託と私募投資信託

これまで投資信託は、「不特定かつ多数の者」に取得させることを目的とする、と定義されてきたが、1998年12月の投資信託法の改正により、「複数の者」に改められ、従来の公募投資信託に加えて特定、あるいは少人数の投資家を対象とした私募投資信託の設定が可能になった。

投資信託法上の私募とは、①適格機関投資家のみを相手とした勧誘で、適格機関投資家以外の者に譲渡されるおそれが少ない場合（「適格機関投資家私募」）、②特定投資家のみを相手とした勧誘で、特定投資家以外の者に譲渡されるおそれが少ない場合（「特定投資家私募」）、③50名未満の少人数向け勧誘で、転売によって多数の投資家に譲渡されるおそれが少ない場合（「一般投資家私募」）のいずれかをいう（投資信託法２条９項・10項、金商法２条３項、金商法施行令１条の５）。

また、投資家の運用ニーズに応えるオーダーメイド型の商品であるという観点から、流動性の乏しい資産の組入れに関する量的制限等の運用規制は、私募投資信託には適用されない。

⑵　単位型（ユニット型）と追加型（オープン型）

単位型とは一定の募集期間を設けて投資家から資金を募集し、この資金で設定した後は、ファンドへの資金の追加はできない。また、信託期間は有期限である。

単位型は、１ファンドごとに独立して運用される。一方で同様のファンドをシリーズ化する場合は、解約により資金が減少し、運用に支障をきたす可能性がある。このため、まとまった資金を運用するマザーファンドをあらかじめ設定し、定期的に設定するベビーファンドから資金を拠出する。ベビーファンドは、マザーファンドの受益証券を取得する方法が用いられる場合もある。

追加型は、ファンドの設定後も、その時のファンドの時価（基準価額）を基準にした価格で投資家の資金を追加できるファンドである。信託期間は無期限のもの、有期限のものがある。追加型の場合もマザーファンドを利用する場合がある。

⑶　公社債投資信託と株式投資信託

公社債投資信託と株式投資信託の区別は、投資信託法ではなく、所得税法の規定による分類で、主に公社債を運用対象として株式を１株も組み入れないものを公社債投資信託といい、それ以外のものを株式投資信託という。

転換社債型新株予約権付社債は、公社債投資信託への組入れが可能であるが、株式に転換することはできない。

⑷　成長型と安定型

キャピタルゲイン、インカムゲインのどちらを中心に収益分配を図るかにより、３つのタイプに分類できる。

キャピタルゲインを中心にするものは成長型と呼ばれ、株式等の売買益を狙って積極的運用を図るものである。一方、安定型は、インカムゲインを重視し、売買益よりも配当収入に重点をおいた運用を図る。一般的には、公社債の組入比率が高くなる。両者の折衷型として、安定成長型がある。わが国で発行されている証券投資信託を分類すると、「図表１－２－１」のようになる。

■図表１－２－１　日本の証券投資信託の分類

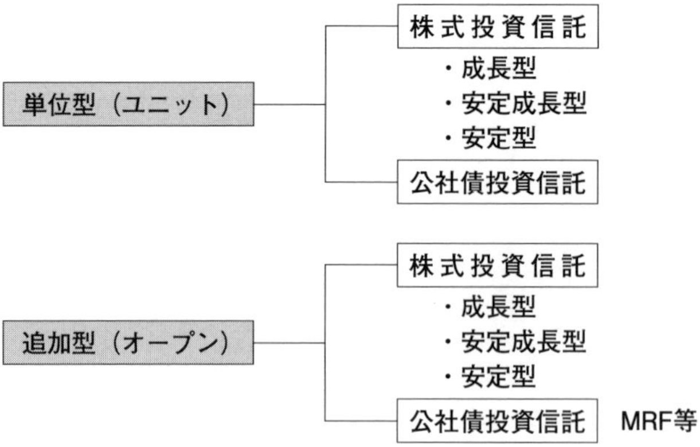

(5) ファンドオブファンズ

ファンドオブファンズとは、投資信託証券への投資を目的とする投資信託をいう。通常、投資信託の投資対象は株式や債券等になるが、ファンドオブファンズは、主な投資対象が他の投資信託であるという点に特徴があり、メリットとしては、分散投資によるリスク軽減があげられる。つまり、元来、投資信託は単独のファンドとしても、相応の分散投資により、ある程度のリスクの軽減が図られているが、ファンドオブファンズはこれら既存の投資信託に投資することで、更なる分散投資の効果を期待するものである。また、個人では優秀なファンドを選択し、投資するのはなかなか難しいことであるが、ファンドオブファンズは、投資信託委託会社がプロの目でファンドを選択して組成を行うため、この点では便利といえる。ただし、一方でファンドオブファンズ自体の信託報酬に加え、投資対象の投資信託の信託報酬が必要となるケースもあるため、手数料が割高になる可能性を含んでいる。近年の規制緩和により、外国籍投資信託を主要投資対象としたファンドオブファンズが設定されている。

(6) 指数・指標連動型上場投資信託（ETF：Exchange Traded Funds）

投資信託は、原則として、金銭信託でなければならないが（投資信託法８条１項)、2001年６月に証券投資信託のうち、その運用の対象とする指数に連動するように構成された現物株式のバスケットを拠出することによって設定されるいわゆるETFが、日経平均株価、東証株価指数、日経株価指数300、S&P／TOPIX150の４つの株価指数のいずれかに連動することを目的として運用するものについて認められ、同年７月に、はじめて日経平均株価に連動するETFが設定された。以後、東証株価指数、S&P／TOPIX150に連動するものが相次いで設定されていった。

また、2002年３月には、TOPIX Core30、東証銀行業株価指数、東証電気機器株価指数、東証輸送用機器株価指数の業種別株価指数を含む株価指数についても認められた。その後、金価格に連動したものや、中国A株、新興国の株価指数、商品指数等多様な指数に連動するものも上場している。近時では、投資商品の価格変動に影響を与える要因（ファクター）に注目した指標（配当利回り）、原資産指標の騰落を増幅させる指標（レバレッジ）等さらに多様化している。

また、2023年9月には、株価指数など特定の指標に連動した投資成果を目指す従来のETFとは異なり、運用会社が独自に選んだ銘柄で構成し、連動対象となる指標が存在しない積極運用（アクティブ）型ETFが東京証券取引所に初めて上場し、その商品性が広がっている。

2 投資信託の実務

1 証券投資信託の仕組み

証券投資信託は、投資信託契約に基づいており、委託者、受託者、受益者、販売会社で構成されている。委託者には投資運用業者（以下、「投資信託委託会社」という）が、受託者には信託会社または信託業務を営む金融機関（以下、「信託銀行」という）がそれぞれ当たり（投資信託法3条）、証券会社・銀行等の販売会社が受益者の窓口の役割を果たしている。この仕組みは、「図表1－2－2」のようになる。

①販売会社が募集活動を行い、投資家から申込金を募集する。

②委託者が、受益者（＝投資家）のために利殖する目的をもって、信託契約に基づきその申込金を受託者に信託する。

③受益権は、委託者が発行（振替制度で管理）して、販売会社が販売する。

④受託者は、委託者の指図に基づき資金・有価証券等の決済および信託

■図表１－２－２　証券投資信託の運営の仕組み

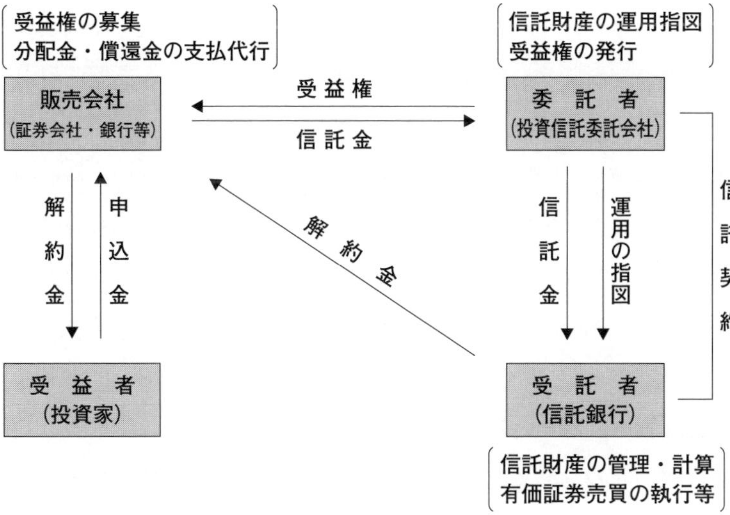

財産を管理・処分する。

⑤信託財産に生じた利益および損失は、費用・信託報酬等を控除したうえ、すべて受益者に帰属する。

2　証券投資信託の関係者

⑴　委託者（投資信託委託会社）

「投資信託委託会社」とは、委託者指図型投資信託の委託者である（投資信託法２条11項）。投資信託委託会社は、金商法に基づいた「投資運用業者」であり、内閣総理大臣の登録を受けなければならない（金商法28条４項、29条）。

投資信託委託会社の業務は、1995年１月以降、投資一任業務との兼業が可能となったので、投資顧問会社が認可を受けて、投資信託委託業務に参入しているところもある。

投資信託委託会社は、投資信託法により、受託者への投資信託財産の運用指図、受益者への運用状況報告書の作成、内閣総理大臣へ投資信託約款の内容の届出等を行う。また、投資信託財産に属する株式に係る議決権およびその他の有価証券に係る一定の権利の行使についても、委託者がその指図を行う。

なお、名称や投資戦略にESG（Environmental・Social・Governance）を掲げるファンドが国内外で増加していることを背景に「金融商品取引業者等向けの総合的な監督指針」が2023年3月付で改定され、国内公募投資信託を対象に、ESGに関する投資家宛の情報開示や投資信託委託会社の態勢整備が求められている。

⑵ 受託者（信託銀行）

証券投資信託の受託者は、信託会社または信託業務を営む金融機関（信託銀行）に限られる（投資信託法3条）。

受託者は、投資信託財産の管理および計算、委託者からの指図による有価証券の売買執行のほか、投資信託約款に基づいて受益権の認証、収益分配金・解約代金・償還金を販売会社へ交付する。

なお、投資信託（ファンド）に属する信託財産は、受託者名義となる。

⑶ 受益者（投資家）

受益者は、信託の利益を受け取る権利（受益権）をもち、自らの受益権口数に応じてその権利を行使できる。受益権とは、収益分配金および償還金を請求、受益権の買取りおよび一部解約を請求する権利のことである。

⑷ 販売会社（証券会社・銀行等）

証券投資信託の受益権は、投資信託委託会社に指定された販売会社が募集、販売する。

販売会社の主な業務には、受益権の販売、買取り、分配金・償還金の支払等、受益者に対する一切の業務を投資信託委託会社の代わりに行っており、単なる販売窓口にとどまらない重要な役割を担っている。

3　投資信託約款・届出等

証券投資信託における個々のファンドの具体的な仕組みは、投資信託約款に規定されている。

委託者が受託者と投資信託契約を締結するには、個々のファンドごとにあらかじめ内閣総理大臣に届け出た投資信託約款に基づかなければならない（投資信託法４条１項）。

投資信託約款では、次の項目を定めなければならない（投資信託法４条２項）。

①委託者および受託者の商号または名称
②受益者に関する事項
③委託者および受託者としての業務に関する事項
④信託の元本の額に関する事項
⑤受益証券に関する事項
⑥信託の元本および収益の管理および運用に関する事項
⑦投資信託財産の評価の方法、基準および基準日に関する事項
⑧信託の元本の償還および収益の分配に関する事項
⑨信託契約期間、その延長および信託契約期間中の解約に関する事項
⑩信託の計算期間に関する事項
⑪受託者および委託者の受ける信託報酬その他の手数料の計算方法ならびにその支払の方法および時期に関する事項
⑫公募、適格機関投資家私募、特定投資家私募または一般投資家私募の別
⑬受託者が信託に必要な資金の借入れをする場合においては、当該借入金の限度額に関する事項
⑭委託者が運用の指図に係る権限を委託する場合においては、当該委託

者がその運用の指図に係る権限を委託する者の商号または名称および所在の場所

⑮前号の場合における委託に係る費用

⑯投資信託約款の変更に関する事項

⑰委託者における公告の方法

⑱前各号に掲げるもののほか、内閣府令で定める事項

委託者は、投資信託約款を変更・併合または解約するときは、事前に内閣総理大臣への届出が必要であり（投資信託法16条、19条）、その変更の内容が重大な場合（投資対象資産の大幅な変更や、信託報酬率引上げ等）は、受益者に書面をもって通知し、書面決議を行う必要がある（投資信託法17条）。

なお、公募の場合には、別途金商法に基づく有価証券届出書の提出および投資家への目論見書の交付が必要とされる。また、有価証券届出書は、内閣総理大臣が受領した日から15日を経過した日にその効力を生じることとなる。

4　受益権の販売

これまで証券投資信託の受益権の販売は、証取法上の有価証券であることから、その発行会社である投資信託委託会社と証券会社に限られてきた。1997年６月に、投資家の資産運用の効率性の向上のために販売チャネルの拡大方針が決定され、同年12月１日から投資信託委託会社が金融機関の店舗の一部を借りて販売を行う「間貸し」方式による直接販売が解禁された。また、証取法の改正により1998年12月１日からは銀行等の金融機関本体による窓口販売が解禁された。2005年10月からは、日本郵政公社（現日本郵政グループ）による郵便局での窓口販売が開始されている。

5　解　約

受益者が信託期間中に受益権を換金する方法には、買取請求と解約請求の2つがある。

買取請求とは、受益者が販売会社に対し受益権の買取りを依頼するもので、販売会社はいったん自己資金で買い取った後、投資信託委託会社に対して解約を請求して換金するのが一般的である。また、ファンドによっては、安定した運用を図るため、一定期間解約を禁止することがある（クローズド期間）ので、この期間中の換金は、買取請求で行うこととなる。

解約請求とは、販売会社を通じて信託財産の一部を解約して換金するものである。解約および買取りの際における受益者の受取金額は、解約価額（基準価額－信託財産留保額）をもとに計算される。

6　終了（償還）

信託期間の定めがある証券投資信託においては、信託期間の満了により終了し、原則として、投資信託財産は、すべて換金されたうえで受益者に交付される。

信託期間の定めがない証券投資信託については、信託の全部解約および投資信託約款で定められた解約事由（残存口数未満等）に該当することとなった場合に、委託者は受託者と合意のうえ、内閣総理大臣に届け出ることにより、投資信託契約を終了させることができる。

なお、投資信託約款の規定によっては、受益者に書面での通知、および書面決議が必要となる。書面決議は、議決権を行使できる受益者の議決権の3分の2以上に当たる多数をもって行われる。投資信託約款で、受益者が議決権を行使しない場合、当該受益者は書面決議に賛成するものとみなす旨を定めることができる（投資信託法17条）。

3 投資法人制度

1 投資法人とは

1998年12月の投資信託法の改正により証券投資法人の設立が可能となり、さらに2000年11月の投資信託法改正により、有価証券だけでなく、不動産やその他の資産で投資を容易にする必要があるものとして政令で定めるものに対する投資を目的とするものまで、投資法人として設立が可能となった（投資法人はその名のとおり法人であって信託ではないが、「会社型投資信託」という呼称も広く一般に用いる）。

2 投資法人の仕組み

投資法人制度とは、設立企画人があらかじめ内閣総理大臣に内容を届け出たうえで、資産の運用を営業として行う投資法人を設立し、この法人が発行する投資証券（均等の割合的単位に細分化された投資法人の社員の地位を投資口といい、それを表示する証券）を投資家（投資主）が購入するものである。

投資口は、譲渡することができ（投資信託法78条1項）、通常、投資法人は、投資証券を金融商品取引所に上場し、投資主は金融商品取引所で投資証券を売買することによって、投資した資金を回収する。法人の設立にあたっては、資産運用の対象および方針、資産評価の基準、金銭の分配の方針等に関する規約の作成が義務付けられている。

また、法人の資産運用に係る業務を運用会社へ、投資法人の投資証券の発行、名義書換等の事務は一般事務受託者へ、法人の資産保管に係る業務を資産保管会社に、それぞれ業務の委託を行わなければならない。詳細は

■図表１－２－３　会社型投資信託（証券投資法人）の仕組み

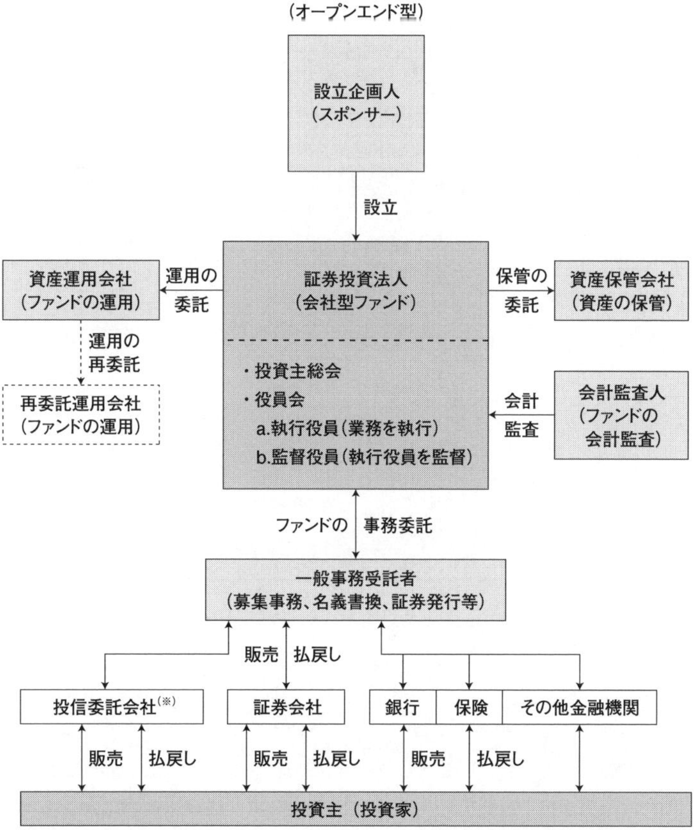

※　投信委託会社が資産運用会社となっていて、一般事務受託者である場合
（出所）　田村威『二十訂　投資信託　基礎と実務』168頁（経済法令研究会 2023年）

次のとおりである。

①設立企画人：設立企画人は、少なくとも１人、次のいずれかに該当する法人である必要がある（投資信託法66条３項）。

・設立しようとする投資法人が主として投資の対象とする特定資産と同種の資産を運用の対象とする金融商品取引業者

・その他、他人の資産の運用に係る事務のうち政令で定めるものにつ

■図表１－２－４　会社型投資信託（証券投資法人）の仕組み

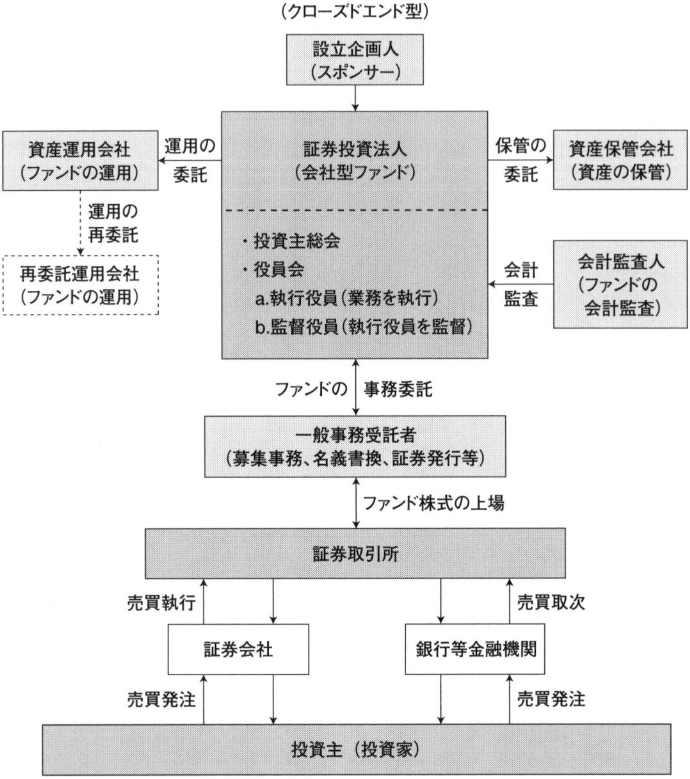

（出所）　田村威『二十訂　投資信託　基礎と実務』169頁（経済法令研究会 2023年）

いて知識及び経験を有する者として政令で定めるもの（信託会社等）

②運用会社：運用会社は資産運用会社である必要があり（投資信託法198条１項）、この資産運用会社は金融商品取引業者でなければならない（投資信託法199条）。

③資産保管会社：資産保管会社は、次に該当する法人である必要がある（投資信託法208条）。

・信託会社等

・金融商品取引業者（有価証券その他の内閣府令で定める資産の保管

に限る）

・その他、資産保管会社で適当なものとして内閣府令で定める法人

3 投資法人債

2000年の投資信託法の改正で、投資主の請求により投資口の払戻しをしない旨の規約の定めがあるクローズドエンド型投資法人は「投資法人債」を発行・募集することができるようになった。

投資法人債の募集は、規約に定める額を限度として、役員会の承認を受けなければならない。

投資法人は、投資法人債を募集する場合には、投資法人債管理者を定め、投資法人に係る債権者のために、弁済の受領、債権の保全、投資法人債原簿の作成および備置きその他の投資法人債の管理を行うことを委託しなければならない。ただし、各投資法人債の金額が1億円以上である場合は、投資法人債管理者設置の限りでない。

なお、2006年の投資信託法の改正により、投資法人に短期投資法人債の発行が認められることとなった。

4 不動産投資信託（REIT:Real Estate Investment Trust）

不動産投資信託とは投資家から幅広く集めた資金でオフィスビルやマンション、商業施設等への投資を行い、その賃貸収入やキャピタルゲインを得て、投資家に分配を行うものである。もともと、米国ではREITが普及していたが、わが国でも2000年11月の投資信託法改正により、従来、有価証券のみであった投資信託の投資対象が拡大され、不動産投資が可能となった。米国のREITに類似した仕組みであることから、日本版REIT（J-REIT）と呼ばれている。

不動産投資信託は、契約型投資信託および投資法人のどちらの形態でも

■図表1－2－5　J-REIT の仕組み

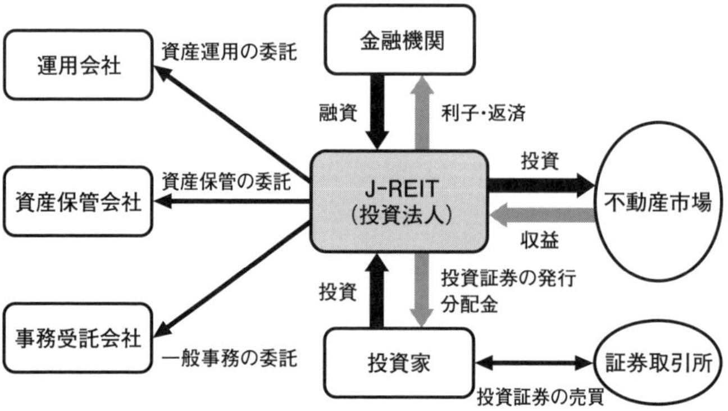

（出所）　投資信託協会

設立は可能であるが、投資対象である不動産は流動性が少なく、かつ日々の時価評価が困難等の理由により、オープンエンド型とすることは困難である。そのため、日本における不動産投資信託は、すべてクローズドエンド型の投資法人となっている。

なお、2013年の投資信託法・金商法等改正により、J-REIT に、海外不動産保有の要件緩和（株式を通じた保有）や、インサイダー取引規制（会社関係者や重要事実の規定等）が適用されることとなった。

4　投資一任業務等

1　投資一任業務

⑴　投資一任業務とは

投資一任業務とは、投資顧問会社等と顧客が投資一任契約を締結し、その契約内容に基づき投資判断や売買発注等の投資に必要な権限を投資顧問会社等に委任するものである。

投資一任業務は、「有価証券に係る投資顧問業務の規制等に関する法律」（以下、「投資顧問業法」という）に定義されていたが、2007年９月の金商法の施行に伴い、投資顧問業法は廃止され、投資一任業務は、金商法２条８項12号ロ【参考１－４】により定義されている。

投資一任業務を行う者は、金商法上の投資運用業者として内閣総理大臣の登録を受けなければならない。

【参考１－４】金商法２条８項12号ロ

金商法２条８項12号ロは、次のとおりである。

ロ　イに掲げるもののほか、当事者の一方が、相手方から、金融商品の価値等の分析に基づく投資判断の全部又は一部を一任されるとともに、当該投資判断に基づき当該相手方のため投資を行うのに必要な権限を委任されることを内容とする契約（以下「投資一任契約」という）

⑵　投資一任業務のスキーム

投資一任契約は、年金基金や法人を委任者とするものが中心であるが、近年は個人を中心として、証券会社や信託銀行等において投資一任契約が組み込まれたラップ口座がある。ここでは、年金基金や法人等を委任者とする投資一任業務のスキームを紹介する。投資一任業務における代表的な関係者は、次のようになる。

(i)委任者（兼委託者）

投資一任契約を投資顧問会社等と締結し、投資判断の権限を投資顧問会社等に一任する。また、信託財産の管理等を目的とした信託契約を信託銀行等と締結する。信託財産の運用指図は、投資顧問会社等から信託銀行等に行う。

(ii)投資顧問会社等

委任者と投資一任契約を締結し、委任者より投資判断の権限を委任される。委任者が信託契約を締結する信託銀行等に対し、信託財産の運用指図を行う。

(iii)信託銀行等

委託者と信託契約を締結し、信託財産の管理等を行う。

なお、代表的な関係者の契約関係は、「図表１－２－６」のとおりとなる。

(3) 投資一任契約締結に係る法定書面等

(i)契約締結前交付書面

投資顧問会社等が投資一任契約を締結しようとするときは、原則として金商法37条の３第１項[参考１－５]に定める契約締結前交付書面を顧客に交付することが義務付けられている。ただし、顧客が金商法で定める特定投資家である場合は、交付義務が免除される。

【参考１－５】金商法37条の３第１項

金商法37条の３第１項は、次のとおりである。

金融商品取引業者等は、金融商品取引契約を締結しようとするときは、内閣府令で定めるところにより、あらかじめ、顧客に対し、次に掲げる事項を記載した書面を交付しなければならない。ただし、投資者の保護に支障を生ずることがない場合として内閣府令で定める場合は、この限りでない。

一　当該金融商品取引業者等の商号、名称又は氏名及び住所

二　金融商品取引業者等である旨及び当該金融商品取引業者等の登録番号

三　当該金融商品取引契約の概要

四　手数料、報酬その他の当該金融商品取引契約に関して顧客が支払うべき対価に関する事項であつて内閣府令で定めるもの

五　顧客が行う金融商品取引行為について金利、通貨の価格、金融商品市

■図表１－２－６　投資一任業務における契約関係

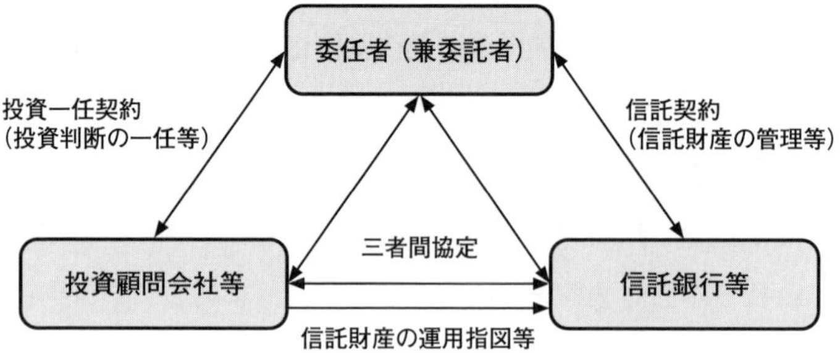

場における相場その他の指標に係る変動により損失が生ずることとなるおそれがあるときは、その旨

六　前号の損失の額が顧客が預託すべき委託証拠金その他の保証金その他内閣府令で定めるものの額を上回るおそれがあるときは、その旨

七　前各号に掲げるもののほか、金融商品取引業の内容に関する事項であつて、顧客の判断に影響を及ぼすこととなる重要なものとして内閣府令で定める事項

(ii)契約締結時交付書面

投資顧問会社等が投資一任契約を締結したときは、原則として金商法37条の４第１項【参考１－６】に定める契約締結時交付書面を顧客へ交付することが義務付けられている。ただし、顧客が金商法で定める特定投資家（いわゆるプロ・アマ制度）である場合は、交付義務が免除される。

【参考１－６】金商法37条の４第１項

金商法37条の４第１項は、次のとおりである。

金融商品取引業者等は、金融商品取引契約が成立したときその他内閣府令で定めるときは、遅滞なく、内閣府令で定めるところにより、書面を作成し、これを顧客に交付しなければならない。ただし、その金融商品取引契約の内容その他の事情を勘案し、当該書面を顧客に交付しなくても公益又は投資者保護のため支障を生ずることがないと認められるものとして内閣府令で定める場合は、この限りでない。

2　投資助言業務

(1)　投資助言業務とは

投資助言業務は、投資顧問会社等と顧客との間で投資顧問（助言）契約を締結し、株式、債券等の有価証券をはじめとする金融商品に対する投資判断について、顧客へ助言を行う業務である。

投資判断とは、有価証券などの種類、銘柄、種類、価格、売買の別などの判断を指す。

投資助言業務は投資助言を行うだけで、実際の投資判断と有価証券等の売買発注等は顧客自身が行うこととなるという点において、前述の投資一

任業務とは異なる。

投資助言業務は、金商法２条８項11号【参考１－７】により定義される。

投資助言業務を行う者は、金商法上の投資助言・代理業者として内閣総理大臣の登録を受けなければならない。

【参考１－７】金商法２条８項11号

金商法２条８項11号は、次のとおりである。

当事者の一方が相手方に対して次に掲げるものに関し、口頭、文書（新聞、雑誌、書籍その他不特定多数の者に販売することを目的として発行されるもので、不特定多数の者により随時に購入可能なものを除く。）その他の方法により助言を行うことを約し、相手方がそれに対し報酬を支払うことを約する契約（以下「投資顧問契約」という。）を締結し、当該投資顧問契約に基づき、助言を行うこと。

イ　有価証券の価値等（有価証券の価値、有価証券関連オプション（金融商品市場において金融商品市場を開設する者の定める基準及び方法に従い行う第二十八条第八項第三号ハに掲げる取引に係る権利、外国金融商品市場において行う取引であつて同号ハに掲げる取引と類似の取引に係る権利又は金融商品市場及び外国金融商品市場によらないで行う同項第四号ハ若しくはニに掲げる取引に係る権利をいう。）の対価の額又は有価証券指標（有価証券の価格若しくは利率その他これに準ずるものとして内閣府令で定めるもの又はこれらに基づいて算出した数値をいう。）の動向をいう。）

ロ　金融商品の価値等（金融商品（第二十四項第三号の二に掲げるものにあつては、金融商品取引所に上場されているものに限る。）の価値、オプションの対価の額又は金融指標（同号に掲げる金融商品に係るものにあつては、金融商品取引所に上場されているものに限る。）の動向をいう。以下同じ。）の分析に基づく投資判断（投資の対象となる有価証券の種類、銘柄、数及び価格並びに売買の別、方法及び時期についての判断又は行うべきデリバティブ取引の内容及び時期についての判断をいう。以下同じ。）

⑵　投資助言契約締結に係る法定書面等

(i)契約締結前交付書面

投資顧問会社等が投資助言契約を締結しようとするときは、原則として金商法37条の３第１項に定める契約締結前交付書面を顧客に交付することが義務付けられている。ただし、顧客が金商法で定める特定投資家

（いわゆるプロ・アマ制度）である場合は、交付義務が免除される。

⒤契約締結時交付書面

投資顧問会社等が投資助言契約を締結したときは、原則として金商法37条の４第１項に定める契約締結時交付書面を顧客へ交付することが義務付けられている。ただし、顧客が金商法で定める特定投資家である場合は、交付義務が免除される。

第3章 顧客保護に関する事項

1 IOSCO

1 IOSCOとは

証券監督者国際機構（IOSCO：International Organization of Securities Commissions）は、グローバル化が進む証券取引や証券市場において、投資家保護や証券市場の公正性を維持すること等を目的として世界各国の証券監督当局や証券取引所等によって構成されている国際機関である（2024年1月時点で、普通会員（各国の証券監督当局）131機関、準会員・協力会員を併せて238機関）。

IOSCOは、その目的を達成するために証券取引に関する基準、証券監督に関する原則、指針等のルールを策定している。このルールには法的な拘束力はないが、会員はこれらのルールを踏まえて行動することが促されるため、IOSCOでの原則や指針等の採択を受けて、各国当局や自主規制機関等において、法改正やルールの見直し等が行われることがある。

2 行為規範原則

1990年11月に採択された「7つの行為規範原則」は、証券業者に関する国際的な共通ルールとなっている。

(1) 誠実・公正

業者は、その業務にあたり、顧客の最大の利益および市場の健全性を図るべく、誠実かつ公正に行動しなければならない。

(2) 注意義務

業者は、その業務にあたり、顧客の最大の利益および市場の健全性を図るべく、相当の技術、配慮および注意を持って行動しなければならない。

(3) 能　　力

業者は、その業務の適切な遂行のために必要な人材を雇用し、手続きを整備しなければならない。

(4) 顧客に関する情報

業者は、サービスの提供にあたり、顧客の資産状況、投資経験および投資目的を把握するように努めなければならない。

(5) 顧客に対する情報開示

業者は、顧客との取引にあたり、当該取引に関する具体的な情報を十分に開示しなければならない。

(6) 利益相反

業者は、利益相反を回避すべく努力しなければならない。利益相反を回避できないおそれがある場合においても、すべての顧客の公平な取扱いを確保しなければならない。

(7) 遵　　守

業者は、顧客の最大の利益および市場の健全性を図るため、その業務に適用されるすべての規則を遵守しなければならない。

【参考1－8】

上記のほか、日本国内では、金融庁において、各金融機関が業務を行う際に尊重すべき主要な行動規範・行動原則として「金融サービス業におけるプリンシプル」を公開している。

2 金融商品取引業者等に対する行為規制

1 行為規制の概要

金商法は、投資者保護の目的から、金商業者等に対して多数の行為規制を定めている。金商法における金商業者等に対する行為規制には、主に次のものがあげられる。

①顧客に対する誠実義務（金商法36条）

②標識の掲示（金商法36条の２）

③名義貸しの禁止（金商法36条の３）

④社債の管理の禁止等〔金融商品取引業者で有価証券関連業を行う者に限る〕（金商法36条の４第１項）

⑤広告等の規制（金商法37条、金融商品取引法施行令（以下、「金商法施行令」という）16条）

⑥取引態様の事前明示義務（金商法37条の２）

⑦契約締結前の書面交付〔説明義務〕（金商法37条の３）

⑧契約締結時等の書面交付（金商法37条の４）

⑨保証金の受領に関する書面交付（金商法37条の５）

⑩クーリング・オフ〔投資顧問契約に限る〕（金商法37条の６、金商法施行令16条の３）

⑪指定紛争解決機関との契約義務等（金商法37条の７）

⑫禁止行為（金商法38条・38条の２）

⑬損失補てん等の禁止（金商法39条）

⑭適合性の原則等（金商法40条）

⑮最良執行方針等（金商法40条の２）

⑯分別管理がなされていない場合の売買等の禁止（金商法40条の３）

⑰弊害防止規制

(ア)２以上の種別の業務（金商法29条の２第１項５号に規定する業務）を行う場合の禁止行為（金商法44条）

(イ)金融商品取引業およびこれに付随する業務以外の業務を行う場合の禁止行為（金商法44条の２）

(ウ)親法人・子法人等が関与する行為の制限（金商法44条の３）

⑱引受人の信用供与の制限（金商法44条の４）

これらの行為規制のうち、広告等の規制、契約締結前の書面交付義務、禁止行為、損失補てん等の禁止、適合性の原則等、最良執行方針等について、以下で補足する。

2　広告等の規制

金商法では、金商業者等が金融商品取引業の内容について広告等を行う場合における、表示義務事項や禁止行為が定められている。

(1)　表示義務事項（金商法37条１項）

①当該金商業者等の商号、名称または氏名

②金商業者等である旨および当該金商業者等の登録番号

③当該金商業者等の行う金融商品取引業の内容に関する事項であって顧客の判断に影響を及ぼすこととなる重要なものとして政令で定めるもの

上記③は主に次のような事項が該当する（金商法施行令16条）。

(ア)金融商品取引契約に関して顧客が支払うべき手数料、報酬その他の対価に関する事項

(イ)金融商品取引契約に関して顧客が預託すべき委託証拠金その他保証金

(ウ)顧客が行うデリバティブ取引等の額が、当該デリバティブ取引等について顧客が預託すべき委託証拠金その他の保証金等（以下、「保証金等の額」という）の額を上回る可能性がある場合には、当該デリバティブ取引等の額が当該保証金等の額を上回る可能性がある旨および当該デリバティブ取引等の額の当該保証金等の額に対する比率

(エ)金利、通貨の価格、金融商品市場における相場等の変動を直接の原因として損失が生じることがある場合には、その指標や、指標に係る変動により損失が生じるおそれがある旨および理由

(オ)損失の額が保証金等の額を上回ることとなるおそれがある場合には、元本超過損が生じるおそれを生じさせる直接の原因とその変動により元本超過損が生ずるおそれがある旨および理由

(2) 広告等における禁止行為

金商業者等は、その行う金融商品取引業の内容について広告や広告類似行為をするときは、金融商品取引行為を行うことによる利益の見込みや金融商品取引業等に関する内閣府令（以下、「金商業府令」という）78条で定める事項（金融商品取引契約の解除に関する事項、顧客が支払うべき手数料に関する事項他）について、著しく事実に相違する表示をし、または著しく人を誤認させるような表示をしてはならない。

なお、上記の広告類似行為として、金商業府令では、多数の者に対して同様の内容で行う情報の提供を幅広く規制の対象としており、ビラ、パンフレット、電子メール等も規制の対象となっている。

3 契約締結前の書面交付

金商法では、金商業者等は、金融商品取引契約の締結時には、あらかじめ金融商品の内容・仕組み・リスク等を記載した書面を顧客に交付するこ

とが義務として定められている。ただし、顧客保護の観点では、書面を交付するだけではなく、顧客が金融商品取引契約を締結するにあたって、判断に必要な重要な情報が顧客に対して実質的に提供されているかということも重要である。

⑴　法定記載事項（金商法37条の３）

①金商業者等の商号、名称または氏名および住所

②金融商品取引業等である旨および当該金商業者等の登録番号

③当該金融商品取引契約の概要

④手数料や報酬等の顧客が支払うべき対価に関する事項

⑤顧客が行う金融商品取引行為について金利、通貨の価格、金融商品市場における相場その他の指標に係る変動により損失が生ずることとなるおそれがあるときはその旨

⑥前号の損失の額が、顧客が預託すべき委託証拠金その他の保証金等の額を上回るおそれがあるときはその旨

⑦前各号に掲げるもののほか、金融商品取引業の内容に関する事項であって、顧客の判断に影響を及ぼすこととなる重要なものとして内閣府令（金商業府令82条）で定める事項

⑵　顧客への説明義務の実質化（金商業府令117条１項）

金商業者等は、顧客（特定投資家を除く）に対して前記法定記載事項③から⑦に掲げる事項について、顧客の知識、経験、財産の状況および金融商品取引契約を締結する目的に照らして、顧客に理解されるために必要な方法および程度による説明、すなわち、広義の適合性原則（１編３章**2**－７）に従った説明をしなければならない。

⑶　書面の記載方法（金商業府令79条）

契約締結前交付書面における法定記載事項については、一定の大きさ以上の文字や数字を用いて明瞭に記載しなければならない。

4　2013年の投資運用業者への規制強化について

(1)　背　景

投資運用業者が、投資一任契約を勧誘する際等において、実際には存在しない高いパフォーマンスを上げていることを提示してファンドの勧誘を行い、それを基に投資一任契約等内でファンドへ投資を行った厚生年金基金等の投資家が多額の損失を計上する事態となり、社会問題化した。

(2)　問題行為

投資運用業者が年金基金等の顧客に対して、運用するファンドについて虚偽の基準価額や運用実態を示して勧誘を行うとともに、虚偽の基準価額を記載した運用報告書を交付する等の法令違反が認められた。

(3)　規制強化方針

このような事態の再発を防止するために投資運用業者に対して、(4)に示す規制の強化が実施された。この規制強化の主な目的としては、投資運用業者に対する第三者によるチェックを有効に機能させることや年金基金等の顧客が問題を発見しやすくすること、規制・監督・検査の強化にある。

(4)　規制強化内容

(i)投資運用業者に対する第三者によるチェック機能強化

①投資一任契約付特定金銭信託の受託者である国内信託銀行が投資一任契約で投資しているファンドの「基準価額」「監査報告書」を基準価額算出者等から直接入手できるような措置をとるように投資運用業者に義務付けた。

②上記国内信託銀行による当該ファンドの「基準価額」等の突合せおよびその結果の顧客への通知体制整備を義務付けた。

(ii)顧客が問題を発見しやすくする仕組み

①投資運用業者が作成する契約締結前交付書面・運用報告書等の記載

事項の拡充を義務付けた。

②投資運用業者等による顧客の分散投資義務や適合性に基づくリスク説明等のチェック体制の整備等を義務付けた。

(iii)投資運用業者に対する規制・監督・検査の在り方の見直し

投資運用業者等の実態把握のため当局宛提出書類の記載事項の拡充を行った。

5　不公正行為の禁止

金商法等では、金商業者等またはその役員もしくは使用人について、次に掲げる行為を禁止している。

(1)　禁止行為（金商法38条）

①虚偽告知：金融商品取引契約の締結またはその勧誘に関して、顧客に対し虚偽のことを告げる行為

②断定的判断の提供：顧客に対し、不確実な事項について断定的な判断を提供し、または確実であると誤解させるおそれのあることを告げて金融商品取引契約の締結の勧誘をする行為

③無登録業者による格付を利用した勧誘の制限：顧客に対し、信用格付業者以外の信用格付業を行う者の付与した信用格付について、当該信用格付を付与した者が登録を受けていない者である旨および当該登録の意義等を告げることなく提供して、金融商品取引契約の締結の勧誘をする行為

④不招請勧誘：金融商品取引契約の締結の勧誘の要請をしていない顧客に対し、訪問しまたは電話をかけて、金融商品取引契約の締結を勧誘する行為

⑤勧誘受諾意思確認：金融商品取引契約の締結につき、その勧誘に先立って、顧客に対し、その勧誘を受ける意思の有無を確認することをし

ないで勧誘をする行為

⑥再勧誘：金融商品取引契約の締結の勧誘を受けた顧客が当該金融商品取引契約を締結しない旨の意思を表示したにもかかわらず、当該勧誘を継続する行為

⑦自己または第三者の利益を図る目的をもって、特定金融指標算出者に対し、特定金融指標の算出に関し、正当な根拠を有しない算出基礎情報を提供する行為

⑧高速取引行為者以外の者が行う高速取引行為に係る有価証券の売買または市場デリバティブ取引の委託を受ける行為

⑵　禁止行為（金商業府令117条）

①説明義務の実質化：(1編3章❷－3－⑵参照)

②虚偽表示等：金融商品取引契約の締結またはその勧誘に関して、虚偽の表示をし、または重要な事項につき誤解を生ぜしめるべき表示をする行為

③特別の利益の提供：金融商品取引契約につき、顧客もしくはその指定した者に対し、特別の利益の提供を約し、または顧客もしくは第三者に対し特別の利益を提供する行為

④偽計等：金融商品取引契約の締結または解約に関し、偽計を用い、または暴行もしくは脅迫をする行為

⑤履行拒否等：金融商品取引契約に基づく金融商品取引行為を行うことその他の当該金融商品取引契約に基づく債務の全部または一部の履行を拒否し、または不当に遅延させる行為

⑥不正取得：金融商品取引契約に基づく顧客の計算に属する金銭、有価証券その他の財産または委託証拠金その他の保証金を、虚偽の相場を利用することその他不正の手段により、取得する行為

⑦迷惑時間帯の電話・訪問：金融商品取引契約の締結または解約に関

し、顧客に迷惑を覚えさせるような時間に電話または訪問により勧誘する行為

⑧不招請勧誘禁止規制：金融商品取引契約の締結を勧誘する目的があることを顧客（特定投資家を除く）にあらかじめ明示しないで当該顧客を集めて当該金融商品取引契約の締結を勧誘する行為（金商法38条4号の補完）

⑨再勧誘禁止規制：金融商品取引契約の締結につき、顧客があらかじめ当該金融商品取引契約を締結しない旨の意思を表示したにもかかわらず、当該金融商品取引契約の締結の勧誘をする行為（金商法38条6号の補完）

⑩フロントランニング：顧客から有価証券の売買等の委託等を受けた場合、当該委託等に係る売買等を成立させる前に、自己の計算において当該有価証券と同一の銘柄の売買等を成立させることを目的として、当該顧客の売買価格と同一、またはそれよりも有利な価格で有価証券の売買等をする行為【参考1－9】

【参考1－9】

たとえば、顧客の買付を知ったうえで有価証券を自己の計算で買い付ける行為。顧客の買付により有価証券の価格上昇を見込めるため、顧客買付前に買付を行えば金商業者等は利益を上げられる。一方、顧客は、本来入手できるはずの価格よりも高い価格にて有価証券を買い付けることになる。これは、顧客の利益を先取りしていることになり、金商法36条に定める誠実義務にも違反する。

⑪無断売買等：あらかじめ顧客の同意を得ずに、当該顧客の計算により有価証券の売買その他の取引またはデリバティブ取引等（有価証券等の清算取次ぎを除く）をする行為

⑫地位利用：個人である金商業者または金商業者等の役員もしくは使用人が、自己の職務上の地位を利用して、顧客の有価証券の売買その他の取引等に係る注文の動向その他職務上知り得た特別の情報に基づい

て、または専ら投機的利益の追求を目的として有価証券の売買その他の取引等をする行為

⑬インサイダー取引への関与：顧客の有価証券の売買その他の取引等が、会社関係者の禁止行為（金商法166条１項または３項）または公開買付者等関係者の禁止行為（金商法167条１項または３項）に違反することまたは違反するおそれのあることを知りながら、当該有価証券の売買その他の取引等の受託等をする行為

⑭発行者法人関係情報の提供（売買等）：

(i)有価証券の売買その他の取引もしくは有価証券に係るデリバティブ取引またはこれらの媒介、取次ぎもしくは代理につき、顧客に対して当該有価証券の発行者の法人関係情報を提供して勧誘する行為

(ii)有価証券の売買その他の取引もしくは有価証券に係るデリバティブ取引またはこれらの媒介、取次ぎもしくは代理につき、当該有価証券の発行者の法人関係情報について公表がされたこととなる前に当該売買等をさせることにより顧客に利益を得させ、または当該顧客の損失の発生を回避させる目的をもって、当該顧客に対して当該売買等をすることを勧めて勧誘する行為（⑭の(i)を除く）

⑮過当勧誘：不特定かつ多数の顧客に対し、特定かつ少数の銘柄の有価証券の買付けもしくは売付けもしくはデリバティブ取引またはこれらの委託等を一定期間継続して一斉にかつ過度に勧誘する行為で公正な価格（市場デリバティブ取引にあっては、価格に相当する事項）の形成を損うおそれがあるもの

⑯大量推奨販売：顧客の取引に基づく価格、指標、数値または対価の額の変動を利用して自己または当該顧客以外の第三者の利益を図ることを目的とし、不特定かつ多数の顧客に対し、有価証券の買付けもしくは売付けもしくはデリバティブ取引またはこれらの委託等を一定期間

継続して一斉にかつ過度に勧誘する行為

⑰作為的相場形成（取引の委託等）：上場金融商品等の相場等を変動させ、もしくはくぎ付けし、固定し、もしくは安定させる、または取引高を増加させる目的をもって、当該上場金融商品等の売買等の委託等をする行為

⑱作為的相場形成（取引の受託等）：上場金融商品等の相場等を変動させ、もしくはくぎ付けし、固定し、もしくは安定させ、または取引高を増加させることにより、実勢を反映しない作為的なものとなることを知りながら、当該上場金融商品等の売買等の受託等をする行為【参考1－10】

【参考1－10】
作為的相場が形成されることを認識して取引を受託等することが禁止されている。金商業者等に作為的相場を形成する目的がない場合でも、作為的相場が形成される取引を認識していれば該当する。

上記の他に、金商業府令では、主に以下の禁止行為が規定されている。

①発行者法人関係情報の提供（募集の際の需要調査）

②発行者法人関係情報の利用（自己売買）

③一定の一任取引

④安定操作期間の一定行為

⑤信用取引における呑み行為

⑥外国投資信託英文報告書等の不説明等

⑦店頭金融先物取引における呑み行為

⑧親法人・子法人からの貸付けと金融商品取引業務との抱合せ行為

⑨抵当証券等の裏書以外の取引

6 損失補てん等の禁止

金商法では、損失補てん等を禁止している。仮に一部の投資家に対して

損失補てんが行われる場合には、補てんを受けられなかった他の投資家に不公平感を抱かしめる可能性があること等が、禁止の背景にある。

⑴ 損失補てん等に関して禁止される行為（金商法39条）

(i)損失発生前の補てんの申込み、約束（損失保証・利回り保証）

有価証券売買取引等につき、当該有価証券等について顧客に損失が生ずる、またはあらかじめ定めた額の利益が生じないこととなった場合に、当該顧客等に対し、その全部または一部を補てんするため当該顧客等に財産上の利益を提供する旨を、申込み、約束すること

(ii)損失発生後の補てんの約束等

有価証券売買取引等について、当該有価証券等について生じた顧客の損失の全部もしくは一部を補てんするために、当該顧客に対し、財産上の利益を提供する旨を、約束すること（その後、実際に利益提供が行われない場合でも、禁止行為に該当する）

(iii)損失発生後の補てんの実施

有価証券売買取引等について、当該有価証券等について生じた顧客の損失の全部もしくは一部を補てんするために、当該顧客に対し財産上の利益を提供すること

⑵ 例外的に認められるもの

証券事故によって生じた損失の補てんについては、金商業者等が、あらかじめ内閣総理大臣の確認を受けている場合やその他内閣府令で定める場合等に限り例外的に認められている。

(i)事故に該当するもの（一部）（金商業府令118条）

①顧客の注文について確認しないで、当該顧客の計算により有価証券売買取引等を行うことで顧客に損失を及ぼしたもの

②顧客を誤認させるような勧誘をすることで顧客に損失を及ぼしたもの

③顧客の注文の執行において、過失により事務処理を誤ることで顧客

に損失を及ぼしたもの

(ii)内閣総理大臣の確認を要しない損失の補てん（一部）（金商業府令119条）

①裁判所の確定判決を得ている場合に行う損失の補てん

②裁判上の和解が成立している場合に行う損失の補てん

③金融商品取引業協会または認定投資者保護団体のあっせんによる和解が成立している場合に行う損失の補てん

7　適合性の原則等

金商法では、適合性の原則として、顧客の知識、経験、財産の状況および金融商品取引契約を締結する目的に照らして不適当と認められる勧誘を行って、投資家の保護に欠けること、またはそのおそれ等がないように業務を行わなければならないと定められている。

適合性の原則では、金商業者等は、ある特定の投資家に対して、一定の金融商品の販売の勧誘を行ってはならないという意味（狭義の適合性原則）で用いられる場合と、顧客の知識、経験、財産の状況および目的に照らして、顧客ごとに適合した形で説明を行わなければならないという意味（広義の適合性原則）で用いられる場合がある。

8　最良執行方針の策定

最良執行義務とは、顧客の注文の対象となる有価証券が複数の市場で取引されている場合、顧客が特に市場を指定しない限り、金商業者等は、顧客にとって最も有利な条件で取引ができる市場において、売買を成立させなければならないという義務である。

金商法では、金商業者等は有価証券等の売買に関する顧客の注文について、最良の取引で執行するための方針および方法を定めること等について、以下が義務付けられている（金商法40条の２）。

⑴　最良執行方針の策定および公表

金商業者等は、有価証券の売買およびデリバティブ取引に関する顧客の注文について、最良の取引の条件で執行するための方針および方法を定め、これを公表しなければならない。

⑵　最良執行方針の位置付け

金商業者等は、最良執行方針等に従い、有価証券等取引に関する注文を執行しなければならない。

⑶　書面交付

金商業者等は、有価証券等の売買に関する顧客の注文を受けようとするときは、あらかじめ、顧客に対し、当該取引に係る最良執行方針等を記載した書面を交付しなければならない。ただし、すでに当該書面を交付しているときは、この限りではない。

⑷　執行後の説明書面交付

金商業者等は、有価証券等取引に関する顧客の注文を執行した後、一定期間内に当該顧客から求められたときは、当該注文が最良執行方針に従って執行された旨について説明した書面を、当該顧客に交付しなければならない。

3　金融サービス提供法

1　意　　義

金融サービスの提供に関する法律（以下、「金サ法」という）は、金融商品販売業者等（以下、「金販業者等」という）が金融商品の販売等に際し顧客に対して説明すべき事項等や、当該事項について説明をしなかったこと等により当該顧客に損害が生じた場合における金販業者等の損害賠償の責任、金販業者等が行う金融商品の販売等に係る勧誘の適正の確保のための措置について定めている。

金販業者等にこの法律上の説明義務違反があった場合に、被害を受けた顧客が自ら業者に対して損害賠償請求をするという場面での顧客保護の強化をめざした法律となっている点が、金サ法の特徴である。

この法律の適用対象は、預貯金・信託・保険・有価証券・デリバティブ等と金商法上の有価証券よりも広く金融商品全般をカバーしている。

なお、金サ法は、「金融サービス仲介業」の創設にあたり、「金融商品の販売等に関する法律（金融商品販売法）」から「金融サービスの提供に関する法律」へ改称されたもの。金融サービス仲介業とは、業態ごとの縦割りだった既存の仲介業と異なり、1つの登録で「銀行」・「証券」・「保険」・「貸金」業すべての分野のサービスを仲介可能とするなど、ワンストップ提供に最適化されたものである。

また、2024年2月には、国民の安定的な資産形成及び適切な資産管理を促進するための基本的事項を定めること等を目的として、国民の安定的な資産形成の支援に関する施策を推進するための施策の策定および金融経済教育を行う「金融経済教育推進機構」の設置を定める等の改正があり、「金融サービスの提供及び利用環境の整備等に関する法律」に再改称された。

2 説明義務

金販業者等は、顧客に対して、元本欠損が生ずるおそれ、当初元本を上回る損失が生ずるおそれの有無、そのようなおそれを生じさせる取引の仕組みのうちの重要部分、権利行使期間の制限または解除に関する制限等を説明する義務を負う。これらの事項を重要事項等という。

また、金販業者等は、金融商品の販売を業として行おうとするときは、当該金融商品の販売が行われるまでの間に、顧客に対し、不確実な事項について断定的な判断を提供すること、または確実であると誤認させるおそれのあることを告げる行為を行ってはならない。

3　金融商品販売業者等の責任

金販業者等は、重要事項について説明をしなければならない場合において、当該重要事項について説明をしなかった、または断定的判断の提供等を行ったことにより顧客に損害が生じれば、これを賠償する責任を負う。

顧客が損害の賠償を請求する場合、その元本欠損額は、金販業者等の重要事項を説明しなかったこと、または断定的判断の提供を行ったことによって当該顧客に生じた損害の額と推定する。

4　適合性の原則（勧誘の適正の確保と勧誘方針の策定）

金サ法は、金販業者等に対して、勧誘の適正の確保と勧誘方針の策定等を求めている。勧誘方針においては、次に掲げる事項について定めるものとしている。

①勧誘の対象となる者の知識、経験、財産の状況および当該金融商品の販売に係る契約を締結する目的に照らし配慮すべき事項

②勧誘の方法および時間帯に関し勧誘の対象となる者に対し配慮すべき事項

③その他、勧誘の適正の確保に関する事項

金販業者等は、勧誘方針を定めたときや変更したときは、速やかにこれを公表しなければならない。

4 金融商品取引業協会の自主規制等

1 自主規制の意義

新たな商品が次々と生み出されるような変化の動きが早い金融業界において、投資家保護を図り市場における取引の公正性を確保するための対応を迅速かつ的確に行っていくには、法による規制強化だけでは難しい。業者による自主規制は、法規制よりも実務に則してきめ細かな規制が可能であることや、規制の制定を機動的に行える利点がある。

2 金融商品取引業協会

金商法では、自主規制機関としての金融商品取引業協会に、認可金融商品取引業協会（認可協会）と認定金融商品取引業協会（認定協会）の区別を設けている。

(1) 認可協会

現在認可されているのは、日本証券業協会のみである。認可協会は、金商業者等のみが設立することができるが、金商業者等は、認可協会を設立しようとするときは、内閣総理大臣の認可を受けなければならない。認可を申請する際には、定款その他の規則を添付しなければならない。

定款には次の事項について定めることを、金商法では規定している。

①詐欺行為、相場を操縦する行為または不当な手数料もしくは費用の徴収その他協会員および金融商品仲介業者の不当な利得行為を防止して、取引の信義則を助長することに努める旨

②協会員に、法令および認可協会の定款その他の規則を遵守するための当該協会員および当該協会員を所属金商業者等とする金融商品仲介業

者の社内規則および管理態勢を整備させることにより、法令または認可協会の定款その他の規則に違反する行為を防止して、投資者の信頼を確保することに努める旨

そして、協会員または金融商品仲介業者が、法令、法令に基づく行政官庁の処分もしくは当該認可協会の定款その他の規則に違反し、または取引の信義則に背反した場合に、当該協会員に対して過怠金を課し、定款の定める協会員の権利の停止もしくは制限を明示または除名をすることができる。

また、認可協会の特色として、店頭売買有価証券の売買のための市場を開設できることがあげられる。この制度は、取引所の上場基準を満たさない会社の株式を同協会の管理のもとで取引したことに由来し、取引所市場と同等の有価証券市場と位置付けられている（ただし、2004年のジャスダック証券取引所の創設・移行により、現在は存在しない）。

⑵ 認定協会

認定協会は、金商業者等が一般社団法人として設立した法人で、内閣総理大臣による認定を受けた自主規制機関である。現在、認定を受けているのは、投資信託協会、日本投資顧問業協会、金融先物取引業協会、第二種金融商品取引業協会、日本暗号資産取引業協会、日本STO協会の6協会である。

認定協会の主な業務は、次のとおりである。

①金商法、その他法令の規定を遵守させるための、会員および金融商品仲介業者に対する指導、勧告

②会員および金融商品仲介業者の行う金融商品取引業に関し、契約の内容の適正化、その他投資者の保護を図るため必要な調査、指導、勧告

③会員および金融商品仲介業者の定款その他の規則または取引の信義則の遵守の状況の調査

④投資者からの苦情の解決、争いがある場合のあっせん

認定協会に対しても、法令や協会の定款そのほかの規則等に違反した会員に対し、過怠金を課す等の処分を行う権限も与えられている。ただし、認可協会との違いとしては、店頭売買有価証券市場を開設することができない点があげられる。

5 特定投資家制度

1 制度の意義

金商法では、顧客となる投資家を「特定投資家（プロ）」と「一般投資家（アマ）」の2つに区分し、アマに対しては投資家保護を十分に図ることを目的に証券会社の販売・勧誘ルールを強化する一方、プロに対しては証券会社の販売・勧誘ルールを軽減している。プロの投資家については自らの力で必要な情報を収集することができると考えられるため、一律の業者規制は不要と考えられるためである。

2 特定投資家と一般投資家の範囲

金商法では、常にプロとして取り扱われる者として、適格機関投資家等が定められている。他方、常にアマとして取り扱われる者として、「一般の個人」が定められている。そして、それ以外に選択によってプロ・アマのいずれにも移行できる中間層が設けられている構造になっている。

3 特定投資家向けの場合の適用除外規制

金商業者等は、投資家が「プロ」に該当する場合、投資家が「アマ」の場合に課せられる行為規制を一定の範囲で免除される（「図表1－3－2」）。このように行為規制に違いが設けられているのは、金融商品・サービスがアマ向けに提供される場合には、投資家保護のために様々な規制が必要とされるのに対し、プロ向けに提供される場合には、取引コストの削減・取引の円滑化等を優先させて規制を緩やかにすべき場合もあると考えられるからである。

ただし、プロ向けの場合でも、断定的判断の提供による勧誘の禁止、損失補てんの禁止、利益相反行為の禁止等、市場の公正確保を目的とする規制については適用される。

4 アマ成り、プロ成り

(1) アマ成り

原則プロ扱いとされている、投資者保護基金やその他内閣府令で定める法人(「図表1－3－1」)は、自ら「一般投資家＝アマ」として扱われることを選択することも認められる。具体的には、これらの法人は金商業者等に対して、契約の種類ごとに、自己を一般投資家(アマ)として取り扱うよう申し出ることができるとされている(金商法34条の2第1項)。こうした申出と金商業者等の承諾が行われれば、金商業者等は申出を行った

■図表1－3－1　金商法の「プロ」「アマ」区分基準の概要

特定投資家(プロ)		一般投資家(アマ)	
一般投資家への移行不可	一般投資家への移行可	特定投資家への移行可	特定投資家への移行不可
①適格機関投資家(金融機関等) ②国 ③日本銀行	④投資者保護基金 ⑤その他の内閣府令で定める法人(※1)	⑥中小法人等(①～⑤に該当しない法人) ⑦地方公共団体 ⑧一定の要件を満たす個人(※2)	⑨一般の個人(⑧に該当しない個人)

※1　上場企業、資本金5億円以上の株式会社、外国法人等
※2　投資性のある金融商品の取引を行うに当たり、十分な知識・経験・財産の状況を有する者として金商業府令61条および62条に定める個人

■図表１－３－２　金商法上の特定投資家（プロ）と一般投資家（アマ）の規制の違い（×の項目が免除）

規制		一般投資家（アマ）を顧客とする場合	特定投資家（プロ）を顧客とする場合
一般的規則	顧客に対する誠実義務	○	○
	広告規制	○	×
	取引態様の事前説明義務	○	×
	書面交付義務	○	×
	虚偽説明の禁止	○	○
	断定的判断の提供による勧誘の禁止	○	○
	不招請勧誘の禁止	△（政令で定めるもののみが対象）	×
	損失補てんの禁止	○	○
	適合性原則	○	×
	顧客情報の適正な取扱い等	○	○
	最良執行義務	○	△（※）
投資助言業務・投資運用業関連	忠実義務・善管注意義務	○	○
	利益相反行為等の禁止	○	○
	金銭・有価証券の預託受入の禁止	○	×
	金銭・有価証券の貸付の禁止	○	×
	運用報告書の交付	○	×
有価証券等管理業務関連	善管注意義務	○	○
	分別管理	○	○
	顧客の有価証券を担保に供する行為の制限	○	×

※　上場有価証券等についての最良執行方針を記載した書面の交付義務は免除される

法人顧客を、顧客から特定投資家（プロ）への復帰の申出があるまで一般投資家(アマ)として取り扱わなければならない(金商法34条の２第５項)。

⑵　プロ成り

原則アマ扱いとされている、「図表１－３－１」の⑥、⑦、⑧は、自ら

「特定投資家＝プロ」として扱われることを選択することも認められる。具体的には、これらの法人、個人は金商業者等に対して、契約の種類ごとに自己を特定投資家（プロ）として取り扱うよう申し出ることができる(金商法34条の３第１項)。こうした申出と金商業者等の承諾が行われれば、金商業者等は申出を行った法人顧客を、原則として１年間、特定投資家（プロ）として取り扱うこととなる（金商法34条の３第５項)。

１年間の期間が満了すれば、その法人、個人顧客は、原則として、再び一般投資家（アマ）として取り扱われることとなる。ただし、その法人、個人顧客が、期限満了後も、継続して特定投資家（プロ）としての取扱いを受けたい場合には、金商業者等に対して更新申出を行うこともできる(金商法34条の３第７項など)。なお、顧客の意思確認を適切なタイミングで行う必要があることから、アマからプロへ移行した者が、プロの更新を申し出ることは、期限日の１ヵ月前以降から可能となっている。さらにアマからプロへの移行の際の同意書面の記載事項に、「いつでもアマに戻れる」旨を規定化することが必要となる。

6 金融分野における裁判外紛争解決制度（金融 ADR）

1 制度の意義

近年、金融商品やサービスは多様化、複雑化しており、金融機関とその顧客とのトラブルも増加の傾向にある。トラブルが生じ、話合いで解決ができない場合には、裁判所において訴訟となることも考えられるが、訴訟となると、費用的にも時間的にも大きな負担となるため、訴訟に代わる、あっせん・調停・仲裁等の当事者の合意に基づく紛争の解決方法として金融分野における裁判外紛争解決制度（以下、「金融 ADR」という）が整備された。金融ADRの中核として、金商法を含む各種法律に指定紛争解決機関制度が創設されている（金商法37条の7など）。

2 指定紛争解決機関

指定紛争解決機関は、業態ごとに定められており、相談、苦情受付および紛争解決のあっせんを行う。指定紛争解決機関が定められている業態に所属する業者は、指定紛争解決機関と相談、苦情の受付および紛争解決のあっせん等に関する手続実施の基本契約を締結する必要がある。

証券会社等の特定第一種金融商品取引業務（特定第一種金融商品取引業務とは、第一種金融商品取引業およびそれに付随する業務ならびに第一種金融商品取引業者のために行う金融商品仲介業のこと）については、「特定非営利活動法人証券・金融商品あっせん相談センター（以下、「FINMAC」という）」が指定紛争解決機関となる。また、登録金融機関業務については、銀行法等に基づく指定紛争解決機関である「一般社団法人全国銀行協会」等が利用可能である。

3 指定紛争解決機関がない業態

一方、指定紛争解決機関が定められていない業態については、代替手段を講じることになる。なお、投資運用業、投資助言・代理業、第二種金融商品取引業は、指定紛争解決機関が定められていない。代替手段には、金融商品取引業協会の苦情解決および紛争解決のあっせんによる方法があるが、投資顧問業協会等5つの金融商品取引業協会は、FINMACに業務委託を行い、FINMACが会員等の業務等に関する相談、苦情受付および紛争解決のあっせんを行うこととしている。また、第二種金融商品取引業者が個別に利用登録を行った場合にも、金商法上の認定投資者保護団体であるFINMACが相談、苦情受付および紛争解決のあっせんを行う。

第4章

銀行の証券業務

1 銀行法の中の証券業務

1 意　義

「銀行の証券業務」とは、日常的には、法律等の定義から離れて、およそ銀行が行う証券に関する業務全般という程度の広い意味で使われていることが少なくない。しかし、「証券業」の概念は法律により定義されているので、厳密には銀行の証券業務もそれを前提に意味を理解する必要がある。証券業を規定する法律は従来、証券取引法によって行われていたが、法改正によってその役割は金融商品取引法へと引き継がれた。

金融商品取引法を理解することにより証券業務を理解することができ、さらに銀行法などの関連法制を正しく把握することによって、証券の発行・流通市場における銀行の役割や位置付けも理解することが可能となるといえる。

2 金融商品取引法の成立

(1) 証券取引法から金融商品取引法へ

2006年６月、「金融商品取引法（以下、「金商法」という）」が制定された。これは従来の「証券取引法（以下、「証取法」という）」を改正したもので、2007年９月30日に施行されている。本法は、①利用者保護ルールの徹底と利用者利便の向上、②貯蓄から投資に向けての市場機能の確保、③金融・資本市場の国際化への対応を目的としている。

証取法から金商法への改正に伴う大きな変更点は、規制の「横断化」と「柔軟化」があげられる。

⑵　規制の横断化

従来の金融サービスに対する規制は、いわゆる縦割り行政であり、たとえば、証券業務は証取法、銀行業務は銀行法といったように、業態ごとに規制されてきた。ところが近年、金融イノベーションの進展に伴って業態の垣根を超えた金融商品が開発されるようになったことで、どの法律によって規制されるべきかが問題となった。そこで金商法では、投資家保護のため、次のように横断的規制を整備している。

(i)金融商品に対する横断的規制

有価証券、デリバティブ取引について、その定義、対象取引を拡大し、また、政令で有価証券に追加できるものの要件を緩和する。

(ii)業務に関する横断的規制

従来の証券業、投資信託委託業、投資法人資産運用業、投資顧問業、信託受益権販売業、金融先物取引業を金融商品取引業に統合する。それ以外でも、投資性の強い預金・保険、商品先物取引などに対し、一定の範囲で金融商品取引業に課される規制を準用する。

これにより、幅広い金融商品を規制の対象とすることができるようになった。また、縦割り業法を見直すことにより、同じ経済的機能を有する金融商品には同じ規制を適用することができるようにもなっている。

⑶　規制の柔軟化

金商法では、投資家の種類に応じて規制を柔軟化している。具体的には、次の２種類に大別される。

(i)特定投資家

プロ投資家とも呼ばれ、投資家保護規制が一部緩和されている。取引コストを削減させ、取引の円滑化を図った方が市場発展のために有益と考えられるためである。具体的には、適格機関投資家、国、日本銀行、上場会社、資本金5億円以上の株式会社等が該当する。ただし、特定投資家のうち、適格機関投資家、国、日本銀行以外の投資家は、申出によって一般投資家として扱われるよう、選択が可能となっている。

(ii)一般投資家

アマ投資家とも呼ばれ、プロ投資家に該当しない法人・地方公共団体・一般の個人が該当する。ただし、法人と一定の要件を満たす個人、地方公共団体については、申出によって特定投資家として扱われるように選択することも可能となっている（地方公共団体については、金融庁による「平成22年金融商品取引法改正に係る政令・内閣府令案等の公表について」において、従来の特定投資家から一般投資家に区分を変更する内容が盛り込まれた。これにより、2011年4月1日より特定投資家から一般投資家へ区分変更されている）。

この他にも、罰則の強化、半期開示の法定化・大量保有報告書制度の見直し等の情報開示制度の改正が行われている。

3　金商法と証券業務

金商法により、銀行等の金融機関は、原則として以下の業務を行うことが禁止されている（金商法33条1項【参考1－11】）。

①有価証券関連業

②投資運用業

ただし、これには例外があり、次の業務については行うことができる。

・金融機関の信託業務の兼営等に関する法律により、信託業務の認可

を受けたものが行う投資運用業（金商法33条の８）

・他の法律の定めるところにより、投資の目的をもって行う場合（銀行等本体による投資活動）（金商法33条１項）

・信託契約に基づいて信託をする者の計算において有価証券の売買等を行う場合（信託の委託者の計算による有価証券売買等）（金商法33条１項）

さらに、登録金融機関としての登録を受けることにより、次の有価証券関連業務を営むことができる。

①書面取次ぎ行為

②一定の範囲の有価証券関連業

③有価証券等管理業務

【参考１－11】金商法(1)

金商法33条１項本文では銀行等の金融機関の証券業務を一般的に禁止しているが、同条２項により「次の各号に掲げる有価証券または取引について、当該各号に定める行為を行う場合には、適用しない」として禁止を解除している。

・公共債に関する証券業務
・短期有価証券に関する証券業務
・資産金融型有価証券に関する証券業務
・証券投資信託受益証券に関する証券業務
・有価証券の私募の取扱い
・国債および海外証券の先物取引の取次ぎ業務等
・店頭デリバティブに関する証券業務
・有価証券等清算取次ぎ業務

これらの業務を行おうとする金融機関は、有価証券の元引受けと店頭デリバティブを除いては金商法33条の２によって内閣総理大臣の登録を受けることとなっている。

公共債に関する証券業務については、その業務の種類は、窓口販売業務が金商法２条８項６号に、ディーリング業務が同１号に該当する。また、国債および海外証券の先物取引の取次ぎ業務は金商法２条８項２号および同３号に該当している。

4　金融商品仲介業

2003年の証取法改正で、証券仲介業が新たに導入された。金商法では、「金融商品仲介業」として証券仲介業を受け継いだ業務が認められている。金融商品仲介業とは、第一種金融商品取引業者・投資運用業者・登録金融機関のいずれかの委託を受けて、その金融商品取引業者のために次の行為【参考１－12】を業として行うもののことをいう（金商法２条11項）。

①有価証券の売買の媒介（私設取引システム運用を除く）

②次に掲げる取引の委託の媒介

- 取引所金融商品市場における有価証券の売買・市場デリバティブ取引
- 外国金融商品市場における有価証券の売買・外国市場デリバティブ取引

③有価証券の募集・売出しの取扱い、私募の取扱い

④投資顧問契約・投資一任契約の締結の媒介

金融商品仲介業を営むためには、内閣総理大臣の登録を受ける必要がある（金商法２条12項）。ただし、登録ができるのは、「銀行、協同組合金融機関その他政令で定める金融機関以外」の一定の者とされている（金商法66条）。銀行等の金融機関は、「登録金融機関」としての登録を受けることにより、金融商品仲介業を営むことができる（金商法33条の２）。

【参考１－12】金商法(2)

金商法２条８項は、証券業を「金融商品取引業」として18種類に分類して定義している。

１号はいわゆるディーリング業務を、２号、３号、４号、５号および10号はブローキング業務を規定している。

６号の引受けとは、新たに発行される有価証券について、これを売り出す目的で、その有価証券の全部または一部を取得し、または他に取得する者がない場合に残額を取得する契約を発行者と締結するものである。

8号の売出しとは、すでに発行されている有価証券について、6号と同様の内容を行うもので、6・8号あわせて広義のアンダーライター業務を構成する。

7・9号は、有価証券の募集・売出し、すなわち公募とともに、「私募」の取扱いを証券業としている。そのほか、11号：投資顧問契約に基づく助言、12号：投資一任契約等、13号：投資顧問契約または投資一任契約の代理または媒介、14号：投資信託財産等の運用、15号：集団投資スキーム等の財産の運用、16号：証券等の保管、17号：社債、株式等の振替、18号：その他政令で定める行為が規定されている。

5　銀行法上の付随業務について

⑴　銀行法とは

銀行法は、銀行の業務の適切な運営を期することを直接目的とした、いわゆる業法である。預金者保護ないし国民経済の健全な発展ということを、銀行業務の適切な運営を通じて実現すべきものとしている。銀行法も1998年6月5日に制定・公布された「金融システム改革のための関係法律の整備等に関する法律」により、大幅に改正された（同年12月1日施行）。

⑵　銀行法上の付随業務（銀行法10条2項・11条）

銀行が営むことができる業務の範囲は、銀行法10条、11条、12条に規定されている。銀行法10条1項がいわゆる「固有業務」（預金業務・貸付業務・為替業務）、同2項が「付随業務」に当たる。銀行法上の「付随業務」とは、銀行が「固有業務」以外に行う業務のうち、銀行法で定められている業務のことをいう。また、銀行法に定めのないものを「周辺業務」という。

付随業務は、主要なものが19項目例示されているが、このうち証券業務に関わりのあるものは、次のとおりとなる。

(i) 2号：投資目的の有価証券売買と顧客の書面注文による有価証券売買の取次ぎ

投資の目的をもってする有価証券の売買は、銀行が預金業務等を行い、資金を集めたなかで貸付等に回されなかった資金を、有価証券投資にさし向けることを指す。銀行が固有業務を遂行していくうえで、当然に付随して生じる業務といえる。

また、銀行は預金業務を扱っている関係上、その顧客から受動的に有価証券の売買の委託を受けることがあり得るため、このような場合に一定の範囲で証券業務が認められている。顧客から、預金として受け入れている資金で有価証券を購入したい、あるいはその有価証券を売却したいという注文を書面によって受けた場合に、銀行がそれに応じることを認めている。

(ii) 4号：売出目的のない公共債の残額引受けと残額引受けと一体として行う募集の取扱い、いわゆる窓販業務

売出目的のない残額引受けは、公共債の発行予定額の満額消化を保証することを内容とする業務である。売出目的のない公共債の引受けに係る募集の取扱い業務（窓販業務）は、従来から銀行法10条2項4号の規定による銀行の付随業務の1つとされている。窓口販売は、銀行等の金融機関がその営業所の店頭で不特定多数の顧客を相手として国債等の募集の取扱い、すなわち販売を行うことを意味する。募集の取扱いが銀行の付随業務とされたのは、残額引受けと一体として行われる募集の取扱いが、残額引受けの結果として取得する有価証券を減少させてリスク負担を軽減する行為であり、残額引受けに当然随伴するものと考えられたためである。

2 投資信託の窓口販売

1 投資信託の窓口販売

(1) 投資信託の販売チャネルの拡充

投資信託の販売は、証券会社が行ってきたが、投資信託委託会社による直接販売という新しい販売チャネルが加わった後、1997年６月に、証券取引審議会が、投資家の利便性向上と新しい投資家層の拡大を通じた証券市場の活性化の観点から、投資信託の販売チャネルの拡充を提言した。

これを受けて、1997年12月１日から、投資信託委託会社が金融機関の店舗の一部を借りて販売を行う「間貸し」方式による直接販売が解禁され、銀行の店舗での販売が行われるようになった後、1998年12月１日から、銀行等の金融機関本体による窓口販売が始まった。

加えて、2005年10月からは、日本郵政公社による郵便局での窓口販売が開始され、その後、ゆうちょ銀行でも取り扱われた（現在は、日本郵政グループのゆうちょ銀行全店舗および投資信託取扱郵便局で取り扱われている）。

(2) 受益権の募集・販売

(i)募集期間

証券会社、銀行等の金融機関は投資信託受益権の販売会社として、投資家に対する投資信託受益権の募集・販売を行う。

募集期間は当初募集期間と継続募集期間に分けられ、当初募集期間中に申込みがあった資金にてファンドが設定される。単位型投資信託の場合、この当初募集期間に募集された投資家からの申込金にてその後のファンドの運用が行われる。一方、追加型投資信託の場合は、当初募集期間を経てファンドが設定された後においても継続募集期間が設けられ、投資家は、申込みを行った時点でのファンドの時価を基準とした価格(基準価額)でファンドに資金を追加できる。

ⅱ募集価格

当初募集期間においては、1口当たり1円あるいは1口当たり1万円等、一定の価格で募集が行われる。

また、継続募集期間においては、基準価額で募集が行われる。なお、ファンドの投資対象資産(国内資産・海外資産の別等)によって、適用される基準価額が、投資家が申込みを行った当日の基準価額となる場合や、翌営業日あるいは翌々営業日の基準価額となる場合があることには留意が必要である。

ⅲ募集単位

募集単位は販売会社・ファンドごとにまちまちである。金額単位(1万円以上1円単位等)で申込みを受け付ける場合と口数単位(1万口以上1口単位等)で受け付ける場合があるほか、最低募集単位(1万円・10万円、1万口・10万口等)を設けている場合もある。

ⅳ手数料

販売会社は、投資信託受益権の募集に際し、投資家から販売手数料を収受する。したがって、投資家は投資信託受益権の募集価格に販売会社に対する手数料およびその手数料に対する消費税等を加えた金額を販売会社に支払う必要がある。なお、この手数料率およびその計算方法についても、販売会社・ファンドごとにまちまちで、無手数料の場合もある。

2 金融商品取引法の適用

銀行等の金融機関が投資信託受益権の販売会社として募集を行い得ることについては、従来証取法に定められ、募集を行うにあたって遵守すべき事項（行為規制）も同法に規定されていたが、法改正により、その役割は金商法に引き継がれた。

金商法は、①利用者保護ルールの徹底と利用者利便の向上、②貯蓄から投資に向けての市場機能の確保、③金融・資本市場の国際化への対応を主たる目的として制定された法律であり、2006年６月に証取法を改正する形で制定され、2007年９月30日に施行された。

したがって、販売会社が投資信託受益権の募集を行うにあたっては、金商法に定められた各種規制の内容をその趣旨も含めて把握・理解することが重要である。

3　書面交付・説明義務

投資信託では、投資家に募集を行うとき、投資家が保有しているとき、投資家が解約したときのそれぞれにおいて、販売会社が投資家に対して交付する書面が法令等で定められている。ここでは、募集を行うときの書面および保有しているときの「運用報告書」について説明する。

⑴　募集時の書面交付等

(i)目論見書等の交付

販売会社が投資信託受益権の募集を行うにあたっては、申込みを行おうとする投資家に対して、金商法37条の３第１項に定める契約締結前交付書面を交付する必要がある。

ただし、投資信託受益権の募集が行われる場合には、その投資信託受益権の内容を記載した目論見書が投資信託委託会社により作成される。そこで、金商法では、当該目論見書と、募集を行う販売会社の概要を記載した書面（目論見書補完書面）を一体で投資家に交付することで、契約締結前交付書面の交付に替えることができることとしている（金融業府令80条１項３号）。

(ii)目論見書

目論見書は、募集を行う都度あらかじめ投資家に交付しなければならない「交付目論見書」と、投資家から請求があった場合に直ちに交付しなければならない「請求目論見書」に分かれる。

交付目論見書と請求目論見書の二段階化は2004年の証取法改正により実施されたが、二段階化後においても両者を一体で交付するケースも多く、投資家にとって利用しやすいものになっていないとの指摘が多くあった。

このような指摘を踏まえ、目論見書をより利用しやすく、分かりやすいものとするため、目論見書への記載事項を定める特定有価証券の内容等の開示に関する内閣府令が改正され、2010年7月1日以降に作成される目論見書について、交付目論見書の記載内容を大幅に簡素化するとともに、それまで交付目論見書に記載されていた事項を請求目論見書に移設する改訂が順次なされることとなった。

交付目論見書・請求目論見書の主な記載事項は、「図表1－4－1」のとおりである。詳細については、一般社団法人投資信託協会の規則（「交付目論見書の作成に関する規則」および「交付目論見書の作成に関する規則に関する細則」）で定められている。

なお、2013年から2014年にかけて金商法の改正（金融商品取引法等の一部を改正する法律）や一般社団法人投資信託協会の規則（交付目論見書の作成に関する規則）の改正等により、2014年12月1日以降、新たに有価証券届出書を提出するファンドから、投資リスクについてはよりわかりやすく、参考情報として、ファンドの年間騰落率および分配金再投資基準価額の推移を棒グラフや折れ線グラフ等で記載することや、ファンドと6種類程度の代表的な資産クラスとの騰落率の比較図を記載することとしている。また、投資信託の信用リスク集中回避のための投資制

■図表１－４－１　目論見書の記載事項

交付目論見書	【基本情報】 ・ファンドの名称　・委託会社等の情報 ・ファンドの目的・特色 ・投資リスク　・運用実績　・手続・手数料等 【追加的情報】 ・投資家の判断に極めて重要な影響を及ぼす事項
請求目論見書	【証券情報】 ・ファンドの名称　・発行価格　・申込期間 等 【ファンド情報】 ・ファンドの性格　・投資方針 ・投資リスク　・手数料等及び税金　・運用状況 ・申込（販売）手続等　・換金（解約）手続等 ・資産管理等の概要　・ファンドの経理状況 ・内国投資信託受益証券事務の概要 等 【委託会社等の情報】 ・委託会社等の概況

限（分散投資規制）が導入され、１つの発行体に対して、株式・債券・デリバティブ等の各エクスポージャーが10％を超えないこと、かつ合計で20％を超えないことが原則とされていたが、交付目論見書の表紙に特化型運用を行う旨を目立つように表示し、かつ「ファンドの目的・特色」の欄に支配的な銘柄が存在する旨およびその影響を記載すること等を条件として例外が認められているファンドも存在する。

⒤説明義務

販売会社は投資信託受益権の募集に際し、投資家に対して目論見書および目論見書補完書面を交付するだけではなく、投資家が投資判断を行うにあたって必要な情報を実質的に提供するため、目論見書等の記載事項のうち、投資信託受益権の概要や手数料、リスク等につき説明を行う必要がある。

また、その説明は、「顧客の知識、経験、財産の状況及び金融商品取引契約を締結する目的に照らして、顧客に理解されるために必要な方法及び程度による説明をすること」が求められている（金商業府令117条1項1号）。

ⅳ重要情報シート

2021年1月15日に、「顧客本位の業務運営に関する原則」が改訂され、重要情報シートの活用が求められるようになった。金融機関の基本情報や取扱商品一覧等を記載する「金融事業者編」と、個別商品のリスクや費用等を記載する「個別商品編」に分かれる。顧客への簡潔な情報提供や、多様な商品の比較を可能にする目的がある。

⑵　運用報告書

投資信託を保有している投資家に対し、運用状況等の情報を提供するための書面として運用報告書が交付される。

運用報告書は投資信託委託会社が投資信託の計算期間（計算期間が6ヵ月未満の場合は6ヵ月）の末日ごとに作成し、販売会社から投資家に対して交付される。

ファンド・オブ・ファンズ（投資信託に投資する投資信託）等において大部となることが多いうえ、書面での交付が原則となるため、投資家は情報を取捨選択することが困難であり、投資信託委託会社には多大なコストが発生している、との指摘がなされていた。そこで、運用報告書についても、運用状況等に関して投資家に必ず報告すべき重要な事項を記載した「交付運用報告書」と、より詳細な運用状況等も含めて記載した「運用報告書（全体版）」に二段階化する内容の法律（投資信託法）改正が2014年12月1日に施行され、施行日以降を作成基準日とする運用報告書から、二段階化した交付運用報告書と運用報告書（全体版）の作成・交付が義務付けられている。

2種類の運用報告書の記載内容および交付義務に関する考え方は、「図表1－4－2」のとおりである。

■図表1－4－2　運用報告書の記載内容および交付義務

	交付運用報告書	運用報告書（全体版）
記載内容	運用報告書として記載すべき事項の内、重要なものとして法令で定めるものを記載	従前の運用報告書とおおよそ同じ
交付義務	知れている受益者へ書面の交付	投資信託約款に定めがある場合には、書面の交付に代えて、電磁的方法（※）で提供が可能 ※「投資信託委託会社のホームページにおいて受益者が閲覧する方法」等

交付運用報告書の主な記載事項は、「図表1－4－3」のとおりである。

■図表1－4－3　交付運用報告書の記載事項

表紙	・「交付運用報告書」の表示　・名称及び商品分類 ・期別及び決算年月日並びに作成対象期間 ・決算年月日における基準価額及び純資産総額 ・計算期間中における分配金（税引前）再投資基準価額の騰落率及び分配金合計　・委託会社の名称及び住所　・問い合わせ先の名称及び電話番号等 ・受益者の皆様へ（ファンドの目的・特色を含む）　・運用方針 ・その他の記載事項
本文	・運用経過の説明（基準価額等の推移、基準価額の主な変動要因、当期中の1万口当たりの費用明細、総経費率、最近5年間の基準価額等の推移、組入れ資産毎の投資環境、ポートフォリオ、ベンチマークとの差異、分配金等） ・今後の運用方針　・お知らせ（委託会社が重要と判断した投資信託約款の内容の変更や運用体制の変更等）　・概要（商品分類、信託期間、運用方針、主要投資対象、運用方法及び分配方針） ・代表的な資産クラスとの騰落率の比較 ・データ（組入資産の内容、純資産等、組入上位ファンドの概要（※）） ※　ファミリーファンド方式やファンド・オブ・ファンズ方式の場合

運用報告書（全体版）の主な記載事項は、「図表1－4－4」のとおりである。

■図表１－４－４　運用報告書（全体版）の主な記載事項

表紙	・「運用報告書（全体版）」の表示 ・名称　・期別及び決算年月日　・仕組み（運用方針を含む） ・委託会社の名称及び住所　・問い合わせ先の名称及び電話番号等
本文	・設定以来の運用実績　・基準価額と市況推移 ・運用経過等の説明（基準価額の推移、基準価額の主な変動要因、ベンチマークとの差異、基準価額の変動理由、今後の運用方針、分配金） ・１万口当たりの費用明細　・総経費率　・売買及び取引の状況 ・派生商品の取引状況等　・株式売買比率　・主要な売買銘柄（任意記載） ・利害関係人との取引状況等　・第一種金融商品取引業、第二種金融商品取引業又は商品取引債務引受業を兼業している委託会社の自己取引状況 ・委託会社による自社が設定する投資信託の受益証券又は投資法人の投資証券の自己取得及び処分の状況　・組入資産の明細 ・投資信託財産の構成 ・資産、負債、元本及び基準価額の状況並びに損益の状況 ・投資信託財産運用総括表（償還時）　・分配金等 ・お知らせ（委託会社が重要と判断した投資信託約款の内容の変更や運用体制の変更等）

４　投資信託に係る費用

投資信託に関し投資家が負担する費用については、目論見書等で確認できる。主な費用は、「購入時手数料」「信託財産留保額」「信託報酬」「その他の費用・手数料」である。

３－⑴－(ii)の目論見書の項で触れた各種改正により、2014年12月１日以降、新たに有価証券届出書を提出するファンドから、各種費用を対価とする役務の内容を目論見書に記載することとし、「信託報酬」「その他の費用・手数料」を対価とする役務の内容は運用報告書にも記載することとしている。

それぞれの概要は、「図表１－４－５」のとおりである。

■図表１－４－５　投資信託に係る費用

名称	支払時期	主な役務	支払方法	内容
購入時手数料	購入時	商品説明等に係る費用等の対価	購入時に直接支払う。	投資信託の購入時に販売会社に直接支払う費用。手数料率・計算方法については販売会社・ファンドごとに異なり、ノーロード（無手数料）の場合もある。
信託財産留保額	購入時・解約時	－	購入時・解約時に直接支払う（購入時に支払うファンドは少ない）。	投資信託の購入時・解約時に信託財産に留保される費用。購入・解約によりファンドで投資対象資産（株式・債券等）を売買する際に発生する費用について、投資家間の公平性を図るために設けられている場合がある。
信託報酬【参考１－13】	保有期間中	【委託会社】 委託した資金の運用、基準価額の計算、開示資料作成等の対価 【販売会社】 運用報告書等各種書類の送付、口座内でのファンドの管理、購入後の情報提供等の対価 【受託会社】 運用財産の管理、委託会社からの指図の実行の対価	信託財産から間接的に支払われる。	投資信託を保有している間に、ファンドの運用・管理等に関し投資信託委託会社等に対して支払う費用。基準価額に信託報酬率をかけて計算され、日々計上される。
その他の費用・手数料	保有期間中	【監査費用】 監査法人に支払うファンドの監査に係る費用 【有価証券の売買・保管に係る費用】 有価証券の売買・保管にあたり売買仲介人・保管機関に支払う手数料　等	信託財産から間接的に支払われる。	原則６ヵ月（計算期間等）ごとに監査法人の監査を受ける必要があり、この監査に要する費用（監査報酬）や、ファンドで投資対象資産（株式・債券等）を売買する際に発生する費用、海外における保管銀行等に支払う有価証券等の保管および資金の送金・資産の移転等に要する費用等。

【参考1－13】ファンド・オブ・ファンズの信託報酬

ファンド・オブ・ファンズは投資信託に投資する投資信託であるため、投資先の投資信託に係る信託報酬についても、投資家は間接的に負担することになる。そのため、ファンド・オブ・ファンズの多くは、投資先の投資信託に係る信託報酬も含めたものが「実質的な信託報酬」として目論見書に記載されている。

3 公共債の窓口販売業務とディーリング業務

1 公共債の窓口販売業務とは

(1) 窓口販売業務とは

窓口販売業務とは、主に公共債の募集の取扱い等による窓口販売（新発債の募集、募集残額の販売）と、はね返り玉の買取りをいう。

公共債の募集の取扱いとは、新発債を一般投資家に、一定期間、均一の条件で販売することであり、また、はね返り玉の買取りとは、銀行等が自行で窓口販売した債券を購入者の申出に応じて満期償還前に買い取ることである。

(2) 窓販対象の公共債と発行方法

銀行等の金融機関で窓販できる公共債は、超長期利付国債・長期利付国債・中期利付国債・中期割引国債・政府保証債・公募地方債の6種類であったが、2003年2月より個人向け利付国債（変動10年）、2005年12月より個人向け利付国債（固定5年）、2010年6月より個人向け利付国債（固定3年）、2015年1月より物価連動国債も取り扱われるようになった。

現在、個人向けを除く国債は「公募入札」により発行されているが、10年物国債については、2006年3月まで「シ団引受方式」により発行されていた。発行が始まった1966年以降、10年物国債は、引受シンジケート団

■図表１－４－６　個人向け国債（個人向け利付国債）の商品概要

	個人向け国債（個人向け利付国債）		
	変動10年	固定５年	固定３年
購入対象	個　人		
満　期	10年	５年	３年
購入金額	額面金額100円につき100円（額面金額１万円以上・１万円単位）		
償還金額	額面金額100円につき100円（額面金額１万円以上・１万円単位）		
金　利	変動金利 （年２回、半年ごとに利払い）	固定金利 （年２回、半年ごとに利払い）	
金利水準※2	基準金利×0.66%※1 ６ヵ月ごとの変動金利。基準金利とは、利子計算期間開始時の前月に行われた10年物国債入札（初回利子については募集期間開始直前に行われた入札）における平均落札利回り。	基準金利－0.05% 発行時の適用利率が満期まで変わらない固定金利。基準金利とは、募集期間開始日の２営業日前における残存期間５年の国債の想定利回り。	基準金利－0.03% 発行時の適用利率が満期まで変わらない固定金利。基準金利とは、募集期間開始日の２営業日前における残存期間３年の国債の想定利回り。
金利の下限	0.05%		
中途換金※3	第２期利子支払日（発行から１年経過）以降であれば、いつでも中途換金可能。		
発行頻度※4	毎　月		

※１　2011年７月発行分（６月募集）から、金利設定方法を掛け算方式に変更したが、2011年６月まで発行された既発債は、発行時の金利設定方法（基準金利－0.80%）のまま変更なし。
※２　国債の利子は、受取時に20.315%分の税金が差し引かれる。よって、記載の金利水準は直接に投資・運用の収益を表すものではない。
※３　中途換金の特例；災害救助法の適用対象となった大規模な自然災害により被害を受けた場合、または保有者本人が亡くなった場合、上記の期間にかかわらず換金可能。
※４　2013年10月募集分までは「変動10年」と「固定５年」は年４回（四半期に１回）募集を行っていたが、2013年12月募集分から「固定３年」と同じく毎月発行することとなった。

（出所）財務省資料を参考に執筆者作成

（以下、「引受シ団」という）および大蔵省（現：財務省）資金運用部により全額引き受けられていたが、1989年４月より「価格競争入札」が導入され、各月発行額の６割がシ団メンバーによる「価格競争入札」、残りが固定シェアによる「シ団引受」で発行されることとなった。その後は「価格競争入札」の割合が徐々に引き上げられ、2006年４月には「シ団引受」が廃止された[参考1－14]。10年国債のシ団引受廃止によって、日本国債の市中発行は、すべて価格競争入札で発行されることとなった（個人向け国債、新窓販国債を除く）。なお、現在も政府保証債・公募地方債等については、発行体と引受シ団の交渉により発行額および発行条件が決定され、あらかじめ決められたシェアおよび入札額に基づいて各行が引き受けている。

【参考1－14】国債の窓販に伴う金融機関の収益

「シ団引受方式」が廃止される以前は、「シ団引受」した長期利付国債について、額面100円につき23銭の引受手数料が発行体である国から支払われていた。現在は、公募入札方式をとっているため、販売価格と落札価格の差が金融機関の収益となっている。

(3) 募集期間

公共債の募集期間は、通常、入札日（あるいは条件決定日）以降、発行日までの期間内であり、この期間中に顧客から購入の申込みを受け付けることを「募集の取扱い」という。また、募集締切日以後、発行日までの間も、顧客の希望がある場合は販売でき、これを「募残の取扱い」という。

個人向け利付国債（変動10年・固定5年・固定3年)、および新窓販国債以外の国債は公募入札により発行されるが、販売できるのは一定期間に限られている[参考1－15]。ただし、ディーリング業務の登録金融機関であれば、登録の範囲内で、自由に販売することも可能である[参考1－16]。

【参考1－15】個人向け国債の募集期間

個人向け国債の募集期間は、条件決定日の翌日からその月末までである。

【参考1－16】証券業務の登録制

1998年6月の証取法改正で、引受等の一部業務を除き、証券業務は認可制から登録制となった（適用は同年12月より)。

(4) 新型窓口販売方式

従来の窓口販売は、民間金融機関の窓口販売方式と、郵便局の窓口販売方式の2つの方式に分かれていた。民間金融機関の方式は、各金融機関が入札や市場で調達した国債に独自の価格を設定して販売する方式であり、郵便局の方式は、財務省が指定する価格によって募集を行い、募集残額が出た場合は日本郵政公社が引き受ける一種の委託販売方式であった（これを「募集取扱方式」という）。しかし、2007年10月に日本郵政公社が民営化されると、個人投資家の購入促進を目的として、「新型窓口販売方式」が導入されることとなった。「新型窓口販売方式」とは、郵便局で行われてきた募集取扱方式の募集残額を引き受ける義務をなくしたうえで、郵便局以外の民間金融機関にも拡大したものである。2年、5年、10年の利付国債を一定の価格で、従来より長い期間販売ができるようになったほか、個人向け国債同様に募残引受義務がないなどの特徴があり、導入以降、証券会社、地方銀行、ゆうちょ銀行を中心に取扱いが広がっている。なお、新型窓口販売方式の導入に伴い、従来の郵便局の窓口販売方式（募集取扱方式）は、廃止されている。

2　はね返り玉の買取りとは

銀行が自行で窓口販売した国債等を、購入者の申出に応じて満期償還前に買い取ることを「はね返り玉の買取り」という。

(1)　買取りできる債券

窓販におけるはね返り玉の買取りは、自行で販売した国債等をその購入者から買い取る場合に限って認められている。原則として、他行で販売された国債等を買い取ることはできない。

なお、ディーリング業務の登録金融機関であれば、ディーリング業務として、認可の範囲内で自行販売分に限らず、買取りを行うこともできる。

(2)　買取価格の決定

はね返り玉の買取価格は、時価を基準に設定される。従来、上場債の買取価格は証券取引所の約定値段を、また、非上場債は日本証券業協会発表の公社債店頭基準気配（現在は公社債売買参考統計値）をもとに仕切値幅制限内で決定されていたが、1998年12月１日より証券取引所における市場集中義務の撤廃と仕切値幅制限が廃止され、各行において適正な行内時価を設定することとなった。なお、金融機関には、顧客が取引価格について説明を求めた際や、証券取引所の上場価格、日本証券業協会の売買参考統計値を尋ねられた場合に、適切に回答する義務がある。

3　銀行のディーリング業務

(1)　銀行のディーリング業務とは

1984年６月１日より、銀行にもディーリング業務が認められることとなった。ここでいうディーリングとは、商品有価証券の売買であり、銀行が不特定多数の顧客を相手に、営業として有価証券の売買を行うことをいう。また、1998年12月１日の証取法の改正により、ディーリング業務は認可制から登録制へと変更されている。

従来も、銀行が特定の取引先を相手に、自らの投資業務の一環として有価証券の売買をすることは可能であったが、ディーリング業務を登録することにより、商品として有価証券を売買することができるようになった。ディーリング業務は、金商法２条８項１号の「有価証券の売買」に該当する。すでに銀行は、窓販により、「はね返り玉の買取り」と「中期国債の募入決定後３週間以内の売付け」という範囲において、同条項の国債証券等の売買を行っていたが、1984年６月１日以降は、売買業務全般の実施が認められることになった。

ただし、銀行が商品として売買できる有価証券は、債券については、①国債、②地方債、③政府が元本の償還および利息の支払について保証している社債、その他の債券（政府保証債）に限られている。

なお、1989年4月26日には、一部の銀行について、選択権付債券売買取引（実質的にはオプション取引）が、証取法28条2項1号に基づく売買業務の一環として認められた。

(2) ディーリング業務の実際

ディーリング業務の登録を受けるにあたり、各銀行は業務内容方法書において、ディーリング業務の内容と方法を定めている。

(i)組　織

実際にディーリング業務を行うにあたって、商品有価証券の管理や売買約定の決定は、市場金融部等の本部で一元的に行い、営業店では対顧客業務（受注および受渡し）のみを行う。本部においては、商品有価証券に係る取引と、従来からの投資有価証券についての取引を明確に区分するため、組織面でディーリング業務を担当する部署、業務分掌および職務権限を、投資目的の売買業務および融資業務から明確に分離・独立させ、かつ専任の担当者をおくことが必要とされている。

(ii)経理処理

ディーリング業務に係る経理処理方法は、次のとおりである（特定取引勘定を設置する金融機関の場合)。

①商品有価証券勘定に係る取引と、それ以外の取引とは明確に区分して記録する。

②商品有価証券の評価は、時価法で行い、商品有価証券勘定とそれ以外の有価証券勘定との簿価通算は行わない。

③商品有価証券勘定とそれ以外の有価証券勘定との勘定間振替は、一切行わない。

(3) ディーリングによる3つの収益

ディーリングによる収益機会は、次の3つに大別できる。

①売買収益（スプレッド収益)：保有債券の買い値と売り値の差から

生じる収益

②金融収益（インカム収益）：保有債券のインカム収入（資金調達コストを考慮）

③相場収益（キャピタル収益）：保有債券の値上り益

第2編

証券発行市場

第1章

証券発行市場の概要

1 わが国の証券発行市場

1 発行市場の役割

公社債の発行市場は、基本的には資金の需要者であり債券の発行者である発行体と、資金の供給者であり債券の取得者である投資家とによって構成される。通常はこれに起債関係者が加わる。たとえば、社債の場合の起債関係者としては、社債の販売引受を行う引受会社、社債権者のために社債の管理を行う社債管理者などがこれに当たる。また、担保付の場合には、担保権を信託的に取得し、その管理・実行を行う受託会社が必要となる。債券の発行方法には、大きく分けて直接発行と間接発行の2つの方法がある。

2 直接発行

発行者自身が発行手続きや募集事務を行う方法で、直接発行には、直接募集、売出発行の2種類の形態がある。

(1) **直接募集**

発行体が起債関係者を通さず、自ら募集事務を行い、債券を募集する方法である。発行額が小規模なケースや応募者が特定されているケースなどの非公募発行（縁故債あるいは私募債）の場合がこれに当たるが、国債の発行にあたって行われる公募入札もこのカテゴリーに分類することができる。なお、直接募集は、当初定めた募集総額に応募額が達しなかった場合に社債不成立となるおそれがあるため、巨額発行の場合は一般的には行われていない。

⑵　売出発行

発行総額をあらかじめ確定することなく、発行体が一定期間を定めて一般公衆に直接売出しを行い、その期間中の売出総額を発行総額とする方法である。金融債はこの方法により発行することが認められているが、会社法には売出発行についての規定はなく、通常の社債は、この方法によることはできない。

3　間接発行

直接発行に対し、発行体が仲介者を通じて債券募集を行う形式である。間接発行方式の利点としては、債券の取扱いに熟練し、金融事情にくわしい起債関係の専門家を利用して、債券発行につき迅速、適切な処置をとり得ること、仲介者のもつ信用力を同時に利用できること、さらに発行額の全額につき所定の日時に必ず調達することができることなどがある。間接発行は大きく分けて、委託募集、引受募集、総額引受の３種類の形態がある。

⑴　委託募集

発行体が第三者（募集の受託会社）に債券の募集を委託する方法である。ただし、受託会社には応募不足額を引き受ける責任がないため、総額について応募がない場合に社債不成立となるおそれがあり、実際には次の引受募集との組合せで行われることが多くなっている。

⑵　引受募集

発行体が引受会社に募集の取扱いを行わせたうえ、引受会社との間に残額引受の契約を結ぶ。もし募集残が出た場合には、引受会社に残額を引き取らせて債券を成立させる方法で、残額引受ともいわれる。シ団引受による公社債は、この形式により発行される。

⑶　総額引受

債券の総額を一括して引き受け、払い込むことによって、債券を成立させる方法である。総額引受は、引受人が投資目的で行うものと、証券会社が引き受けた債券を売り出す目的で行うもの（買取引受）とがある。総額引受をすること自体については別段の制限はないが、銀行などの金融機関は、売出しの目的をもって公共債以外の債券を引き受けること（買取引受）が禁じられているため、投資目的の総額引受しか行えない。

2 債券の基礎知識

1　債券の意義

債券は、元本の返済（償還）や、一定の利子の支払いを受ける権利を有する有価証券である。この有価証券の発行者が国および地方公共団体の場合は、その証券は公債と呼ばれ、民間企業（事業会社）の場合は、社債（事業債）と呼ばれている。この公債と社債をまとめて公社債という。

国や地方公共団体、事業会社は、債券を発行することによって、広く一般の投資家から資金を調達することができる。債券を保有する投資家は債権者、債券の発行者は債務者となり、債券は、金銭消費貸借の借用証書に似た性格を持ち合わせている。しかし、債券の発行者は、多数の投資家から同時に同一条件で大量の資金を調達することができ、発行された債券には流通性が付与されているといった点で、債券と金銭消費貸借の借用証書には相違がある。このため投資家は、債券を満期まで保有することなしに中途で譲渡（転売）して、資金の回収をはかることが可能である。

公社債の特徴としては、償還時期と利払時期があらかじめ定められ、それぞれ償還時期には元本（額面金額）、利払時期には利息の支払いが約束されていること、また第三者への譲渡（転売）が可能で流動性があることがあげられる。ただし、転売にあたっては売却価格が売却時の市場金利によって決まるため、売却益が発生する場合や、逆に売却損となる場合がある。

2　公社債の分類

公社債の分類には考え方の基準によっていろいろな方法がある。たとえば、発行者別による分類、募集方法による分類、保有形態による分類、償還までの期間の長短による分類、付利方式による分類、保証・担保の有無による分類、発行時期と取引時期の関係による分類など様々である。

⑴　発行者による分類

発行者の種類によって分類するもので、国・地方公共団体・独立行政法人が発行する債券を公共債、株式会社など民間の事業会社や一定の金融機関等が発行する債券を民間債と呼んで区別している。この発行者による分類方法が、現在では一般的で実務的な基準となっている。

⑵　募集方法による分類

広く一般の不特定多数の投資家を対象にして募集される債券を公募債と呼び、一般の募集者を対象とせずに、特定の関係者・縁故者のみを対象にした債券を非公募債または縁故債・私募債と呼んでいる。

⑶　保有形態による分類

現実に証書（本券）を発行するものを現物債といい、これに対して、債券保有者が登録機関（銀行等）に氏名などを登録し、本券の代わりに登録通知書の交付を受けるものを登録債と呼んでいる。現物債の場合は無記名なので、これを相手方に手渡すだけで所有権が移転する。授受は簡単であるが、紛失、盗難の危険性がある。なお、「社債、株式等の振替に関する法律」により、国債はペーパーレス化し、すべて振替債で発行されている。また、2006年１月以降は、国債以外の債券に関しても振替債で発行できるようになった。

⑷　償還期限による分類

発行から償還までの期間による分類で、一般的には次のように区分されている。

①短期債：残存期間が３年未満の債券

②中期債：残存期間が３年以上７年未満の債券

③長期債：残存期間が７年以上の債券

なお、長期債の中でも残存期間が11年以上の債券を、一般的に超長期債と呼ぶ。

⑸　利払方法による分類

利息の支払い方法による分類で、利付債と割引債に分類することができる。利付債は、一定の期日ごとに利息の支払いが行われる債券である。利付債には、利率が一定の固定利付債と利率が変動する変動利付債がある。これに対して、利息相当分を額面金額から割り引いた金額で発行され、償還日に額面金額で償還する債券を割引債という。割引債においては、額面金額と発行価格の差額が利付債における利息に相当する。

⑹　担保の有無による分類

公社債の発行に際して、発行体の物的財産を担保に供するものを担保付債券、担保のないものを無担保債券という。国債や地方債等の公共団体が発行するものは無担保債券である。社債については、過去に発行されたものは担保付が原則であったが、最近発行される債券のほとんどが無担保となっている。

⑺　発行時期と取引時期の関係による分類

発行時期と取引時期の関係により、新発債と既発債に分類することができる。新発債は、発行条件を定めて新たに発行される債券で、公募債は発行市場で募集される。非公募債は、関係の深い金融機関等が直接引き受ける。これに対して、既発債は、すでに発行されて投資家の手に渡っている債券のことをいい、流通市場において売買される。

3　国債（発行根拠法）

国債は国（日本政府）が発行する債券であり、安全性が高く、信用力があり、債券の中心的存在となっている。発行量・発行残高も多く、国債の売買は頻繁に行われ、流通性・換金性に富んでいる。国債はその発行目的によって歳入債、融通債、繰延債の３種類に分類できる。通常「国債」といった場合には歳入債をいう。

歳入債は、様々な歳出需要を賄うための歳入資金を調達するために発行される債券で、現在、次の４つの法律を発行根拠法にして、これらに制限されている。使途、限度額などは予算でこれを定め、国会の議決を経なければならない。

⑴　財政法（第４条第１項）

財政法に基づき発行される国債は建設国債（四条国債）と呼ばれ、公共事業費、出資金および貸付金を調達するために発行される。

⑵　特例公債法（各年度における特例法）

特例公債法に基づいて発行される国債は特例国債（赤字国債）と呼ばれ、建設国債の発行をもってしてもなお歳入が不足すると見込まれる場合に、公共事業費などを除いた歳出にあてる資金を調達することを目的として発行される。

⑶ 特別会計に関する法律46条１項および47条（国債整理基金特別会計）

特別会計に関する法律に基づき発行される国債は借換債と呼ばれ、国債の整理または償還のための資金を調達するために発行される。これらのうち建設国債と特例国債を新規財源債と呼び、借換債と区別することがある。

⑷ 特別会計に関する法律62条１項（財政投融資特別会計）

特別会計に関する法律に基づき発行される国債は財投債と呼ばれ、財政融資資金勘定の財源のために発行される。

4 国債（国債の種類）

このように国債の発行根拠法は様々で、国債の性質も異なるが、これらの違いは国が発行収入金をどのように使用するかという点についてであって、投資家にとってその商品の差異は一切ない。国債（歳入債）は償還期限の長短により、短期国債、中期国債、長期国債（超長期国債）に大別できる。

⑴ 長期国債

10年長期利付国債は、国債の中で最も一般的で、かつ大量に発行されている。そして、その発行条件等は、わが国の長期金利の指標となっている。償還期限は10年で、中途償還はなく、利払いは年２回で半年ごとに行われる。最低額面単位は５万円で５万円以上、その整数倍単位で購入できる。また、償還期限20年の超長期利付国債が1986年10月から、償還期限30年の超長期利付国債が1999年９月から発行され、償還期限15年の変動利付国債や償還期限10年の物価連動国債も公募発行されている。さらに、2003年３月からは、個人を対象とした個人向け国債も発行されている。個人向け国債を購入できるのは個人に限られ、額面1万円以上1万円単位で購入することができ、現在は変動金利型と固定金利型が発行されている。

⑵ 中期国債

中期利付国債は償還期限が2年、5年のもので、従来は1度発行されると数ヵ月間は発行されないこともあったが、最近は国債の発行量増加と発行年限の多様化から頻繁に発行され、現在では2年債、5年債ともに毎月発行されている。10年長期利付国債と同様に、中途償還はなく、利払いは年2回で半年ごとに行われ、最低額面単位は5万円で5万円以上、その整数倍単位で購入できる。

⑶ 短期国債

従前は、政府短期証券（FB）と割引短期国債（TB）の短期国債があったが、2009年2月より両者は統合され、国庫短期証券（T-Bill）として発行されるようになった。国庫短期証券は、国庫の収入と支出の一時的なギャップを埋めるため、また、国債の大量償還と借換債の発行を円滑に行うために発行されるもので、期間は2ヵ月、3ヵ月、6ヵ月、1年の4種類、最低額面1,000万円である。なお、顧客は公社債市場に精通した機関投資家や金融機関に限定され、個人の保有は認められていない。

5 政府関係機関債

政府関係機関債は、独立行政法人、特殊会社等の政府関係機関が個々の設立根拠法に基づいて発行する債券で、元利金の支払いを政府が保証しているものと、していないものがあり、政府保証債と非政府保証債の2つに大別できる。

⑴ 政府保証債

政府が元利金の支払いを保証しているものを政府保証債といい、国債に準ずる信用力を有している。現在、政府保証債を発行している団体で、代表的なものには、日本高速道路保有・債務返済機構、日本政策金融公庫、地方公共団体金融機構などがある。発行形態は、償還期限10年の利付債が中心で、利払いは年２回で半年ごとに行われる。

(2) 非政府保証債

非政府保証債は、政府関係機関が事業資金を民間から調達するために発行する債券のうち、その元利金の支払いについて政府の保証がないものをいう。かつては、各政府機関の縁故関係にある特定の金融機関や関連業者に向けて発行される形が一般的で、このように縁故発行された非政府保証債は特殊債と呼ばれている。一方、財政投融資制度の改革が進み、2001年度からは市場公募債である財投機関債が発行されるようになり、発行規模は年々拡大し、政府保証債と肩を並べる規模となっている。財投機関債は、各種の政府関係機関が個別に発行を行うもので、政府保証が付与されていないため民間企業が発行する社債と同様、各政府関係機関の信用力、業務内容に応じた、様々な発行条件が設定されている。

6 地方債

地方債は、広義には都道府県などの地方公共団体が会計年度を超えて負担する長期債務をいい、狭義には地方公共団体が発行する債券をいう。債券発行の形態をとるものを大別すると、公募地方債と非公募地方債（銀行等引受債・縁故債）に分けられる。

(1) 公募地方債

広く一般投資家から資金を調達できる公募地方債の発行実績のある地方公共団体は、北海道、秋田県、宮城県、福島県、茨城県、栃木県、群馬県、埼玉県、千葉県、東京都、神奈川県、新潟県、福井県、山梨県、長野県、岐阜県、静岡県、愛知県、三重県、滋賀県、京都府、大阪府、兵庫県、奈良県、島根県、岡山県、広島県、徳島県、高知県、福岡県、長崎

県、佐賀県、熊本県、大分県、鹿児島県といった都道府県や、札幌市、仙台市、さいたま市、千葉市、川崎市、相模原市、横浜市、新潟市、静岡市、浜松市、名古屋市、京都市、大阪市、堺市、神戸市、岡山市、広島市、北九州市、福岡市、熊本市といった政令指定都市となっている。公募地方債は、毎月いずれかの銘柄が発行され、償還期限10年以外にも３年、５年、15年、20年、30年の利付債もあり、利払いは年２回で半年ごとに行われる。なお、2002年度より住民参加型ミニ市場公募債が発行され、主に地方住民を購入対象者とした公募債で、発行する地方公共団体が様々な発行条件（償還年限、利率等）を自由に設定できる特徴がある。

⑵　非公募地方債（銀行等引受債・縁故債）

非公募地方債（銀行等引受債・縁故債）は、非公募（縁故割当）方式で発行されるもので、全国のあらゆる都道府県市町村、東京都の各区まで、非常に多くの発行団体により発行されている。発行額が少ない銘柄が多く、発行条件も市場公募債に準じて決定されることが多いが、発行団体により一様ではない。

7 社　債

社債は、民間の事業会社が発行する債券であり、会社法で定義されている。広義には普通社債のほか新株予約権付社債【参考２－１】を含む全体を指すが、通常、社債と呼ばれているのは普通社債で、公募される公募社債と、特定の縁故者を対象とする私募社債がある。公募社債は償還期限１年から40年で、利払いは年２回で半年ごとに行われるものが大半である。社債は、発行会社の規模や財務内容によって格付けが行われている。また、担保の種類によって、物上担保付社債、一般担保付社債、無担保社債に分類される。

【参考２－１】新株予約権付社債（転換社債型新株予約権付社債、新株引受権付社債）について

新株予約権付社債は、社債権者に社債発行会社の新株を引き受ける権利（新株予約権）が付与された社債である。従来は新株引受権付社債と呼ばれていたが、2001年度の商法改正によって、転換社債型新株予約権付社債とともに新株予約権付社債という名称になった。転換社債型新株予約権付社債は、発行時は社債の形式であるが、社債権者の請求により、発行時に定められた条件で社債発行会社の株式に転換することができる社債である。したがって、転換する前は一般の社債と変わりないが、株式に転換すると社債権者ではなく、社債発行会社の株主になる。一方で、新株予約権付社債では、新株を行使した後も社債が残るという点で大きく異なる。ただし、代用払込みを認めている場合、新株予約権を行使した後は転換社債型新株予約権付社債と同様に株式のみが残ることになる。

なお、従来の商法において、新株予約権付社債は社債の一種として取り扱われてきたが、2006年に施行された会社法においては、新株予約権の手続きに従うことになった。

⑴　物上担保社債

物上担保社債のほとんどは工場財団抵当で、社会的信用力の高い企業は、会社の総財産を担保する企業担保で発行することもできる。

⑵　一般担保付社債

一般担保付社債は、個々の発行体に係る特別法により特定の担保を付さなくても、社債権者に会社の全財産について優先弁済を受ける権利を認めるものである（例としては電気事業法による電力債など）。

⑶　無担保社債

無担保社債は、担保が付されていない社債で、1991年に社債発行限度額の拡大や無担保適債基準の緩和が行われ、1996年１月には格付け制度が充実してきたことなどを背景に、適債基準が撤廃され、無担保社債の発行が急拡大した。また、一般の無担保社債よりも返済順位の低いものとして劣後債がある。劣後債は一般の債務の返済後に返済される債券で、自己資本に近い性格を持っており、BIS 基準が適用されて以来、銀行は自己資本の拡充の手段として劣後債の発行を利用している。

8 金融債

金融債は、特定の金融機関が特別の法律に基づいて発行する債券で、あおぞら銀行が発行する銀行債と、商工組合中央金庫、農林中央金庫、信金中央金庫が発行する金庫債に区分できる。また、利付金融債と割引金融債があり、発行機関の主要な資金源として継続的に発行されている。

⑴ 利付金融債

利付金融債には、機関投資家向けの募集発行のものと個人向けの売出発行のものがある。利付金融債は毎月発行され、償還期限は原則として、１年、２年、５年があり、利払いは年２回で半年ごとに行われる。

⑵ 割引金融債

割引金融債は、割引債として、一定期間に同じ条件で売り出す売出方式により発行される。償還期限は１年の短期債である。

9 外債

外債は、通貨や発行体別から、円貨建外国債（円建外債やユーロ円債など）、外貨建外国債、外貨建国内債に分類できる。

⑴ 円建外債・ユーロ円債

円建外債（サムライ債）は、海外の政府・地方公共団体・民間企業の発行体（非居住者）が日本国内で発行・募集した円貨の債券であり、売買方法、決済方法は他の国内一般債と同じである。ユーロ円債は、ユーロ市場で発行される円貨建てのユーロ債で、非居住者のみならず日本企業も発行し、決済は円で行われる。

⑵ 外貨建外国債

日本以外で発行される外貨建ての債券のことで、一般的な外国債券のことを指す。各国市場でその国の通貨で発行されたドメスティック債（米国財務省発行の米国債など）、ユーロ市場（国際資本市場と訳される場合もある）で発行されたユーロ債、両方を合わせたグローバル債の3種類がある。

⑶ 外貨建国内債

日本国内で発行される外貨建ての債券のことで、非居住者がこの形態で発行した債券はショーグン債と呼ばれる。非居住者が国内債を保有した場合の課税の影響で、マーケットが広がらずに最近の発行は途絶えている。

3 株式の基礎知識

1 株式とはなにか

株式は、株式会社が自己資本調達の方法として出資者に対して発行する有価証券である。日本の企業形態のなかで株式会社は、最も数の多い企業形態である。株式会社が発達した理由は様々であるが、出資の責任があくまで出資金の範囲内にとどまり（有限責任）、それ以上は会社の債務について責任を負わないという特色は、とりわけ重要である。たとえば、合名会社であると、もし会社が倒産した場合は出資金以上に責任を負う必要が生じることもある。有限責任にすることによって、幅広い投資家から資金を得ようとする企業形態が株式会社であり、株式は、出資者（株主）がその企業に対して有している持分のことである。

株式によって集められた資金は自己資本となり、その企業が存続する限り使用できる返済期限のない資金となる。その資金に対しては、配当金という形で株主への還元がなされる。ただし、配当金は利益の中から拠出されるので、利益がなければ配当しなくてよいことになる。すなわち、社債や借入によって調達した資金が有期限で、確定した利子を支払わなければならないのに対し、株式により調達した資金は無期限で、しかも確定した支払いが要求されないため、両者は資金調達という点ではなんら変わりないが、資金の中身には大きな違いがある。

2　株主の権利とはなにか

株主は、株式会社に対し有限責任を負っている代わりに、いくつかの権利を与えられている。次に、３つの代表的な権利を取り上げる。

⑴　経営参加権（議決権）

株主は、株式会社の最高意思決定機関である株主総会に出席し、計算書類の承認や剰余金の配当、取締役、監査役の選任、経営方針その他重要問題の決議などを行う権利を有している。また、一定数以上の株式を保有している株主は、総会議案の提出権も認められている。ただし、経営参加権といっても一人ひとりの株主が直接経営に参加することは少なく、株主総会で選出された取締役が直接経営を行い、株主はそれを承認するにとどまることが多い。いわゆる「資本と経営の分離」である。

近年、この経営参加権をめぐる動きが活発になっている。M&A（Merger and Acquisitions：企業の合併・買収）やTOB（Take Over Bid：株式の公開買付け）などを行って株式を買い上げ、経営への直接参加を求める例が増えている。日本の企業は株式の持合いによって良好な取引関係を維持していこうとする風潮が強く、経営参加権を強く求める例は欧米に比べ少なかったものの、最近では様々な業種で、業界再編の動きが加速しているのに加え、これまで安定株主であった銀行が持合い解消に動いたこともあり、経営権をめぐる動きが活発になりつつある。また、「モノ言わぬ株主」といわれ、経営参加に消極的だった機関投資家もコーポレートガバナンスに対する意識の高まりを受け、議決権を行使する例が増えている。

⑵　利益配当請求権

その名のとおり、株式会社の利益の配当を株主が受ける権利のことである。経営参加権などの特殊な目的を持たない一般投資家にとっては、この利益配当請求権が最も重要な権利だといえるだろう。

⑶　残余財産分配請求権

株式会社が解散した際に、債務を弁済した後に残る財産を株主が取得することのできる権利である。ただし、残余財産は有価証券の含み資産や退職金などの含み債務により、帳簿上の価格とは異なるのが普通であろう。

4　株式に類似する証券

1　優先出資証券

優先出資証券とは、「協同組織金融機関の優先出資に関する法律」（優先出資法）に基づき協同組織金融機関が発行する金融商品取引法上の有価証券である。協同組織金融機関とは、会員（普通出資者）の相互扶助を目的とした協同組織の形態をとる金融機関である。

なお、会員の範囲は、たとえば、中小企業、個人事業者など、各協同組織金融機関の根拠法で定められている。

優先出資証券は、協同組織金融機関が自己資本の充実を図るため、会員からの普通出資を補完するものとして、広く一般から出資を募る目的で発行される。

優先出資者に対しては、普通出資者に対する剰余金の配当に先立って、あらかじめ定められた額の配当が優先的に行われる。一方で、優先出資者は、普通出資者総会での議決権を有しない。また、優先出資者は、残余財産の分配において、普通出資者に優先して、額面金額について分配を受ける。

2　預託証券（DR）

発行会社の株式を本国以外でも流通させるために、預託機関（通常は銀行）が、本国において保管される原株式を見合いに発行する代替証券をいう。東京証券取引所では、現在、米国預託証券（ADR：American Depositary Receipt）が上場されている。

第2章

公社債の発行市場

1 公共債の発行

公社債市場には、大別して、発行者が証券を発行して投資家を募集する発行市場と、投資家が証券を売買する流通市場がある。公社債の発行市場は、発行者である国、地方公共団体、民間企業等と投資家およびその仲介者である証券会社、銀行などの金融機関で構成されている。仲介者は、その時々の最適条件で発行体と投資家を結び付けるべく努力を重ね、公社債の発行条件、発行額、発行時期などを決定し、発行手続きが進められる【参考２－２】。債券を発行する場合、いかなる条件で発行するかは、発行体にとっても応募者にとっても重要なことである。

【参考２－２】国債の利払い・償還月設定、発行方式について

金融商品取引法上の発行の届出義務がなく、定期的に発行される利付の歳入債は、発行において過去発行されたものと同回号の債券を追加発行するという形式がとられることも多い。１銘柄当たりの発行量を大きくすることにより流動性を高めることが、１つの目的である。

2001年２月発行債までは、過去に発行されたものと同回号のものが再発行された場合でも、発行日からの経過利子額の違いから初期利払い日までは、別々に売買され初回利払い時に銘柄統合が行われていた。

2001年３月発行債以降、新発債の初期利払いの設定が、次のとおりに制度改正された。

・初回の利払期日は、発行日の６ヵ月以内の設定とする。

・初回の利払い額は（クーポン×額面金額×1/2）、利子計算の起算日は、

利払期日の半年前の日とする。

・発行日に起算日からの未発行期間が発生する場合は、その期間の経過利子を発行時の取得者が払い込む。

同方式の導入により、経過利子を付けた新規発行を行うことが可能となったため、同回号のものが再発行（リ・オープン）された場合、発行日に即時同一の銘柄としての売買が可能となった。

新規回号発行あるいはリ・オープン発行かどうかについては、発行条件の提示があった段階で公表される。

1　利率（クーポン）

「額面金額に対する年当たり利子の割合」である。発行価額に対する割合ではないため、利回りと利率は、パー発行の場合を除き一致しない。いったん決められた利率は償還期限まで変更されないのが通常であるが、途中で利払いが増額されるステップアップ債や変動利付債などもある。

2　発行価額

発行価格には、次のような種類がある。

①パー発行：額面で発行されるもの

②アンダーパー発行：額面未満の発行価額で発行されるもの

③オーバーパー発行：額面超の発行価額で発行されるもの

④割引発行：一定の割引歩合をもって償還金額（額面）から割り引いて発行されるもの。満期償還時には額面金額で償還されるため、額面金額と発行価額との差額、すなわち割引料が利息相当分

3　償還期限、償還方法

債券の満期までの期間のことで、発行体にとっては調達した資金を自由に使える期間となる。また、償還の方法には「満期償還」と「期中償還」がある。最終償還期日に償還することを満期償還といい、償還期日前に償

還することを期中償還という。期中償還の方法には、定時償還、任意償還、買入消却のほか、特定の条件のもとで発動可能な償還条項を付した債券もある。

定時償還は、償還期日に一度に全額を償還するのではなく、発行日から一定期間を据え置いた後、一定額を定期的に抽選または買入消却の方法により償還していき、残額を最終償還期日に償還する方法である。このように、一定額ずつ定期的に償還していくことを定時償還といい、発行会社はスケジュールどおり実行しなければならない。

任意償還は、一定の据置期間経過後、発行体の意向により発行額の全部または一部の償還を行うことを、任意償還または繰上償還という。一部償還の場合は、抽選の方法によって行われる。償還価格には、一定のプレミアムがつけられることが多い。

買入消却は、発行体が、市場を通じて自己の債券を買い入れ、これを消却する方法で、発行日の翌日以降いつでも行うことができる。

4 利息の支払方法

債券の利息は、通常、発行日の翌日から償還まで付けられ、その支払いは年１回の場合や住宅金融支援機構債券（RMBS）などのように毎月の場合もあるが、国内債では年２回支払われるのが一般的である。利払期日は償還日の応当月日とその半年後とするのが通例である。利息の計算期間は、発行日と利払日との関係で、最初の利払期日が発行後半年に満たなかったり（または、半年を超えたり）、あるいは最後の利払期日がその前の利払期日から半年に満たないという場合がある。この場合の利息を端数利息といい、あらかじめ日数を計算してその日数分だけの利息が支払われる。

5 元利金の支払場所

一般債振替制度のもとでの社債の元利金の支払いは、発行者が選任した支払代理人（銀行等）から投資家が口座を開設した間接口座管理機関（証券会社、金融機関等）へと、「発行者→支払代理人→間接口座管理機関→投資家」と階層構造に沿って資金が交付される。国債の「元利金支払場所」は、日本銀行本支店、日本銀行代理店、日本銀行国債代理店、国債元利金支払取扱店およびゆうちょ銀行（簡易郵便局を除く）に限定されている。

6 券面額および形式

一般債振替制度のもとでは、一般債の完全ペーパーレスが実現されたことにより、物理的な券面発行はなされなくなり、取引単位として「各社債の金額」との名称が使用されることが多くなってきている。これはいわゆる券面額に相当し、振替債における「各社債の金額」は均一（１つの銘柄において各社債の金額は１つのみ）で、1,000円以上かつ1,000円の整数倍となる。なお、既発行の登録債・現物債を振替倍に移行した場合には、移行前の最低券種を振替債の各社債の金額としている。

⑴ 国債の発行方式

1966年１月に戦後初めて国債が発行され、1970年代になると積極的なケインズ政策によって継続して建設国債が発行された。第１次オイルショック後は、税収の減少により、1975年度補正予算において特例国債（赤字国債）が発行された。以後、国債残高は累積し、また一般財政の歳入に占める国債比率（国債依存度）が高まったことから、財政再建が図られ、1990年度には特例国債に依存しない財政になったが、平成不況の長期化による景気刺激策の拡大によって再び財政の国債依存が高まり、そこで、政府は財政再建・健全化を目指すべく、「財政構造改革法」を1997年秋の国会で成立させた。ただし、1997年度末には、国債残高は254兆円と先進国で最悪の状況となった。しかし、戦後最悪の不況の長期化を背景に、野党・世論から景気回復優先の期待が高まったため、早くも「財政構造改革法」は一時凍結となった。その後、再び国債発行に依存する空前の景気対策が行われ、2023年９月末現在で、国債残高は、1,131兆円に達している。

公社債の発行市場は、資金調達の場で、一般に、公社債を公募する場合には、金融機関や証券会社などが引受シ団（国債のシ団制度については2006年３月末をもって廃止された）を組織して、引受け・募集の責任を負う形をとる。

2006年３月以前、長期利付国債は、「図表２－２－１」のとおり都市銀行・長期信用銀行、地方銀行、信託銀行、第二地方銀行、信用金庫、農林中央金庫、生命保険会社、損害保険会社、証券会社でシ団を形成し、その引受けの方法は、応募額が発行予定額に満たない場合には、その残額をシ団メンバーが分担して引き受ける「シ団引受方式」をとっていた。わが国では、1978年６月の中期国債の創設と同時に公募入札制度が導入され、以降「シ団引受方式」で行われてきた他の国債についても、徐々に「公募入札方式」に移行してきた。超長期利付国債のうち20年債については、1987年８月起債分から発行方法が「シ団引受方式」から「公募入礼方式」に切り替えられ、2000年度に発行された超長期利付国債30年債は、初めての発行ということもあり、イールド競争入札による公募入札となった。

また、10年の長期利付国債についても、1987年11月より、シ団引受方式のほか、発行額の20%を入札方式により追加引き受けできる「引受額入札方式」が導入され、1989年４月からは、発行額の40％部分に価格競争入札による「公募入札方式」（一部非競争入札を含む）を導入し、1990年10月から公募入札の枠が発行額の60%、2002年５月から75%、2003年５月から

■図表2－2－1　利付国債（10年）の引受機構（2006年3月末に廃止）

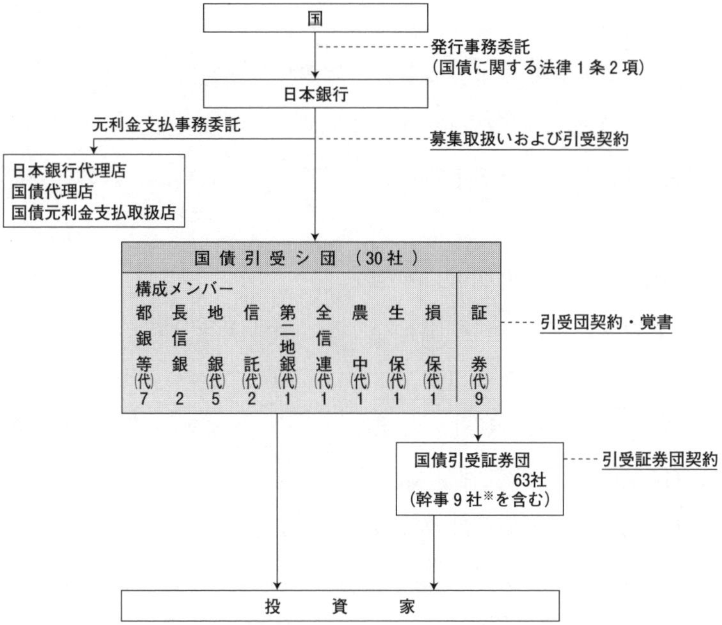

※　国債引受証券団の幹事は年度により8社または9社

85%、2005年4月から90%と、順次引き上げられた。そして、国債の安定消化【参考2－3】に大きな役割を果たしてきたシ団制度は、「国債市場特別参加者制度」の定着を踏まえ、2006年3月末で廃止された。

【参考2－3】国債の入札前取引について

国債入札のさらなる円滑化を図ることを目的に、2004年2月より国債の入札前取引制度が導入された。これにより、入札日前から特定銘柄の取引（約定）が可能となった。

財務省より国債入札のアナウンスメント（入札予定日、発行予定額、発行予定日および償還予定日の発表）が行われた日から入札の日（回号、表面利率の発表）まで、半年複利利回りにより取引（固定利付債の場合）を行う。表面利率決定後に、決められた数式に則り売買単価を計算して受渡しを行う。

なお、この入札前取引と入札日から発行日までの間に行われる取引を合わせて、「WI（When Issued）取引」（発行日前取引）という。

⑵　国債市場特別参加者制度について

国債市場特別参加者制度は、2004年７月に財務省より「国債市場特別参加者制度運営基本要領」が公表され、同年10月から導入されている。要領において、財務省より指定を受ける「国債市場特別参加者」の責任、資格および評価等の運営方針が定められている。その概略は、次のとおりである。

ⅰ「国債市場特別参加者」の指定

財務大臣は、国債入札参加者のうち、落札額等の指定基準を満たし、かつ申請を行った者を特別参加者として指定する。2023年12月現在のメンバーは、証券会社（17社）と銀行（２社）をあわせて19社である。

ⅱ「国債市場特別参加者」の責任

特別参加者は、国債管理政策の策定および遂行に協力する。また、国債の発行市場における一定額以上の応札責任・落札責任、流通市場における流動性提供責任、財務省に対する各種情報提供責任等の義務を負う。

ⅲ「国債市場特別参加者」の有する特別資格

「国債市場特別参加者」の有する特別資格は、次のようなものがある。

①四半期ごとの開催の「国債市場特別参加者」への参加

②買入消却のための入札参加

③国債の元利分離、統合申請

④国債市場特別参加者第Ⅰ制度、同第Ⅱ非価格競争入札への参加

⑤流動性供給入札への参加

⑥財務省が実施する金利スワップ取引への優先的参加　他

⑶　国債市場特別参加者制度における発行方式

国債の発行計画は、毎月12月下旬に翌年度分の年限別の発行額等が発表される。また、入札スケジュールは３ヵ月先まで定期的に公表されてい

る。国債の「シ団引受制度」の廃止に伴い、市場性国債は全面的に入札発行へ移行し、この「国債市場特別参加者制度」の導入は、国債の安定消化に係る制度面の中心に位置付けられている。現在、「国債市場特別参加者」は、国債の安定的な消化の促進ならびに国債市場の流動性、効率性、競争性、透明性および安定性の維持ならびに向上等に努めている。「国債市場特別参加者制度」のもと、次のような３つの方式で入札が行われる。

(i)価格競争入札コンベンショナル方式

発行者があらかじめクーポン（表面利率）を決定しておいて、入札参加者（応募者）から価格による入札申込みを受け付け、申込み価格（応募価格）の高いものから順次割り当てていき、発行予定額に達するまでが募入（落札）となる。ある応募価格で全額募入すると発行予定額を大幅に超過するような場合には、その応募価格の申込みの一部を募入とし、按分計算によって応募者ごとの落札額が計算されることもある。募入決定を受けた入札参加者は、自らが入札したとおりの価格により債券を取得することになり、入札技術の巧拙が、直接落札コストにはね返ることになる。

なお、最低募入（落札）価格と、平均募入（落札）価格とが公表される。中期利付国債２年・５年債、長期利付国債10年債、超長期利付国債20年・30年債、15年変動利付国債は、この方式で発行されている。

(ii)イールド競争入札ダッチ方式

あらかじめクーポンは提示されず、入札参加者は利回りによる入札申込みを行う。申込みを受けた利回りの低いものから順次割り当てていき、発行予定価格に達するまでが募入（落札）とされる。ある応募利回りで全額募入すると、発行価額を大幅に超過するような場合に、按分計算によって募入（落札）額が決定される。ただし、「価格競争入札コンベンショナル方式」とは異なり、クーポンおよび発行予定価格は募入最高利回りを基準として決定され、落札額総額について単一の発行条件となる。したがって、各落札者は自らの入札利回りにかかわらず、一律の発行条件で債券を取得することになる。超長期国債40年、10年物価連動国債は、この方式で発行されている。

(iii)その他の方式

「定率公募入札」は、発行価格あるいは利回りについて競争を行わない入札方式で、クーポンおよび発行価格を定めて希望額を入札させ、発行予定額は応募額をもって按分により割り当て、発行を行う方式である。1982年11月に中期国債の競争入札を補完するという観点から導入されたが、1998年度からは、価格競争入札と同時に「非競争入札」が行われることになった。また、「国債市場特別参加者制度」により、特別参加者のみが参加できる国債市場特別参加者第Ⅰ制度、同第Ⅱ非価格競争入札の制度が導入され、第Ⅰは競争入札と同時に、第Ⅱは競争入札後に行われる。価格競争入札を補完するもので、いずれも価格競争入札における加重平均価格での落札となる。

(4) 地方債の発行方式

地方債の発行条件は、2001年度までは前月の東京都債の流通実勢を参考に、毎月発行する全団体の条件を決定していたが、2002年度からは、東京都とそれ以外の団体に分けて条件を決める「2テーブル方式」が採用された。2テーブル団体は各引受機関に引受希望額・希望条件（東京都債から何銭の格差）等についてプレ・マーケティングを実施し、その結果を総務省に報告し、総務省は各団体のプレ・マーケティングの結果に基づき、発行月の最も低い利回り団体を参考に、その月の2テーブルの発行条件とする制度である。

しかし、2004年度からは東京都債と横浜市債がこの方式から離脱したため、2テーブル方式は廃止となり、その他の団体債の条件決定方法は「統一条件決定方式」が採用された。これは、２テーブル方式と同様に、各発行団体のプレ・マーケティングに基づく発行希望条件のうち、最も利回りの低い団体債を基本としつつ、国債、政府保証債および地方債流通実勢を踏まえて、絶対水準（利回り）について交渉する方式である。

東京都と横浜市に続き、2006年度には神奈川県と名古屋市が統一条件債から離脱して個別発行方式に移行した。また、統一条件債の交渉窓口から総務省が手を引き、「市場公募地方債発行団体連絡協議会」が窓口になるとともに、統一条件債は合同条件債と変名した。

2006年８月に総務省から合同条件発行団体に対して、個別発行方式への移行を促す事務連絡文書が送られたことにより、合同条件発行方式が廃止された。統一金利の適用を止め、自治体の財務力に応じた適切な金利形成を促すことが狙いである。

直後の同年９月債においては休債を決める団体が出る等、多少の混乱はあったものの、以降は、これまでの地方債の枠組みに捕われない独自の発行方式を団体ごとに採用している。最もスタンダードな発行方式はこれまでの引受シ団を維持した「プレ・マーケティング」によるシ団交渉方式であり、他に事業債や財投機関債で採用されている主幹事方式やイールドダッチ方式、また、大阪府等はシ団シェアによる割当てとイールドダッチ入札を併用した引合い方式を採用している。

⑸　政府保証債の発行方式

国内で発行される政府保証債の引受方法は、条件等を同一とするいわゆる一体運営による方法と、個別発行による方法とに分けることができる。

(i)一体運営による方法（ナショナルシ団方式）

一体運営による方法は、地方債と同様、証券会社と金融機関とで、発行体ごとに引受シ団が組成され、発行体との間で、引受けならびに募集取扱契約を締結する。地方債と同じく、窓販の開始後は、証券会社・金融機関とも募集の取扱いを行い、残額が生じた場合、これを引き受けている。引受シ団に加入していない証券会社も、シ団メンバーである証券会社から一定部分の提供を受け、販売を行っている。発行体が受託会社と募集委託契約を結ぶことも地方債と同様である。

この方法には、政策協力消化という制度がある。これは生命保険会社などの余資金融機関・共済組合などが資金運用手段として政策的に新発債を購入する制度である。発行額に対する政策協力消化の比率は、一定ではなく月々変動する。政策協力消化分の募集の取扱いは、証券団が行う。

(ii)個別発行による方式

個別発行方式は、従来の一体運営による条件決定方式とは異なり、競争入札により、発行条件と主幹事証券を決定するものである。主幹事候補証券が提示する発行条件は、従前は、国債とのスプレッド（条件決定日が同年限の国債入札日と同日の時）の場合と、発行利回り（条件決定日が同年限の国債入札日と異なる時）の場合の2種類であったが、2006年11月より、条件決定日を国債入札日以外の日とし、発行条件提示は、発行利回りに一本化された。

政府保証債の発行により調達された資金は、財政投融資計画の一部となるものであるため、毎年度の予算の中で発行総額が定められる。月々の発行銘柄および発行額は、各法人の資金計画をもとに、財務省により認可される。個別発行方式による発行条件については個別に決められるが、ナショナルシ団方式による発行条件については、原則として発行体ごとでなく、政保債として一律に決められる。その際、流通実勢などをもとに引受シ団と発行体との間で協議される。

一体運営による発行スケジュールは、原則、国債の落札結果発表日の翌日午前8時30分をもって発行条件が正式決定され、同日に募集開始となるのが一般的である（2003年２月債より、国債のスケジュール変更に合わせて変更となった）。

2 社債の発行

幹事証券会社のうち通常、１社が主幹事証券会社として引受契約書などの書類を作成し、発行会社との間で条件交渉を行う。幹事証券会社は、他の証券会社と引受シ団を組成する場合が多い。幹事証券会社が発行会社と締結する引受契約により、引受シ団は、連帯して買取引受または残額引受を行う。引受契約により、引受シ団各員の引受責任額および販売分担額の決定方法、引受手数料の内訳（幹事手数料、引受責任料、販売手数料）等が定められる。また、幹事会社間覚書により、幹事手数料の分配方法等が定められる。

1 起債関係者

⑴ 社債管理者、発行代理人・支払代理人、財務代理人、受託会社

社債管理者は、社債の発行会社の委託を受けて社債権者のために、弁済金の受領、債権の保全その他の社債の管理を行うものである。

各社債の金額が１億円以上の場合、その他社債管理者を置かなくても社債権者の保護に欠けるおそれがないものとして法務省令で定める場合（ある種類の社債の総額を当該種類の各社債の金額の最低額で除して得た数が50を下回る場合）を除き、発行会社は、社債を発行する場合には、社債管理者を委託しなければならない。その資格は、銀行、信託会社または担保付社債信託法の免許を受けた者等に限られている。社債管理者不設置が認められる要件は、金融商品取引法上の私募の要件に実質上近い。

振替社債の場合、振替機関である証券保管振替機構の業務規程に従い、

発行代理人（発行者の代理人として、同規程の定めるところにより社債等に係る新規記録手続きを行う者として、あらかじめ証券保管振替機構に指定された者）および支払代理人（発行者の代理人として、同規程の定めるところにより社債等に係る払込後から抹消までの手続きを行う者として、あらかじめ証券保管振替機構に指定された者）が置かれる。

社債管理者非設置債の場合、一般的には発行代理人・支払代理人を兼ねて財務代理人が置かれ、その他の発行事務および期中事務が委託される。

担保付社債（担保付社債信託法に基づく担保がつけられた社債）の場合、受託会社が置かれる。受託会社は総社債権者のため信託の受託者として担保権を取得し、それを保存・実行する方法をとる。また、社債権者のために社債の管理をすべく権限・義務を有する。受託会社の資格要件として、内閣総理大臣の個別の免許を要する。

⑵　振替機関

社債、株式等の振替に関する法律に基づき、振替業を営む者として証券保管振替機構が、主務大臣の指定を受けている。

2　発行手続き

⑴　募集事項の決定・取締役会議

会社は、社債を発行するときは、そのつど法定の事項（募集事項）を定めなければならないが、取締役会設置会社においては、募集事項の決定を取締役に対し委任する場合には、取締役会決議（委員会設置会社では執行役への委任可）により、次を定めなければならない。

①二以上の募集に係る各募集事項の決定を委任するときはその旨

②募集社債の総額の上限（二以上の募集につき委任する場合には各上限の合計額）

③募集社債の利率の上限その他の利率に関する事項の要綱

④募集社債の払込金額の総額の最低金額その他の払込金額に関する事項の要綱

取締役会の決定の枠内で委任を受けた取締役が募集事項を決定できるので、市場動向に迅速に対応した募集条件で社債を発行することが可能になる。

⑵ 募集社債の申込み・割当て

会社は、募集社債の引受けの申込みをしようとする者に対して、法定の事項を通知しなければならない（ただし、会社が同事項を記載した金融商品取引法に規定する目論見書を交付している場合は不要）。また、募集社債の引受けの申込み（応募）をする者は、法定の事項を記載した書面を会社に交付する形で申込みをしなければならない。申込みに対し会社が割当てをすることにより、申込者は社債権者となる。

ただし、募集社債を引き受けようとする者がその総額の引受けを行う契約を締結する場合（買取引受の場合など）には、これら（通知、申込み、割当て）は適用されない。この場合、募集社債の総額を引き受けた者は、その者が引き受けた募集社債の社債権者となる。したがって、社債は割当てまたは総額引受けがなされた時点で成立すると解される。

なお、募集事項として、一定の数までに募集社債の総額について割当てがされなければ、募集社債の全部を発行しないこととする旨を定めていない限り、割当てがなされた募集社債の金額を総額として社債は成立する。

⑶ 募集社債の払込み

募集社債の申込者または募集社債の総額を引き受けた者は、会社が定めた払込期日までに、払込金額の払込みをしなければならない。

⑷ 有価証券の募集と発行開示

「公募」とは、募集社債の申込みの勧誘が不特定・多数の者に対しなされ、金融商品取引法にいう「有価証券の募集」として内閣総理大臣への有価証券届出書または発行登録書・発行登録追補書類の提出、および法定事項を記載した目論見書の使用が要求されるものをいう。

これらの書類においては、社債の募集に関する事項、発行会社およびその属する企業集団の経理の状況、その他事業の内容に関する重要な事項などを記載する。

(5) 発行登録制度

企業情報等の周知性が十分に認められる会社について、機動的な社債発行等による資金調達を可能とする制度である。

将来、有価証券の発行を予定している者が、発行予定有価証券の種類、発行予定期間（社債の場合は1年または2年の選択性、通常は後者）および発行予定額等を記載した発行登録書をあらかじめ内閣総理大臣に提出しておくことにより、当該有価証券の発行時には新たに有価証券届出書を提出することなく、発行条件等の証券情報等を記載した発行登録追補書類を提出するだけで当該有価証券を投資家に取得させ、または売り付けることができる。この場合、発行登録書、発行登録追補書類およびこれらの内容等を記載した目論見書には企業情報は記載されず、直近の有価証券報告書等の継続開示書類（参照書類）を参照すべき旨および参照書類の補完情報等が記載される。

発行登録書の効力発生日については、原則15日を経過した日（金商法23条の5第1項が同法8条の規定を準用しているため）である。例外として、ある一定の要件（金商法5条4項各号に掲げるすべての要件）を満たす場合には、15日に満たない期間を経過した場合でも効力が発生するように取り扱うことができる（企業内容等の開示に関する留意事項について（企業内容等開示ガイドライン）8－1・8－2）。なお、「15日に満たない期間」とは、おおむね7日をいう。

発行登録書提出後は勧誘行為が可能であるが、効力発生後に発行登録書中の参照書類と同種の書類（有価証券報告書等の継続開示書類）が提出された場合等の事由により、訂正発行登録書が提出された場合には、各々一定の期間、効力が停止することに留意が必要である。

(6) 金融商品取引業者による引受審査

発行登録制度を利用した場合、発行登録時審査および継続開示審査により、発行時の審査手続きは、簡素化され機動的な発行に対応できるようになっている。

(7) 発行登録時審査

金融商品取引業者（主幹事候補会社）は、発行登録書提出日より所定の日数以前に発行会社より有価証券報告書等の継続開示書類等必要な審査資料を受領、記載内容の確認を行うとともに、発行会社および監査人への質問、回答受領を経て、発行登録書提出日前に発行会社および監査人とデューディリジェンス会合を開催し、コンフォートレター（発行会社による有価証券の発行等に際して、発行会社および事務幹事証券会社からの依頼に基づき、監査人が有価証券届出書、発行登録追補書類（参照書類となっている継続開示書類を含む）等に記載された発行会社の財務情報およびその後の変動につき調査した結果を事務幹事証券会社に報告するために監査人が作成する文書）の打切日、授受、記載内容等について三者で協議する。

(8) 継続開示審査（発行予定期間中の有価証券報告書、四半期報告書提出時）

金融商品取引業者（主幹事候補会社）は、発行会社より必要な審査資料を受領、内容の検討を行うとともに、発行会社および監査人への質問（所定の共通質問事項）、回答受領を行う。

(9) 発行時審査

金融商品取引業者（主幹事会社）は、直近の継続開示審査終了後の状況の確認をするとともに、発行登録追補書類について確認し、監査人よりコンフォートレターを受領する。

3 起債運営

発行会社が総合的な判断に基づき主幹事証券会社を決定し、その後、需要予測方式により発行条件が決定される。すなわち、主幹事証券会社および引受シ団が絶対金利またはスワップ・レート（またはベンチマーク国債等）に対するスプレッドのいずれかをベースに、投資家の需要動向を探り、需要の積上げを行ったうえで、その結果を踏まえ、発行会社と主幹事証券会社が協議をして発行条件を決定する。

募集期間中の販売については、均一価格販売方式が採られ、値引き販売をしない払込金額での募集が、引受シ団に義務付けられる。したがって、販売分担額は、各引受シ団の実需を反映した販売希望に基づくものとし、引受責任額とは分離して考えることとなる。

主幹事証券会社は各引受シ団から販売希望額を確認したうえで、販売分担額を決定し連絡する。この場合、募集期間中のマーケットメイクは行われないが、募集期間終了後、主幹事証券会社および引受シ団（任意）は、市場実勢を反映したマーケットメイクを行う。

なお、より迅速、円滑なセカンダリー・マーケットへの移行を図るため、均一価格リリースを採用する場合もある。すなわち、主幹事証券会社は全シ団メンバーの販売完了の確認がとれた段階で発行会社と協議のうえ、均一価格リリースを宣言する。均一価格リリース後は、払込金額にとらわれることなく売買が行えるものとされる。

第3章 株式の発行市場

1 株式発行の種類

企業は株式会社設立後も、種々の方法で株式を発行することができる。1980年代までは景気の持続的拡大による積極的な設備投資意欲、株式市場の堅調さなどを背景に企業のエクイティ・ファイナンスは高水準で推移したが、1990年以降のバブル崩壊に伴い、市場が低迷するといったん発行市場は機能停止状態に陥った。

しかし、2009年以降の景気の悪化、企業の財務の悪化に伴い、公募増資による資金調達が急増した。

■図表２－３－１　株式資金調達額推移

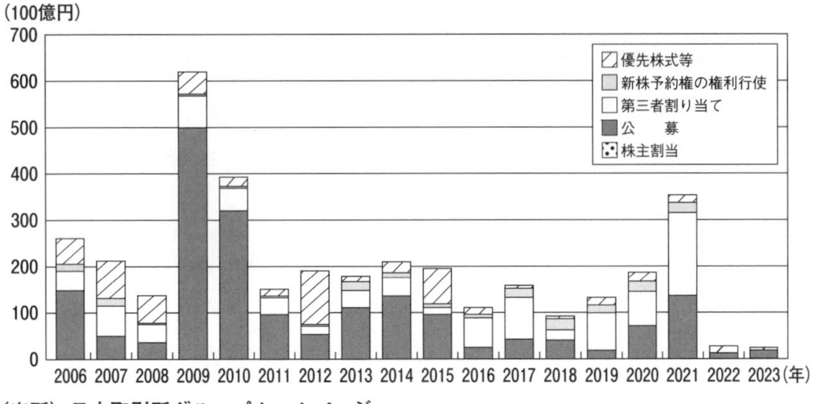

（出所）日本取引所グループホームページ

1　株式発行の種類

⑴　増　　資

企業が資金調達を目的として、会社成立後、新たに株式を発行することで、公開会社については、通常、取締役の決議によって行われる。発行の方法については、2編3章❷で述べる。

⑵　取得請求権付株式の発行

企業が数種類の株式を発行している場合に、ある株式から他の種類の株式への転換請求が認められている株式が転換されると、旧株式は消滅し、新株式が発行されるが、これも新株発行の1つといえる。

⑶　株式併合と株式分割

株式併合とは、数株の株式を合わせてより少数の株式とすることである。株式管理コスト等の観点から出資単位を大きくしたい場合や、株式交換や企業合併の際に、株式の割当て比率を調整するためなどに用いる。2001年の商法改正後は、会社の自治の尊重という観点から、株式合併委に関する規制が緩和された。

一方、株式分割は、株式会社が発行する株式の流通量を増加させたい場合などに行われる。

⑷　転換社債型新株予約権付社債の転換請求権および新株予約権の行使

転換社債型新株予約権付社債の転換請求権および新株予約権の行使によっても新株が発行される。1980年代を通じて内外市場での転換社債型新株予約権付社債、新株予約権付社債の発行が顕著になっていた。これは、比較的低金利での資金調達が可能である、配当負担が平準化されるなど、発行者側の意図と、債券として安定金利収入、価格の下方硬直性、株価上昇によるキャピタルゲインが見込めるなど、投資家側の根強い需要とが合致した結果であった。

これらは発行済み株式数としてはひとまず、表面に出ない潜在的な株式供給と考えられるが、株価形成、株主構成などに、将来的には少なからず影響を与える。つまり、潜在株式の増大が、1株利益の希薄化を招くのである。転換社債型新株予約権付社債、新株予約権付社債に傾斜したファイナンス方法は、異常悪化に伴う計画の変更など、企業の資金調達の支障ともなり得るため、注意が必要とされる。

2 減　資

減資とは、資本金を減少させることをいう。同時に株式の償却や株式の合併によって、株数を減らすことが行われることもある。株主に対する経済効果から見ると、減資に伴い相応する会社資産を株主に還元する方法と、単なる資本の減少に留まり株主への見返りのないものとがある。

2 株式発行の形態

1 有償と無償

新株の発行に対しては、対価としての払込金額の拠出を求めるか否かにより、有償と無償に分けられ、通常は有償となるが、株式分割のように無償増資となる場合もある。そのほか、有償並行増資、有無償抱合せ増資といった形態もある。

2 募集の方法

募集の方法としては①公募、②株主割当、③第三者割当の3形態がある。

⑴ 公　　募

広く投資家一般から新株の取得申込みの応募を受けるものである。公募増資は、発行価額が市場実勢を基準に決定される方式（時価発行）を用いた公募時価発行増資が、一般的な形態となっている。

⑵ 株主割当

新株引受権を優先的に株主に与える方法で、株主は持ち株数に応じて、新株の割当てを受ける権利を有する。この方法は、上場会社の場合、持ち株の値下がりにより、既存株主に損失を与える可能性があるため、主に非公開会社がよく用いる方法となっている。

⑶ 第三者割当

株主以外の第三者に新株引受権を付与する方法である。新株発行手続きと、有利発行（新株を特に有利な株価で発行すること）手続きが同時に行えるようになっている。

3　基準となる価格算出方法

発行に際し、その基準となる価格の算出の方法の違いから、額面発行、中間発行、時価発行の３種類に分類されていた。しかし、2001年10月の商法改正により額面株式という概念がなくなったため、額面発行、中間発行という概念はなくなった。

時価発行は、発行時の市場実勢価格（時価）を基準として新株発行価額を決める方法で、現在では発行方法の主流となっている。

3 株式公開

企業は拡大する資金需要に対し前述のような新株発行を行うが、大量かつ機動的な資金調達を行うため、広範囲に不特定多数の一般投資家から拠出を受けられる体制が望まれる。ここに、株式上場の最大の意義がある。

1 株式上場とその意義

株式の上場とは、具体的には証券取引所が市場内での株式売買を認め、成立した価格を公表することをいう。企業は株式上場により、株式による資金調達が容易かつ多用途となるほか、上場審査をパスしたことによる対外的なイメージの向上、自社PR、人材確保等のメリットがある。株主にとっても、取引所売買による公正な価格形成と、円滑な流通が期待できる。一方で、一般投資家の株式取得の機会が増えるため、従来以上の情報開示が求められる。

2 株式の上場基準

上場を希望する企業は、各証券取引所に申請書を提出し、各証券取引所は審査基準に照らして審査し、内閣総理大臣への届け出を行うことになっている（かつては財務大臣の上場承認が必要であったが、現在は事後届け出制）。審査基準については、成長性のある中小企業支援のために徐々に緩和される傾向にある。

1999年12月に、東京証券取引所が、新規産業育成による日本経済の構造改革と活性化、投資対象の多様性を目的に上場審査基準を大幅に緩和した新市場のマザーズ（Market of the high-growth and emerging stocks）を設立した。これにより新興企業は早期の上場による資金調達が可能となるため、従来以上に将来の成長展開を実現できるようになった。また、マザーズに続き、大阪証券取引所にヘラクレス（2010年にジャスダックと統合）、名古屋証券取引所にセントレックス、札幌証券取引所にアンビシャス、福岡証券取引所にQ-Board、などの新興企業向け市場が開設された。

なお、日本取引所グループは、2022年4月に従来の4市場区分（一部・

二部・マザーズ・ジャスダック）を３つの新市場（プライム・スタンダード・グロース）に再編し、各新市場区分のコンセプトに応じて上場基準を設けた。

■図表２－３－２　各新市場区分の上場基準

●プライム市場の上場基準

<table>
<tr><th>項目</th><th>考え方・狙い</th><th>概要（注１）</th></tr>
<tr><td>流動性</td><td>▶多様な機関投資家が安心して投資対象とすることができる潤沢な流動性の基礎を備えた銘柄を選定する。</td><td>
<table>
<tr><th>項目</th><th>新規上場基準</th><th>上場維持基準</th></tr>
<tr><td>株主数</td><td>800人以上</td><td>800人以上</td></tr>
<tr><td>流通株式数</td><td>20,000単位以上</td><td>20,000単位以上</td></tr>
<tr><td>流通株式時価総額</td><td>100億円以上</td><td>100億円以上</td></tr>
<tr><td>売買代金</td><td>時価総額250億円以上</td><td>平均売買代金0.2億円以上</td></tr>
</table>
</td></tr>
<tr><td>ガバナンス</td><td>▶上場会社と機関投資家との間の建設的な対話の実効性を担保する基盤のある銘柄を選定する。
※ガバナンス・コード（一段高い水準の内容を含む）全原則の適用</td><td>▶投資家との建設的な対話の促進の観点から、いわゆる安定株主が株主総会における特別決議可決のために必要な水準（３分の２）を占めることのない公開性を求める。
<table>
<tr><th>項目</th><th>新規上場基準</th><th>上場維持基準</th></tr>
<tr><td>流通株式比率</td><td>35％以上</td><td>35％以上</td></tr>
</table>
</td></tr>
<tr><td>経営成績
財政状態</td><td>▶安定的かつ優れた収益基盤・財政状態を有する銘柄を選定する。</td><td>
<table>
<tr><th>項目</th><th>新規上場基準</th><th>上場維持基準</th></tr>
<tr><td rowspan="2">収益基盤</td><td>最近２年間の利益合計が25億円以上</td><td rowspan="2">－</td></tr>
<tr><td>売上高100億円以上かつ時価総額1,000億円以上</td></tr>
<tr><td>財政状態</td><td>純資産50億円以上</td><td>純資産額が正であること</td></tr>
</table>
</td></tr>
</table>

（注１）市場コンセプトを反映したこれらの基準のほか、株式の譲渡制限、証券代行機関の選定などの共通の基準を設ける

●スタンダード市場の上場基準

<table>
<tr><th>項目</th><th>考え方・狙い</th><th>概要（注１）</th></tr>
<tr><td>流動性</td><td>▶一般投資者が円滑に売買を行うことができる適切な流動性の基礎を備えた銘柄を選定する。</td><td>
<table>
<tr><th>項目</th><th>新規上場基準</th><th>上場維持基準</th></tr>
<tr><td>株主数</td><td>400人以上</td><td>400人以上</td></tr>
<tr><td>流通株式数</td><td>2,000単位以上</td><td>2,000単位以上</td></tr>
<tr><td>流通株式時価総額</td><td>10億円以上</td><td>10億円以上</td></tr>
<tr><td>売買高</td><td>－</td><td>月平均10単位以上</td></tr>
</table>
</td></tr>
<tr><td>ガバナンス</td><td>▶持続的な成長と中長期的な企業価値向上の実現のための基本的なガバナンス水準にある銘柄を選定する。
※ガバナンス・コード全原則の適用</td><td>▶上場会社として最低限の公開性を求める（海外主要取引所と同程度の基準を採用）
<table>
<tr><th>項目</th><th>新規上場基準</th><th>上場維持基準</th></tr>
<tr><td>流通株式比率</td><td>25％以上</td><td>25％以上</td></tr>
</table>
</td></tr>
</table>

<table>
<tr><td>経営成績
財政状態</td><td>▶安定的な収益基盤・財政状態を有する銘柄を選定する。</td><td>
<table>
<tr><th>項目</th><th>新規上場基準</th><th>上場維持基準</th></tr>
<tr><td>収益基盤</td><td>最近１年間の利益が１億円以上</td><td></td></tr>
<tr><td>財政状態</td><td>純資産額が正であること</td><td>純資産額が正であること</td></tr>
</table>
</td></tr>
</table>

（注１）市場コンセプトを反映したこれらの基準のほか、株式の譲渡制限、証券代行機関の選定などの共通の基準を設ける

●グロース市場の上場基準

<table>
<tr><th>項目</th><th>考え方・狙い</th><th>概要（注１）</th></tr>
<tr><td>事業計画</td><td>▶高い成長可能性を実現するための事業計画を有し、投資者の適切な投資判断が可能な銘柄を選定する。</td><td>
▶次の要件のいずれにも該当していること
・事業計画が合理的に策定されていること
・高い成長可能性を有しているとの判断根拠に関する主幹事証券会社の見解が提出されていること
・事業計画及び成長可能性に関する事項（ビジネスモデル、市場規模、競争力の源泉、事業上のリスク等）が適切に開示され、上場後も継続的に進捗状況が開示される見込みがあること
▶高い成長可能性の健全な発揮を求める観点から、以下の基準を設ける
<table>
<tr><th>項目</th><th>新規上場基準</th><th>上場維持基準</th></tr>
<tr><td>時価総額</td><td>－</td><td>上場10年経過後40億円以上</td></tr>
</table>
</td></tr>
<tr><td>流動性</td><td>▶一般投資者の投資対象となりうる最低限の流動性の基礎を備えた銘柄を選定する。</td><td>
<table>
<tr><th>項目</th><th>新規上場基準</th><th>上場維持基準</th></tr>
<tr><td>株主数</td><td>150人以上</td><td>150人以上</td></tr>
<tr><td>流通株式数</td><td>1,000単位以上</td><td>1,000単位以上</td></tr>
<tr><td>流通株式時価総額</td><td>５億円以上</td><td>５億円以上</td></tr>
<tr><td>売買高</td><td>－</td><td>月平均10単位以上</td></tr>
</table>
</td></tr>
<tr><td>ガバナンス</td><td>▶事業規模、成長段階を踏まえた適切なガバナンス水準にある銘柄を選定する。
※ガバナンス・コード基本原則のみの適用</td><td>
▶上場会社として最低限の公開性を求める（海外主要取引所と同程度の基準を採用）（注２）
<table>
<tr><th>項目</th><th>新規上場基準</th><th>上場維持基準</th></tr>
<tr><td>流通株式比率</td><td>25%以上</td><td>25%以上</td></tr>
</table>
</td></tr>
</table>

（注１）市場コンセプトを反映したこれらの基準のほか、株式の譲渡制限、証券代行機関の選定などの共通の基準を設ける
（注２）ベンチャー企業による議決権種類株式を利用した新規上場については現行制度どおり

（出所）日本取引所グループホームページ

第4章 証券化商品の発行市場

1 証券化商品の概要

1 証券化商品とは

「証券化」とは、企業等が自ら保有する資産を「信託」や「特別目的会社（SPC）」（以下、これらを総称して「SPV」という）に売却し、売却代金を受領することで資金調達を行う取引である。SPVは、資産の購入資金を調達するために「社債」や「信託受益権」等の有価証券を発行することから、これら一連の取引を総称して「証券化」と呼ばれている。

発行体となるSPVは、当該資産の保有のみを目的に設立（設定）されるため、他の資産を保有することも他の事業を営むこともない。そのため、SPVが発行する有価証券は、当該資産が生み出すキャッシュフローのみが償還原資となる。

このように、有価証券の償還可能性がSPVが保有する特定の資産の価値に紐付けられる場合において、当該資産を「裏付資産」と呼ぶ。投資家は、証券化商品の裏付資産を参照して投資判断を行うこととなる。

2 わが国の証券化市場

1970年代に米国でスタートした証券化取引は、わが国では、1993年６月の「特定債権等に係る事業の規制に関する法律（特定債権法）」の施行を契機に本格的な普及期を迎えた。

その後、法整備【参考２－４】の進展が後押しとなって、証券化市場が拡大。2006年度には、公表ベースで約9.8兆円の証券化商品が発行され、同年度の普通社債発行額（約6.8兆円）をも上回る市場規模となった。

順調に成長を続けた証券化市場であるが、2006年度をピークに減少に転じた。2007年に発生した米国発サブプライム問題のみならず、わが国においても、いわゆるグレーゾーン金利問題に端を発する消費者ローン証券化商品のパフォーマンス悪化、不動産価格の下落に起因するCMBS（Commercial Mortgage Backed Securities）のデフォルト、中小企業向け社債を裏付けとしたCBO（Collateralized Bond Obligation）商品のデフォルト等が相次ぎ発生。2008年９月には、リーマンブラザーズの破綻等に起因し、海外の証券化市場が機能不全に陥った結果、国内の証券化市場においても投資家の投資意欲が減退。さらに、本邦企業の資金需要減退も重石になり、証券化市場はいまだ本格回復には至っていない。ただし、2015年度は、住宅ローン減税制度の拡充を背景としたRMBS（Residential Mortgage Backed Securities）の伸張もあって、証券化商品の発行総額は４年ぶりに３兆円台となり、2016年度から2018年度は４兆円台で推移。2019年度は12年ぶりに５兆円台に到達したが、2022年度はRMBS・CDOの落込みにより、４年ぶりに再び４兆円台となった。

【参考２－４】証券化市場の拡大を後押しした主な法律

証券化市場の拡大を後押しした主な法律として、以下があげられる。

・特定目的会社による特定資産の流動化に関する法律

・動産および債権の譲渡の対抗要件に関する民法の特例等に関する法律
・債権管理回収業に関する特別措置法

■図表２－４－１　証券化商品の発行規模推移

（単位：億円）

	2017年度	2018年度	2019年度	2020年度	2021年度	2022年度
発行総額	44,936	47,867	54,999	51,711	55,411	48,199
RMBS	29,452	28,251	33,313	31,473	27,267	25,078
CMBS	0	365	0	0	0	0
CDO	2,316	1,837	2,719	3,668	8,509	5,219
リース	0	436	210	981	536	151
消費者ローン	146	406	50	60	60	65
ショッピング・クレジット	11,299	15,578	17,244	15,224	18,215	17,424
売掛金・商業手形	708	424	282	252	247	0
その他	1,015	571	1,180	53	577	262

（出所）　日本証券業協会「証券化市場の動向調査」に基づき作成

3　証券化商品の仕組み

証券化商品の仕組みは、概ね次の構造となっている。代表例として、信託方式とSPC方式を紹介する。いずれを採用するかは、対象資産の種類、期間、投資家の要望等を考慮して決定するのが一般的である。

⑴　信託方式

信託方式とは、「信託」がSPV（２編４章❶－４参照）となり、主として信託受益権の発行により、資金調達を行う手法である。

⑵　SPC方式

SPC方式とは、SPCがSPVとなり、主としてABS・ABCP等の債券の発行により、資金調達を行う手法である。

■図表２－４－２　信託方式のスキーム図

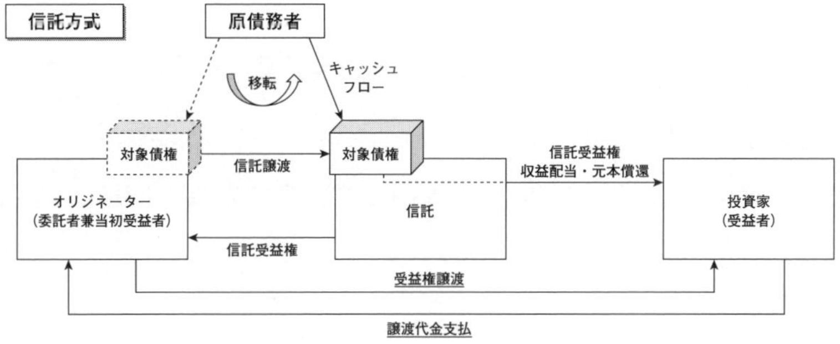

■図表２－４－３　SPC 方式のスキーム図

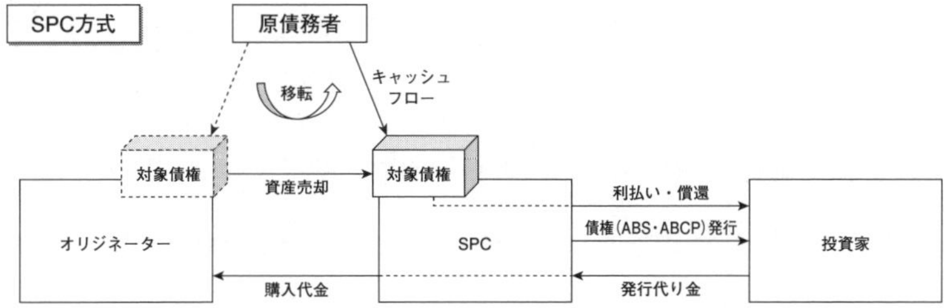

4　証券化商品の主要関係者

証券化商品には、多くの関連当事者が様々な役割を担っている。ここでは、関連当事者の主たる役割を紹介する。

(1)　オリジネーター

証券化商品の裏付けとなる原資産の保有者で、SPV に資産を譲渡・売却し、資金調達を行う者をいう。SPV への資産の譲渡人という意味で「セラー」と呼ばれることもある。

(2)　アレンジャー

オリジネーターに対して、証券化による資金調達を提案し、証券化商品のスキームを構築し、組成を行うアドバイザーをいう。主として証券会社・商業銀行・信託銀行がその役割を担う。

⑶ SPV

オリジネーターより、資産の譲渡・売却を受け、譲り受けた資産を裏付とした証券化商品を発行するものをいう。SPVの代表的な形態としては、信託、SPC、組合等があるが、わが国での金銭債権の証券化では信託方式が中心となっている。

⑷ 受託者

SPVとして信託を用いる場合、信託銀行（信託会社）が信託財産（裏付資産）の管理および処分を担うこととなる。わが国での証券化において、受託者は最重要機能の１つである。

⑸ 投資家

組成された証券化商品を購入し、投資を行う者をいう。組成される証券化商品が信託受益権の場合は「受益者」ということがあり、ローンの場合は「貸付人」ということがある。

⑹ サービサー

SPVより委任を受け、SPVに代わって裏付資産の回収・管理を行う者をいう。原債務者の混乱を避けるため、オリジネーターがサービサーを兼務するのが一般的である。スキームによっては、延滞債権・デフォルト債権に関して別のサービサーを立てる場合があり、この場合のサービサーを「スペシャル・サービサー」という。

⑺ バックアップサービサー

サービサーが裏付資産の回収・管理を行えなくなった場合に、当初のサービサーより引継ぎを受け、以後の回収・管理業務を継続する者をいう。当初よりバックアップサービサーを設置する場合と、一定の事象が発生するまでバックアップサービサーの設置を留保する場合がある。

(8) 格付機関

裏付資産の内容やストラクチャーを分析し、証券化商品に信用格付けを付与する者をいう。

(9) 引受け・販売業者

組成された証券化商品の引受けおよび販売を行う業者をいう。アレンジャーが引受け・販売業者を兼ねる場合が多いが、大型案件の場合、複数の業者によるシンジケート団が組成される場合もある。

(10) 弁護士

証券化商品の組成に関わり、各種契約書類の作成を行い、スキームに法的問題が存在しないかリーガルチェックを行う。リーガルチェックの結果は、必要に応じて文書化し、法律意見書として格付機関等に提出する場合がある。

(11) 監査法人（公認会計士）

証券化を実施した場合におけるオリジネーターの会計処理の妥当性を、オリジネーターの監査法人（公認会計士）がチェックする。また、譲渡資産の実在性の検証を監査法人（公認会計士）に依頼することもある。

(12) 事務受任者

SPCとの間で事務委任契約を締結し、SPCに代わって各種事務手続きを行う者をいう。SPC方式の証券化では通常設置される。

(13) その他

スキームによっては、証券化商品の信用リスクを補完するために、保険会社等の外部信用補完者を設置する場合がある。また、投資形態が社債の場合、社債管理会社や財務代理人が設置される場合がある。

5 オリジネーターのメリット

証券化の手法を活用した資金調達は、オリジネーターに各種メリットをもたらす。ここでは、オリジネーターの主なメリットを紹介する。

⑴ オフバランス化

資産の証券化による譲渡・売却が真正譲渡と認められる場合、オリジネーターは、資産のオフバランスを達成することができる。

オリジネーターは、資産の証券化により調達した資金で、既存の有利子負債を返済することにより、総資産利益率・負債比率等の財務指標の改善を図ることができる。

しかしながら、資産のオフバランスに関する会計基準は、厳格化される傾向にあり、これらの基準を満たさない場合は、証券化を実施した場合においても、当該取引はオンバランスとして取り扱われることになる。オリジネーターのサービサーとしての関与がある場合や、劣後部分をオリジネーターが保有する場合には、その関与度合や保有割合などを考慮したうえで、オフバランスの可否が判断されることとなるので留意が必要である。

⑵ 資金調達手段の多様化

オリジネーターは、資産の証券化による資金調達手法を採用することにより、融資・社債発行等以外の資金調達手段を獲得することができる。

証券化商品の投資家は、融資・社債等の投資家層と異なる場合も多く、幅広く資金調達を募ることが可能となる。

⑶ 資産の信用力に依拠した資金調達

証券化商品の投資家は、オリジネーターの信用力よりも、対象資産の信用力に着目した分析を行ったうえで投資判断を下すことから、資産の証券化は、オリジネーターの信用力の影響を受け難い資金調達手法となる。

たとえば、オリジネーターの業況が悪化した場合、オリジネーターの信用リスクを考慮したファイナンスは、融資枠の削減・調達コストの上昇等の影響を受けるが、資産の証券化では、その影響は限定的となる。

また、資産の信用力が、オリジネーターの信用力と比較して高い場合、証券化商品のクーポン利率が、オリジネーターの借入利率等を下回る場合もあり、この場合、資産の証券化の実施により、調達コストの削減効果も期待できる。

(4) 益出し効果

特に、収益性の高い資産の証券化を実施した場合、証券化による資産の譲渡・売却によって譲渡益を計上することが可能となる。逆に収益性の低い資産の証券化を実施した場合には、譲渡損を計上する必要があるため、証券化による資金調達の検討においては、留意が必要である。

(5) 各種リスクの軽減

金融機関等は、資産および負債のキャッシュフローのミスマッチや、資産からの受取金利と預金の支払利息の利率の違いにより、流動性リスクや金利リスクといった様々なリスクを抱える。資産の証券化を活用し、資産と負債のズレを調整することによって、これらのリスクを軽減することが可能となる。

たとえば、金融機関が長期固定金利型の住宅ローンを短期の預金を原資として貸出しを行う場合、資金調達リスクと金利変動リスクを抱えることとなるが、当該住宅ローン債権を証券化することによって、これらのリスクを軽減することが可能となる。

6 投資家のメリット・デメリット

証券化商品への投資を検討する際には、そのメリットとデメリットを十分に理解する必要がある。ここでは、投資家のメリットおよびデメリットを紹介する。

⑴ 投資家のメリット

(i)高利回りの享受

投資判断に際し、高度な分析能力が必要となる証券化商品は、同一格付の社債等への投資と比較した場合、一般的に高利回りとなる。

(ii)ポートフォリオの分散化

たとえば、投資家は自ら住宅ローンの貸出しができない場合でも、住宅ローンの証券化商品（RMBS）へ投資を行うことにより、自己のポートフォリオに対して、実質的に住宅ローンを組み入れることが可能となる。このように、証券化商品に投資を行うことによって、ポートフォリオの分散効果を享受することが可能となる。

(iii)コントロールされたリスクに対する投資

たとえば、投資家がリターンが低くともリスクが低い商品に投資をしたいと考える場合には、証券化商品の信用補完の割合を高めることにより、投資元本の安全性を高めることが可能となる。また、逆に投資家が多少リスクを取っても高いリターンを享受したい場合には、証券化商品の信用補完の割合を低めたり、証券化商品を償還順位の異なる複数の階層に分けたうえで、より下位の信用力となる証券化商品へ投資する等の手法により、利回りを高めることも可能となる。

(iv)格付機関によるモニタリング

証券化商品に格付機関による格付けが付与されている場合には、当該格付機関によって、その裏付資産の信用状況が定期的にモニタリングされる。モニタリング結果を参照することにより、当該証券化商品のリスク管理の一助とすることができる。

⑵ 投資家のデメリット

(i)高度な分析能力の必要性

証券化商品の投資に際しては、対象資産から生み出されるキャッシュフローの分析およびストラクチャーの安定性に係る分析が必要となるが、本分析には、確率・統計に係る知識を中心とした金融工学全般の知識、および流動化のスキーム構造への理解が必要となる。サブプライム問題等の発生を契機として、証券化商品のリスク分析を格付機関の格付けに依拠せず、投資家自身が分析を行い、投資判断を行うことの要請は強くなっている。また、投資家がリスク分析を実施しやすくするため、オリジネーターやアレンジャーは、裏付資産の内容やストラクチャーの詳細についての開示を行う必要性も増している。

(ii)複雑な償還形態

証券化商品の償還方法は、裏付資産のキャッシュフローに依存するため、元本償還のキャッシュフローは通常の貸付・社債等と比較すると複雑になる場合がある。中には、償還額が事前に確定しない商品もあるため、投資を検討する際には、再運用リスクにも留意が必要である。

(iii)低い流動性

前述のとおり、証券化商品の投資を行うに際しては、一定のノウハウが必要となるため、市場参加者は一定の分析能力を有する投資家に限定される。そのため、社債等と比較した場合、流動性が低い投資商品となっている。

2 多様化する証券化商品

ここでは、多様化する証券化商品が、投資形態別にはどのようなものが存在し、どのような資産が裏付資産となっているかについて、簡単に概説する。

1　主な投資形態

主として、有価証券による場合は資産担保証券（ABS、Asset Backed Securities）【参考2－5】、貸付金による場合は資産担保貸付（ABL、Asset Backed Loan）といわれることが多い。

【参考2－5】ABS

ABSは、本項の投資形態を指す場合と、後述の裏付資産を指す場合があるため、いずれの意味で使われているか、前後の文脈により判断する必要がある。

⑴　特定社債・信託社債

資産の流動化に関する法律に規定される特定目的会社が発行する「特定社債」によるもののほか、信託銀行が信託財産を引当てとして発行する「信託社債」がある。

⑵　ABCP

特別目的会社が発行するコマーシャルペーパーによるもの。事業会社が発行するCPと区別するためにABCP（Asset Backed Commercial Paper）といわれる。

事業法人が有する売掛債権・手形債権、ノンバンクが有する金銭債権、証券化商品等を裏付資産としており、国内のABCPプログラムの多くは、商業銀行等がスポンサーとなっているマルチセラー型のプログラムとなっている。

スポンサーの信用補完の有無により、ノンラップ型（信用補完無）、パーシャルラップ型（一部信用補完有）、フルラップ型（信用補完有）に分類されるが、現状、日本国内で発行されているABCPは、ほとんどがフルラップ型となっている。

⑶　信託受益権

信託銀行が信託財産を引当てとして発行する信託受益権によるもの。

証券化商品の投資形態としては、信託受益権への投資も一般化している。従来、信託受益権は権利質的な性質が強く、信託受益権の保有・譲渡を主張するためには、信託受益権の第三債務者たる信託会社の承諾が必要となり、占有により第三者対抗要件が主張できる社債等と比較し、流動性が劣ることが、商品上のネックとなっていた。

しかしながら、証券化商品の投資家層は、一定の分析・管理能力のある機関投資家層が主体であり、セカンダリーマーケットの規模もさほど大きくないことから、SPC設立等の間接コストがかからず、信託会社が証券化の対象財産の管理・処分や、契約上のトリガー・コベナンツ管理を行うことの安定性を享受できる信託受益権の発行形態が、国内の投資家ニーズにも合致していることにより、市場での発行形態の中心的な役割を果たしている。

⑷　貸付金

前述⑴～⑶が、SPVが発行する証券を投資家が購入するのに対し、投資家がSPVに対してSPVの資産を担保として貸付を行うものを、ABL（Asset Backed Loan）という。投資家は銀行または貸金業者に限定されるが、特に投資家が銀行の場合、時価管理やオペレーションの観点およびバランスシート上の貸付金勘定の増加を企図し、貸付形態の投資を選択する場合があり、近年では主要な投資形態の１つとなっている。

⑸　金銭信託

投資家が、信託銀行に対して金銭を信託し、信託銀行が当該金銭の運用として前述⑴～⑷の方法で運用するもの。貸付金と異なり、投資家が限定されないことから、事業法人でも投資が可能となっている。多数の投資家の資金を合同して運用する「合同運用指定金銭信託」は、少額でも投資できることから組成が活発に行われている。

2　裏付資産による分類

⑴　売掛債権・手形債権

事業法人等が有する売掛金・手形を証券化の対象とするもの。通常６ヵ月以内の短期間で回収がなされる債権であり、証券化手法としては、金融機関がスポンサーとなっているマルチセラー型のABCPプログラムでの買取、および信託方式による証券化が中心となっている。

また、売掛金の場合は、オリジネーターリスクを排除するためには、原債務者から抗弁権を放棄する旨の意思表示を受け、原債務者から直接回収金の引渡しを受ける必要があるが、実務上は、原債務者からすべての承諾を受けることは少なく、一定量のオリジネーターリスクを内包するスキームとなることが一般的である。

⑵　リース料債権

リース会社が有するリース料債権を証券化の対象とするもの。

過去においては、リース料債権および割賦債権の証券化について、特定債権法の規制に則る必要があったが、同法は2004年12月に廃止となっており、現状では、リース料債権の証券化を実施することに対する法的な規制はなくなっている。

証券化の対象となるリース料債権は、一般的にはファイナンスリース【参考２－６】が対象となっている。これは、ファイナンスリースがオペレーティングリースと異なり、リース債務者側からリース契約を解約される懸念が少ないこと、また、会社更生法61条（破産法第53条も同様の規定）の適用を受けないことにより、オリジネーターが破綻した場合においても、リース契約の解除がなされるリスクがないことが背景となっている。

また、オートリース等の一部メンテナンス業務の履行に対する対価がリース料に含まれるリース契約についても、そのメンテナンスリース部分とファイナンスリース部分を分離させることにより、証券化されている。

対象債務者はほとんどが法人であるが、リースの営業形態により債務者プールの属性はかなり異なるものとなっており、プール分析【参考2−7】の際には留意が必要である。

【参考2−6】ファイナンスリース

ファイナンスリースとは、①リース期間中に契約を解除することができず（ノンキャンセラブル）、かつ、②リース物件の取得価額、費用等のすべてのコストを概ね賄うことのできるリース料総額が設定されているリースを指す。

賃貸借取引ではあるが、実質的に金融債務として取り扱われる。ファイナンスリースに該当しないものが、オペレーティングリースといわれる。

【参考2−7】プール分析

一般的に銀行系リース会社等は、債務者向けの直接営業が中心となっていることより、大企業向けの大口リース債権が多く、比較的分散の低いプールとなっている。また電機系等の代理店向け等の間接営業を中心とするリース会社は、中小企業向けの小口リース債権が多く、分散の高いプールとなっている。

(3) 割賦債権

主として信販会社が有する割賦販売法が適用される債権（個別信用購入あっせん、いわゆるオートローン・リフォームローン等、総合割賦購入あっせん、いわゆるクレジットカード等）を証券化の対象とするもの。過去はリース料債権同様、特定債権法の規制を受けていた。

割賦債権の中でも、オートローン債権の流動化は安定して実施がなされており、返済実績等のデータが蓄積されていることから投資家サイドでも、投資検討がしやすい資産となっている。

割賦販売法が適用されること、また、リース料債権と異なり、期限前弁済時には将来収益の支払いがないことより、収益の希薄化リスクを考慮したスキームを構築する必要がある。

⑷ キャッシング債権

主として貸金業者が保有する融資枠契約債権（いわゆるカードキャッシング、カードローン等）を証券化の対象とするもの。貸金業法が適用されること、また、融資枠契約債権は、オリジネーターが許容した枠内で債務者が自由に借入れを行うことから、対象債権が増減することを考慮したスキームを構築する必要がある。

具体的には、対象受益権をオリジネーター持ち分（セラー受益権）と投資家持ち分に分け、セラー受益権により対象債権の増減を吸収する手法が採られることが一般的である。

また、対象債権が過去に利息制限法を超過した金利で貸付けが行われていた場合、過払金返還請求問題に留意が必要である。

⑸ 住宅ローン債権

金融機関・モーゲージバンク等が有する住宅ローン債権を証券化の対象とするもの。前述⑴～⑷が総称してABS（Asset Backed Securities）といわれるのに対し、住宅ローンを裏付けとする証券化商品はRMBS（Residential Mortgage Backed Securities）と呼ばれ、国内でも最大規模の証券化対象資産となっている。

RMBSの償還方法はほとんどがパススルー償還となっていることにより、投資家は対象住宅ローンの繰上げ返済がどの程度なされるのかを想定し、投資判断を行うこととなる。

また、案件によっては、一定レベルでの抵当権の行使による回収も期待されることより、デフォルト債権からの回収率も信用力分析に際しては考慮する必要がある。

国内では、住宅金融支援機構の発行する住宅金融支援機構債が、RMBSとしては最大規模の発行量を占めているが、本債券は、通常の証券化とスキームが異なり、住宅ローン債権を担保資産とした海外で発行されるカバードボンドに類似したストラクチャーとなっており、どちらかといえば、コーポレートリスクによる債券発行形態となっている。

⑹ 企業向け貸付債権等

金融機関等が有する貸付債権や社債を証券化の対象とするもの。ABS、RMBSに対し、CLO（Collateralized Loan Obligation）もしくはCBO（Collateralized Bond Obligation）といわれ、特に不動産ノンリコースローンを証券化の対象とするものはCMBS（Commercial Mortgage Backed Securities）といわれる。

中小企業向けの債権や社債を対象としたCLO・CBOについては、自治体の後押しもあり、2000年頃には、信用保証協会の保証付き債権や、自治体支援型の募集型私募債等の証券化が積極的に取り組まれた。また、不動産市場の活況を受け、不動産ノンリコースローンを対象とするCMBSが相次いで発行された。しかし、2008年以降の金融危機もあり、主要なCBO、CMBSが相次いで格下げ、デフォルトに至り、近年ではほとんど発行されていない。

⑺ 事業の証券化

特定の事業のキャッシュフローを裏付とした証券化商品はWBS（Whole Business Securitization）と呼ばれ、日本でも多数の発行事例がある。

日本国内では、高速道路事業の証券化・ソフトバンクモバイルによる携帯電話事業の証券化等が代表的な事例としてあり、その他、パチンコ事業、病院事業、介護ホーム運営事業等の証券化がなされている。

安定したキャッシュフローを創出する事業のキャッシュフローに着目し、証券化商品の事業キャッシュフローからの回収順位を上位におく建付けを取ることにより、オリジネーター企業を上回る格付けを取得する手法が一般的である。

第3編

証券流通市場

第1章 公社債の流通市場

1 公社債の流通市場の概要

新たに発行された債券（新発債）が取引される場を発行市場（または、プライマリー・マーケット）といい、すでに発行された債券（既発債）を取引する場を流通市場（または、セカンダリー・マーケット）という。また、一般に両市場を総称し、公社債市場（または、債券市場）と呼んでいる。

流通市場の存在によって、投資家は資金化の必要性のほか、市場見通しや時価変動による損益を確定することを目的に、償還以前に保有する公社債を売却することが可能となる。また、条件次第では運用目的などから既発債を購入することも可能で、発行市場とならび、投資家に重要な投資機会を提供している。

流通市場では、多数の発行体の銘柄が取引可能であることに加え、同一発行体の銘柄であっても、クーポン利率・残存期間等の条件が異なる債券が複数あるなど、銘柄数が多い点に特徴がある。

1 店頭取引と取引所取引

流通市場での公社債の取引は、投資家が証券会社を取引相手として行う店頭取引が大半となっている。証券会社は、投資家との取引のために一定の在庫を保有するほか、他の投資家や証券会社間での取引を通じて保有在庫の調整を行うことで、市場に流動性を提供している。

一部の公社債は取引所に上場されており、証券会社を通して取引所に発注し、不特定多数の相手と取引を行うこと（取引所取引）も制度上可能となっているが、実際に取引所で取引が行われることはほとんどない。背景には、銘柄数が多いことに加え、主な投資主体が機関投資家に限られ、取引金額が巨額となるといった取引内容の多様性から、投資家が希望する取引を行える可能性が低いことなどがあげられる。

2　取引方法

店頭取引の具体的な取引方法は、電話により口頭で行う方法や、インターネット回線を通じた電子取引による方法が一般的である。

3　取引価格

店頭取引の取引価格は、売買当事者間の合意によって自由に決定することが可能であるが、公社債の店頭売買を公正かつ円滑なものとするため、日本証券業協会の公正慣習規則で、各証券会社が社内ルールに基づいた公正な価格で取引を行うことが定められている。また、店頭市場における価格公示機能を拡充するため、同協会では、証券会社や金融機関からの報告に基づき、毎営業日、売買参考統計値を公表している。

また、これまで社債の店頭取引における売買価格を公表する制度はなかったが、2015（平成27）年11月より、日本証券業協会は実際の社債取引価格の公表を行っている。公表対象は、下記①②のいずれかに該当する社債の取引のうち、１取引の取引数量が額面１億円以上の取引としている。

①銘柄格付がAA格相当以上であるもの

②銘柄格付がA格相当（Aマイナス相当を除く）で、発行額が500億円以上であるもの

（劣後特約付きのものおよび残存年数が20年以上のものを除く）

2 債券市場の変動要因

債券価格を上下させる要因となりうるものは、国内外の景気動向、金融政策、株価や海外金利などの市場動向など様々である。こうした要因は相互に密接に関係しており、市場参加者の将来の金利見通しに影響を与えるため、債券価格は変動する。

1 景気動向

一般に、債券市場参加者が最も注目しているのが景気の動向である。景気が拡大し経済活動が活発になれば、企業は、将来の生産活動のため設備投資を増加させる。また、個人も所得の増加につれて、消費活動を積極化させることになる。こうした企業や個人の行動は、いずれも資金需給を逼迫させ、金利上昇要因となる。企業は設備投資に係る資金を、何らかの方法で資金調達する必要があり、内部留保金の活用のほか、増資・銀行借入・社債の発行などの手段がとられる。個人の場合も、住宅や自動車などの耐久消費財を購入する際は、金融機関のローンを活用することが一般的である。

反対に、景気が減速ないし悪化に向かう過程では、企業は設備投資を慎重化させるとともに、個人も消費を抑制するため資金需要は後退し、資金需給は緩和方向に向かい、金利は低下圧力を受ける。

このように、景気が拡大すれば金利は上昇する関係がある一方で、金利水準自体が景気へ影響を与えることもある点には注意が必要である。

2 物価動向

一般に、物価が上昇すると金利も上昇し、物価が下落すると金利も低下する関係にある。物価とは、全般的な物の価格のことで、景気が拡大し経済活動が活発になり、供給を上回る需要が発生する局面や、供給が減少するような何らかのショックが発生する場合に、物価に上昇圧力がかかる。

債券投資の本来的な目的は、現在時点での消費等の資金活用を諦める対価として、金利を受け取り、将来の購買力の向上を図ることであると考えられる。物価の上昇は、将来の購買力を決定する重要な要因であることから、「債券投資の最大の敵」と称されることもある。

たとえば、残存１年・クーポン１％の債券を100円で購入した後、１年間で物価が２％上昇した場合、１年後に101円で償還されても、１年前の時点で購入可能な物が、１年後には購入できなくなる。つまり、債券購入後、金利水準を上回って物価上昇が進んだ場合、債券を保有することによって、実質的な購買力は低下することになる。もし事前に、この債券投資家が、今後１年間に２％の物価上昇が起こると予想していた場合には、この債券を購入することはないであろう。

事前に予想される物価上昇率のことを、インフレ期待といい、インフレ期待が高まれば、投資家がそれを上回る金利水準を要求し、金利は上昇する。

日本国内では長期間にわたって物価が安定して推移した結果、将来のインフレ期待もまた低い状態が続いたことが、金利が低水準で維持されてきた最大の要因と考えられる。

3　金融政策

中央銀行は、主に物価の安定を図ることを目的に、金融政策を運営している。物価動向は前述のとおり、経済活動全体の影響を受けて変動するが、過度な上昇や下落といった不安定な動きは経済活動を害すると考えられている。このため、中央銀行は金利水準が景気に影響を及ぼすことを活用し、政策金利を操作することで、金利水準に影響を与え、景気ひいては物価をコントロールしようとしている。つまり、景気が過熱して物価上昇懸念が高まる局面では、政策金利の引上げ等の金融引締め政策を実施し、金利水準に上昇圧力を働きかけることで、景気を抑制しようとする。債券市場では、中央銀行の景気および物価見通しのほか、それらに対する政策スタンスが材料視される。

4　需給要因

債券価格も、通常の商品価格などと同様に需給関係によって大きく変動する。債券の供給は、債券保有者による売却、債券の発行増などが主なものとなる。特に、国債の新規発行に対する注目度が高く、財政状況、政府高官による財政運営スタンス、経済対策の発動による財政資金調達などが、市場を動かす要因となっている。

一方、需要は、資金余剰や大量償還による運用需要のほか、投資家のリスク姿勢の変化による安全資産への需要などがある。投資家は、リスク資産の下落や信用危機・国際紛争等の発生により、リスク回避姿勢を強め、債券への投資を積極化する傾向がある。

5　海外金利・株価等

海外金利や株価の形成に、国内外の景気動向などが反映されているほか、株式は代表的なリスク資産でもあり、債券価格に大きな影響を及ぼす。また、投資家は、最も有利と考える有価証券に投資するため、海外金利が上昇し外国債券価格が下落すれば、外国債券の魅力が高まるとともに、相対的に国内債券の魅力が低下することになる。こうしたことから、海外金利が上昇すると、国内金利も上昇することが多い。

3 債券の利回り・価格・経過利子の計算

1 利回り

債券市場には、クーポン利率・残存期間等の条件が異なる債券が複数存在しており、それらの価値を比較検討する際に、「価格」よりも「利回り」の概念が一般に使用されている。

「利回り」とは、投資元本に対する一定期間（1年間）当たりの投資収益率を表したもので、考慮に入れる収益要素（クーポン収入、キャピタル収益、クーポン収入の再投資収益）によって、様々な利回りの種類があり、以下で計算例を交えて説明する。

⑴ 直接利回り（直利）

直接利回りとは、クーポン収入のみを考慮に入れたもので、次の計算式から直感的にわかるとおり、投資元本（債券価格）に対するクーポン収入による収益率を表している。

クーポン収入については、債券保有期間において定期的に発生するため、クーポン収入を得ることのみを目的に債券投資を行う場合は、重要な指標となる。

【計算式】

$$\text{直利}(\%)=\frac{\text{クーポン}(\%)}{\text{債券価格}}\times 100$$

【計算例】

クーポン2％の債券価格が98.50円の場合の直利（％）を求めよ（小数点以下3桁まで）。

$$直利(\%)=\frac{2}{98.50}\times100=2.0304\cdots\fallingdotseq2.030\%$$

(2) 最終利回り（終利、または単利）

最終利回りとは、満期まで保有を続けることを前提としてクーポン収入に加え、償還損益（キャピタル収益）を考慮に入れたものである。償還時には、元本価格（＝100円）で償還されるため、購入時の債券価格（投資元本）と元本価格との差（償還損益）が生じることを考慮している。

債券へ投資し、途中売却せずに満期まで保有し、かつ満期までに支払われたクーポン収入を再投資しなかった場合の、収益率を表している。満期保有目的に債券投資を行う際は、重要な指標となりえるが、クーポンを再投資しないことを前提としている点には注意も要する。

【計算式】

$$最終利回り(\%)=\frac{クーポン(\%)+\dfrac{100-債券価格}{残存期間(年)}}{債券価格}\times100$$

【計算例】

残存期間（年）５年、クーポン２％の債券価格が101.50円の場合の最終利回り（％）を求めよ（小数点以下３桁まで)。

$$最終利回り(\%)=\frac{2+\dfrac{100-101.50}{5}}{101.50}\times100=1.6748\cdots\fallingdotseq1.675\%$$

(3) 所有期間利回り

所有期間利回りとは、クーポン収入に加え、キャピタル収益を考慮に入れている点で、最終利回りと類似のものであるが、ここでのキャピタル収益は、売却時に生じる売却損益となっている。

最終利回りでは満期までに途中売却しないことを前提としているのに対し、債券を購入し途中売却した時点までの期間（所有期間）の収益率を表している点で異なる。

計算には売却価格が必要なため、事前に計算することはできないが、想定売却価格や市場価格を用いることで、運用開始以降の債券投資の成果を計測することができる。

【計算式】

$$\text{所有期間利回り}(\%)=\frac{\text{クーポン}(\%)+\dfrac{\text{売却価格}-\text{購入価格}}{\text{所有期間}(\text{年})}}{\text{購入価格}}\times 100$$

【計算例】

101円で購入したクーポン1.5％の債券を、３年間保有後に、98円で売却した場合の所有期間利回り（％）を求めよ（小数点以下３桁まで）。

$$\text{所有期間利回り}(\%)=\frac{1.5+\dfrac{98-101}{3}}{101}\times 100=0.4950\cdots\fallingdotseq 0.495\%$$

(4) 複利利回り

複利利回りとは、クーポン収入、キャピタル収益、およびクーポン収入の再投資収益を考慮に入れた概念で、債券投資による収益を網羅的に捉えた１年当たりの投資収益率である。近年では、複利利回りを投資尺度として利用されることも多く、実務では、表計算ソフトやベンダーの計算機能を使用して計算している。なお、クーポン収入の再投資収益率が、満期までの間、一定であることを前提にしている。

次の数式を満たす、利回り水準（r）を複利利回りという。なお、利払日は年2回とする。

【計算式】

$$債券価格=\frac{\frac{C}{2}}{\left(1+\frac{r}{2}\right)}+\frac{\frac{C}{2}}{\left(1+\frac{r}{2}\right)^{2}}+\cdots\frac{\frac{C}{2}}{\left(1+\frac{r}{2}\right)^{2n}}+\frac{100}{\left(1+\frac{r}{2}\right)^{2n}}$$

r：複利（%）　C：クーポン（%）　n：残存期間（年）

2 債券価格（約定単価）

債券の取引では、わが国の商慣習上、単利利回りまたは単価を用いて約定し、約定金額を決めることが一般的である。約定金額は、約定単価を用い、次の計算式により求めることができる。

【計算式】

約定金額＝（額面100円当たり）約定単価×額面金額÷100

単利利回りによる約定の場合は、単利利回りから約定単価を計算する必要がある。一方、単価による約定の場合は、約定単価と単価は同一となるため、計算は不要である。

⑴ 単利による約定単価の計算

（利付債の場合）

【計算式】

$$\underset{（額面100円当たり）}{約定単価（円）}=\frac{100+クーポン（\%）\times残存期間（年）}{1+\frac{単利（\%）\times残存期間（年）}{100}}$$

（小数点以下4桁目を切捨て）

【計算例】

残存期間10年、クーポン1.5％の債券について、単利1.45％で約定した場合の約定単価を求めよ（小数点以下４桁目を切捨て）。

$$約定単価(円)=\frac{100+1.5\times10}{1+\frac{1.45\times10}{100}}=100.4367\cdots\fallingdotseq100.436円$$

（割引債の場合）

【計算式】

$$\underset{(額面100円当たり)}{約定単価(円)}=\frac{100}{1+\frac{単利(\%)\times残存期間(年)}{100}}$$

（小数点以下５桁目を切捨て）

【計算例】

残存期間１年の割引債について、単利0.50％で約定した場合の約定単価を求めよ（小数点以下５桁目を切捨て）。

$$約定単価(円)=\frac{100}{1+\frac{0.5\times1}{100}}=99.50248\cdots\fallingdotseq99.5024円$$

⑵　残存期間（年）の計算

次に、前述、単利利回りによる約定価格の計算過程で用いられる残存期間（年）の計算式は、次のとおりである。

残存期間（年）は、債券の受渡日とその償還日と間の期間を指し、（受渡日の月日の）償還年における応当日により、残存期間が１年以上、または、１年未満であるかを判定する。

残存期間が１年以上の場合は、受渡日から償還日直前の（受渡日の月日の）応当日までの年数（整数）に、償還日直前の（受渡日の月日の）応当日から償還日までの日数を365で除した値を加えたものが、残存期間（年）となる。

残存期間が１年未満の場合は、受渡日から償還日までの（閏年の２月29日を含む）日数を、365で除した値が残存期間（年）となる。

3　経過利子

クーポンは利払日の債券保有者に対して支払われるため、利払日以外を受渡日として債券を取引した場合、債券保有者に対し前回利払日以降に発生した経過利息相当額を経過利子として支払う必要がある。前述の約定金額に経過利子を加えた金額が、債券取引における受渡金額となる。

【計算式】

受渡金額＝約定金額＋経過利子

【計算式】

経過利子＝（額面100円当たり）経過利子単価×額面金額÷100

【計算式】

$$\text{経過利子単価（円）} = \frac{\text{クーポン（\%）} \times \text{経過日数}}{365}$$

（額面100円当たり）

（小数点以下８桁目を切捨て）

経過日数は前回利払日から受渡日までの実日数（片落ち）である。ただし、年２回利払いで経過日数が183日以上の場合は、クーポン（％）／２が経過利子単価となる。

【計算例】

前回利払日から受渡日までの期間（経過日数）が90日で、クーポン２％の債券を取引した時の経過利子単価を求めよ（小数点以下８桁目を切捨て）。

$$経過利子単価=\frac{2\times 90}{365}=0.49315068\cdots \fallingdotseq 0.4931506円$$

4 金利理論の基礎知識

1 フィッシャー方程式

フィッシャー方程式は、名目金利水準の決定方法を概念的に表した方程式である。名目金利とは、通常の債券利回りや預金利率と同様のもので、現在の100円が１年後にいくらになるのかを表している（たとえば、105円であれば５％となる）。実質金利とは、物価の影響を考慮に入れ、実質的な購買力（その時々の物価水準で購入可能な数量）が、どの程度変化するかを表している。

【計算式】

名目金利＝実質金利＋インフレ期待

今後１年間に予想される物価上昇率（インフレ期待）が５％のもとで、１年定期預金の利率（名目金利）が５％の場合、その定期預金によって、実質的な購買力は増えないこと（実質金利は０％）が想定させる。

2　金利期間構造理論

イールドカーブとは、ある時点で、横軸に残存期間、縦軸に金利を取って複数の残存期間の金利水準を結んだ曲線のことをいい、残存期間と金利水準の関係を表している。一般に、残存期間が異なれば金利水準は異なり、また、残存期間が長ければ長いほど金利水準は高くなる傾向がある。

金利期間構造理論は、イールドカーブ、つまり残存期間ごとの金利水準がどのように決まっているのかを示す理論をいう。ここでは、金利期間構造理論の中で代表的なものを紹介する。

⑴　純粋期待仮説

純粋期待仮説では、複数の残存期間の金利水準は、将来の短期金利の期待値によって決まると考える。たとえば、残存期間10年の金利は、投資家の今後10年間の短期金利の期待値と等しくなるように決まるというものである。もし残存期間10年の金利が今後10年間の短期金利の期待値を上回る水準であれば、投資家は残存期間10年の債券に投資するとともに、その投資資金を短期金利による短期借入を10年間繰り返すことによって、収益機会が生じることになる。投資家のこの取引によって、両者の差は縮小に向かうとともに、差がなくなるまでこの取引が行われることにより、結果的に両者が収れんすると考えるのである。

⑵　流動性選好仮説

信用力が同じ資金調達主体であっても、一般的に、貸出期間が異なれば投資家の要求する金利は異なると考えられ、長期間の貸出金利は、短期間の貸出金利よりも相対的に高くなると考えられる。長期間の貸出は、満期までの期間が長いことからその間の不確実性が増すことに加え、貸し手は長期間資金使途の変更などを行うことができない流動性リスクを負うことになり、それに見合うプレミアム（流動性リスクプレミアム）を要求すると考える。

流動性選好仮説では、投資家が流動性の高い短期の貸出や債券を選好するのに対し、貸出や債券の残存期間が長くなればなるほど、それに応じて流動性リスクプレミアムも高くなり、残存期間が長いほど金利水準は高くなると考える。

⑶　特定年限選好仮説（市場分断仮説）

債券市場は、複数の投資主体で構成されており、その各々が異なる投資目的を持っている。銀行のように比較的期間の短い預金等の資金に応じた期間の債券を中心に運用を行う投資家もいれば、生命保険会社や年金基金のように、将来の保険金等の支払いのために長期債への運用を中心に行っている投資家もいる。

特定年限選好仮説では、同じ債券市場といっても、短期債と長期債では市場参加者およびその特性が異なっており、（それぞれの投資家が負債の年限と同じ年限の債券を中心に購入するといった）独自の要因によって各々の市場が分断されて、それぞれの需給で金利水準が決まっていると考えている。

第2章

株式の流通市場

1 株式の流通市場の概要

株式流通市場とは、発行市場と両輪をなすもので、企業の資金調達に伴い出資者に取得された株式が二次的に取引される市場を指す。

流通市場には大きく分けて「取引市場」と「店頭市場」の2種類がある。

取引市場とは証券取引所が開設する証券市場のことをいう。取引所の定める一定の要件を備えた上場株式について、投資家の注文が参加証券会社を経由して執行される。

現在、株式の売買を行う市場を持つ証券取引所は、東京、名古屋、福岡、札幌、の全国に4ヵ所存在する。

これに対し、店頭市場とは、取引所を通さず証券会社と投資家等が、「相対で売買する場」のことをいう。日本証券業協会が、店頭売買有価証券登録原簿に登録した銘柄（店頭売買有価証券〔店頭登録銘柄〕、金融商品取引法上は認められているが、現在国内には存在しない）のほか、グリーンシート銘柄（店頭取扱有価証券のうち、一定の条件を満たしたもの）と呼ばれる取引所に非上場の新興企業等の銘柄が取引されていた。

2 株式流通市場の推移

次に、具体的な流通市場の推移について見ていく。国内の株式時価総額は、ほぼ一貫して増加し、1980年代の後半には米国株式市場をも抜き、世界の時価総額の40％以上を占めるまでとなった。しかし、1990年以降は、株式市場の停滞を受け、東京市場の時価総額はピーク時から1992年末には約5割減少し、現在はニューヨーク、ナスダック、上海、ユーロネクストなどに次ぐ株式市場である。

続いて、投資家動向を見てみる。1950年代後半には個人の持ち株比率が高く、投資信託も急増した。売買比率では、証券の自己取引が半分を占めていた。その後1960年代後半に入り、資本自由化に対する安定株主作りから、広範な株式の法人所有現象が起こり、1970年代後半に入ると、さらに、個人比率の低下と金融機関・事業法人比率の上昇という機関化現象が進行した。平成にかけては、特金・ファントラといった商品の顕著な伸びも、これに拍車をかける形となった。しかし、ここでも1990年以降の株式市場の停滞の影響が見られ、BIS規制強化を背景とした、金融機関と事業法人との株式持合い解消による法人持ち株比率の低下、外国人持ち株比率の上昇が起った。

外国人投資家は2度のオイルショックを乗り越え、力強い回復を見せた日本に対して、オイルマネーをはじめ大量の資金を入れ、国際優良株中心に購入を続けた。最近では日本の景気低迷の長期化、成長の鈍化などを背景に、日本からアジア諸国へ資金をシフトする動きがみられるものの、依然として外国人持ち株比率は、高水準を維持している。

■図表３－２－１　部門別保有状況

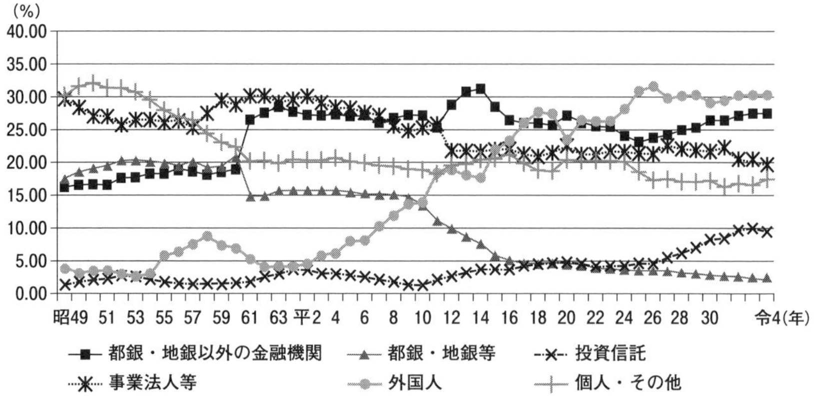

（出所）　日本取引所グループホームページより三井住友トラスト・アセットマネジメント作成

■図表３－２－２　証券取引所別時価総額シェア（WFE加盟取引所のみ）

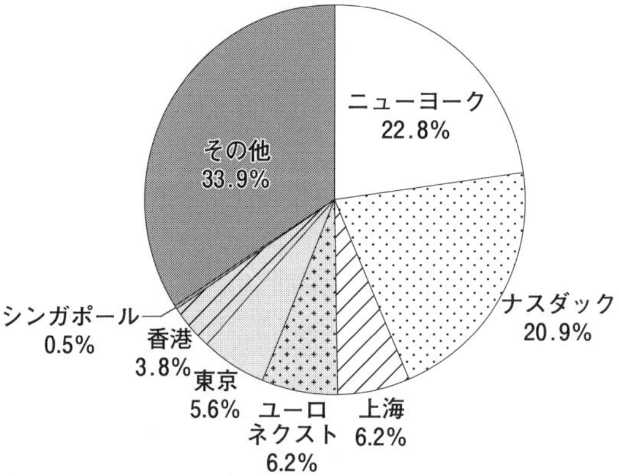

（出所）　The World Federation of Exchanges ホームページより三井住友トラスト・アセットマネジメント作成

3 取引の種類

株式の取引の種類は大きく、取引所で行われるか否か、市場の違い、決済日の違いによって区分される。

1　取引所の内外による区分

⑴　取引所（市場内）取引

東京証券取引所（東証）等の証券取引所で売買される取引である。現在、株式の売買を行う市場を持つ証券取引所は国内に４ヵ所である。

⑵　取引所外取引

取引所を通さない取引である。これまで株式の取引は証券取引所に集中させることで、流動性を高めてより公正な株価形成を促進してきたが、1998年12月に市場集中義務が撤廃され、PTS（私設取引システム）等の取引所外取引も求められるようになった。

取引所内で行われる株式の売買は、「信用与信による区分」、「市場の違いによる区分」、「決済日の違いによる区分」の大きく３つに区分される。

2　信用与信による区分

⑴　現物取引

受渡決済日に、顧客が買付代金を渡して有価証券を受け取る、もしくは有価証券を渡して売買代金を受け取ることによって決済を行う取引である。

⑵　信用取引

顧客が証券会社に委託保証金、もしくはその代用の有価証券を担保として差し入れ、有価証券あるいは現金を借りて行う売買取引である。委託保証金の額は約上代金の30％以上となっており、またその額が30万円に満たない場合は、30万円と定められている。

証券会社は信用取引を行った場合、自己資金あるいは自己保有株式を貸し付けるか、社内の買方もしくは売方の売買を対当させるか、証券金融会社から資金もしくは有価証券を借りて応じる。この証券会社と証券金融会社の取引を貸借取引という。証券会社は、顧客との信用取引に必要な資金や有価証券の多くについて、貸借取引を通じて調達していることから、信用取引と貸借取引の両取引を広い意味で信用取引と呼んでいる。

3　市場の違いによる区分

⑴　立会市場

取引所で定められた立会時間に、オークション方式（価格優先原則、時間優先原則のルールに基づき、売り注文と買い注文の条件を擦り合わせて次々と約定させていく売買方式）で行われる市場である。

⑵　ToSTNeT 市場・J-NET 市場・N-NET 市場

オークション方式による立会市場に対し、相対取引による市場は、ToSTNeT 市場（東京証券取引所）・J-NET 市場・N-NET 市場と呼ばれる（J-NET は先物・オプション専門市場）。たとえば ToSTNeT 市場では、次の取引が可能である。

①単一銘柄取引

②バスケット取引

③終値取引

④自己株式立会外買付取引

⑤自己株式取得取引

なお、ToSTNeT 市場は、2008年１月15日の制度改正により、新たに整備された。従来の ToSTNeT 取引から、取引時間の拡大や立会市場からの独立、新たな取引制度として自己株式立会外買付取引の導入等、取引機能の充実による利便性の向上が図られている。

4　決済日の違いによる区分

⑴　普通取引

売買成立の日から起算して、３営業日目（売買成立の日を含む）に受渡決済を行う取引である。

⑵　当日決済取引

売買締切日の日に決済を行う売買であり、株式、または現金を至急に必要とする場合に利用する。

⑶　発行日決済取引

上場会社が株主割当増資や株式分割、公募増資等によって新たに株式を発行する場合、この新株式が発行されるまでに数日かかる。こうした新株式について未発行段階で売買を行い、新株式の発行日または発行日から一定期間を経過した日に決済を行う取引のことである。

4　取引所取引

1　立会時間

立会時間は現在、午前は９時～11時半、午後は12時半～15時となっている（立会時間については、国際的な流れを受け、昼休の撤廃など取引時間の延長が検討されている）。

また、売買立会時間の最初の取引を「寄付き」、最後の取引を「大引け」といい、その間の立会時間を「ザラ場」という。

2　売買の呼値

売買の呼値とは、１株に対する売買発注の申出でなされる値段のことであり、株価を基準として、呼値の単位が定められている。また、売買の値幅は前日の終値を基準として、一定の値段を超える値段での売買はできない。

■図表３－２－３　呼値の刻み

値段の水準	呼値の刻み
3,000円以下	1円
5,000円以下	5円
30,000円以下	10円
50,000円以下	50円
300,000円以下	100円
500,000円以下	500円
3,000,000円以下	1,000円
5,000,000円以下	5,000円
30,000,000円以下	10,000円
50,000,000円以下	50,000円
50,000,000円超	100,000円

※　TOPIX100採用銘柄を除く。2014年１月13日よりTOPIX100採用銘柄は別テーブルを利用。

（出所）　日本取引所グループホームページ

3　売買単位

売買単位は、上場会社が定めた１単元の株式数である。日本の証券市場には８種類の単元株数が存在していたが、2018年10月をもって売買単位は100株に統一された。

4　発注方法

取引所上場銘柄については、値段の指示方法によって、値段を指定する「指値注文」と値段を指定しない「成行注文」がある。また、寄付や大引けでの売買を指定する寄付（成行・指値）注文もある。

5 価格の決定方法

取引所における市場売買は、競争売買の方法によって行われる。

競争売買とは、「価格優先の原則」と「時間優先の原則」に従って、売呼値間の競争と買呼値間の競争を行い、最も優先する売呼値と最も優先する買呼値が値段的に合致した時に、その値段を約定値段として売買契約を締結する方法である。

1 価格優先および時間優先の原則

⑴ 価格優先の原則

売呼値については、値段の低い呼値が値段の高い呼値に対し優先し、買呼値については逆に値段の高い呼値が値段の低い呼値に優先する。なお、呼値には、値段を指定した呼値といくらでもよいから買いたい（売りたい）という成行呼値があるが、両者の間では、成行呼値が値段を指定した呼値に優先される。

⑵ 時間優先の原則

同一値段の呼値については、呼値が行われた時間の後先によって、先に行われた呼値が後に行われた呼値に優先する。

⑶ 同時呼値

時間優先の原則の例外として 、午前立会と午後立会の取引開始（寄付）や、売買中断後、最初の約定値段を決める約定については、すべての注文が同時に発注されたものとみなす。

2 競争売買の方式

競争売買の方式には「板寄せ方式」と「ザラバ方式」がある。「板寄せ方式」は、寄付や大引けなどの場合に行われる方式で、「ザラバ方式」は、寄付と引けの間に行われる方式である。

⑴ 板寄せ方式

板寄せ方式は、①売買立会の始めの約定値段、②売買が中断された場合の中断後再開の約定値段、③取引所が定める場合の売買立会終了時における約定値段等を決定する場合に行われる売買契約締結方法である。

始値を決定する場合の売買システムの「板」の状態を見ると、「図表3－2－4」のように、売呼値と買呼値が交錯し、買呼値より低い値段の売呼値や、売呼値より高い値段の買呼値があり、また、成行の売呼値や成行の買呼値がある事例が多くみられる。板寄せ方式は、このような状態のなかで、売呼値と買呼値を優先順位の高いものから順次対当させながら、数量的に合致する値段を求め、その値段を単一の約定値段（始値）として、売買契約を締結させる方法である。なお、始値が決定されるまでの呼値については、すべて同時に行われたものとみなされ、時間優先の原則は適用されない。また、後場始値決定前や売買中断後の最初の約定値段決定前等には、前場中やザラ場中に発注された注文も含めて、それまでに発注された注文は、すべて同時注文として扱う。

①まず、成行の売呼値 600株（H400株、R200株）と、成行の買呼値400株（J100株、K300株）を対当させる。この時点では、成行の売呼値が200株残る。

②次に、始値を1,000円と仮定し、成行の売呼値の残りの200株および999円以下の売呼値 600株（Q200株、P400株）と、1,001円以上の買呼値800 株（L100株、M500株、N200株）を対当させる。

以上の結果、売呼値が1,200株、買呼値が1,200株で、株数が合致する。

③最後に、1,000円の売呼値 300株（E100株、F100株、G100株）と、1,000円の買呼値1,000株（A400株、B300株、C200株、D100株）を対

■図表３－２－４　板寄せ方式

(売呼値)			銘柄 (値段)	(買呼値)			
	$\overset{2}{\text{R}}$	$\overset{4}{\text{H}}$	成行呼値	$\overset{1}{\text{J}}$	$\overset{3}{\text{K}}$		
○	○	○	1,003円				
○	○	○	1,002円	$\overset{1}{\text{L}}$			
	○	○	1,001円	$\overset{5}{\text{M}}$	$\overset{2}{\text{N}}$		
$\overset{1}{\text{G}}$	$\overset{1}{\text{F}}$	$\overset{1}{\text{E}}$	1,000円	$\overset{4}{\text{A}}$	$\overset{3}{\text{B}}$	$\overset{2}{\text{C}}$	$\overset{1}{\text{D}}$
		$\overset{2}{\text{Q}}$	999円	○	○	○	
		$\overset{4}{\text{P}}$	998円	○	○	○	
			997円	○	○	○	

※１　Ａ～Ｒは、取引参加者記号の代用
※２　その上の数字は株数で、単位は100株
※３　○印は呼値の取引参加者記号および株数を省略
※４　始値が決定するまでの呼値については、すべて同時に行われたと仮定

当させる。しかし、売呼値が300株、買呼値が1,000株であるため、株数が合致しない。

このような場合、売呼値または買呼値のいずれか一方の全部の数量が執行されれば、売買は成立する。

この場合、1,000円 の売呼値の全部 300株と、1,000円の買呼値を行っているＡ、Ｂ、Ｃ取引参加者の呼値の各100株、合計300株とを対当させる。この際、1,000円の買呼値の数量を取引参加者ごとに合計して多い順から順番を付け対当させる。この場合、Ａ、Ｂ、Ｃ、Ｄの順となるため、Ｄには始値での約定はない。

④板寄せが行われた場合、上記の順番に従って、各取引参加者に１単位ずつ順次割当を行っていく。この結果、始値が1,000円に決定され、その値段で合計1,500株の売買契約が締結されることになる。

なお、板寄せ方式による売買は、各取引参加者単位に成立する。その後、各取引参加者は、それぞれの社内ルールに従い、注文を出された顧客

への配分を決めることとなる。

⑵ ザラバ方式

ザラバ方式は、始値が決定された後に、売買立会時間中継続して個別に行われる売買契約の締結方法である。

では、「図表３－２－５」によって、ザラバ方式について説明する。

①たとえば、「板」の状態が「図表３－２－５」のような場合に、Ｇが1,000円で200株買いたいという呼値をすると、Ａの1,000円の売呼値300株のうち200株と対当させて売買契約が締結される。

②次いで、Ｈが1,000株の成行の買呼値をすると、まず、Ａの1,000円の売呼値の残り100株および、Ｂの1,000円の売呼値300株と対当させて売買契約が締結され、次に、Ｃの1,001円の売呼値 400株およびＤの1,001円の売呼値 200株を対当させて売買契約が締結される。

③その後、Ｊが999円で500株の売呼値をすると、999円の買呼値をしているＥの 300株およびＦの200株を対当させて売買契約が締結される。

■図表３－２－５　ザラバ方式

（売呼値）	銘　柄 （値　段）	（買呼値）
	成行呼値	
○　○　○	1,003円	
○　○　○	1,002円	
$\overset{2}{\text{D}}$　$\overset{4}{\text{C}}$	1,001円	
$\overset{3}{\text{B}}$　$\overset{3}{\text{A}}$	1,000円	
	999円	$\overset{3}{\text{E}}$　$\overset{2}{\text{F}}$
	998円	○　○　○
	997円	○　○　○

※１　Ａ～Ｆは、取引参加者記号の代用
※２　その上の数字は株数で、単位は100株
※３　○印は呼値の取引参加者記号および株数を省略
※４　始値が決定するまでの呼値については、すべて同時に行われたと仮定

このように、売買立会時間中は間断なく呼値が行われ、値段が合致すると、次々に売買契約が締結されていく。

3　ストップ配分

ストップ配分は、株価が制限値段まで上昇（下落）し、需給が大きく偏った際の終値を決定する売買に使われる配分方法である。

通常、終値が成立するときには成行注文がすべて約定することが必要であるが、成行注文が大量に発注されている場合には、終値を成立させることができない。

そこで、終値がストップ値段で成立するような場合には、通常の板寄せ方式によるルールは適用せず、次のルールを満たしていれば、売買は成立する。

①成行注文を制限値段における指値注文とみなす。

②ストップ高（安）の場合、制限値段に１売買単位以上の売り（買い）注文があれば、売買は成立する。

なお、ストップ配分の際は、板寄せ方式に準じた順位で各取引参加者単位に売買が成立する。各取引参加者は配分された結果をもとに、それぞれの社内ルールに従い、顧客への配分を行う。

4　特別気配

株価の決定に際しては、直前の価格と比較して一定の値幅の範囲内の時に限り売買を成立させることとなっており、その値幅を「気配値の更新値幅」という。

たとえば、「1,000円→1,020円」、「1,000円→975円」というように、30円の範囲であれば即座に売買が成立する。しかし、先ほどの例で「1,000円→1,050円」のように、直前の価格から更新値幅を超えた水準で売買が成

■図表３－２－６　気配値の更新値幅

気配値段	値　幅
200円未満	上下 5円
500円未満	8円
700円未満	10円
1,000円未満	15円
1,500円未満	30円
2,000円未満	40円
3,000円未満	50円
5,000円未満	70円
7,000円未満	100円
10,000円未満	150円
15,000円未満	300円
20,000円未満	400円
30,000円未満	500円
50,000円未満	700円
70,000円未満	1,000円
100,000円未満	1,500円
150,000円未満	3,000円
200,000円未満	4,000円
300,000円未満	5.000円
500,000円未満	7,000円
700,000円未満	10,000円
1,000,000円未満	15,000円
1,500,000円未満	30,000円
2,000,000円未満	40,000円
3,000,000円未満	50,000円
5,000,000円未満	70,000円
7,000,000円未満	100,000円
10,000,000円未満	150,000円
15,000,000円未満	300.000円
20,000,000円未満	400,000円
30,000,000円未満	500,000円
50,000,000円未満	700,000円
50,000,000円以上	1,000,000円

（出所）　日本取引所グループホームページ

立するような場合、気配を表示する。これを「特別気配」という。この特別気配は、立会時間中であれば、始値決定前でもザラバ中でも表示され、直前の価格よりも高い値段で売買が成立する状態の場合は「買」特別気配を、安い値段で成立する状態の場合は「売」特別気配を表示し、売買タイミングを提供する。

なお、特別気配を表示後に反対の注文が入らず、当該特別気配値段で売買が成立しない場合は、３分間隔で特別気配値段を更新していく。この値幅は気配の更新値幅と同じである。

5　連続約定気配

売買システムの約定処理高速化（東証 arrowhead 等）に伴い、気配の更新値幅の範囲内で連続的な買い上がり（売り下がり）がなされた場合、特別気配が表示されずに連続的に売買が成立し、価格の急変動が発生することが予測される。そこで、１つの注文によって、直前約定値段から気配の更新値幅の２倍を超過する水準で連続的に売買が成立する場合には、直前値段から気配の更新値幅の２倍まで売買を成立させたのち、「直前約定値段±気配の更新値幅×２」の値段に、連続約定気配を１分間表示し、価格の急変動を周知し、反対注文を喚起することとしている。

なお、連続約定気配表示中は、板寄せ方式で売買を行うこととし、連続約定気配が表示された時点から１分を経過後、連続約定気配値段を基準として気配の更新値幅の範囲内に対当する値段が存在する場合には即時に売買が成立するが、範囲外で対当している場合などは、連続約定気配を特別気配に切り替え、「連続約定気配値段±気配の更新値幅」の値段に特別気配を表示する。

呼値の値段が価格の継続性維持の観点から適正を認める範囲外のものであるときに、その存在を特別に周知するために特別気配を表示するが、買い注文が優勢なときには買い特別気配、売り注文が優勢なときには売り特別気配を表示する。

6 株価の変動要因

株式相場の変動要因には大きくミクロ要因と、マクロ要因に分かれる。

ミクロ要因は個別企業のそれぞれの動向であり、マクロ要因は景気や金利、為替など経済全体の動向である。

株価は、その時々の経済環境、投資家の注目などの違いにより、様々な変動をするため十分な分析、注意が必要である。

1 ミクロ要因

(1) 個別企業要因

個々の株価の変動要因の中でも大きな要素を占めるのが、企業の将来の業績である。

企業の収益が成長することで、配当金によるインカムゲインの増加期待や、獲得した利益の一部が設備投資等に使われて再投資され、企業の企業価値の向上からキャピタルゲインの増加期待が高まり、その企業の株価は上昇することが期待される。

(2) 増　資

増資は利益が変わらなければ、発行済み株式数が増えることによって1株当たり利益が希薄化するため、株価にはマイナス要因となる。一方、資本金の増加につながり、企業の財務体質が強化につながる点は、プラス要因である。また株式分割は、その分割比率に応じて株価が下がることから、投資家は投資がしやすくなると考えられる。また配当金が分割後も同水準の場合には、実質的に増配となるため、一般に株価にプラス要因といわれる。

⑶ 需給要因と株価

様々な株価変動要因があるが、株価は理屈だけでは説明できない動きをする場合もある。

その１つの要因が需給である。株価は、需要と供給のバランスによって変動するため、投資家の人気が高いかどうかによって左右される面がある。株式市場で売買を行う投資家は、機関投資家や投資信託、外国人投資家、個人投資家など様々である。各々の投資動向がお互いに関連し合いながら株価形成に影響を与えている。資金量の豊富な一部の投資家の売買や多数の投資家が集団化してとる売買の方向性は、市場の需給関係を左右し、株価の上下をもたらすこととなる。 その他、市場要因として、信用取引や裁定取引の動向、取引所の規制、M&A 等があり、需給を通じて株価の形成に影響を与える。

2 マクロ要因

マクロ要因すなわち経済要因で株価を上下させる要因となるものは、国内外の景気の拡大や後退、金利動向、為替など様々である。こうした経済全体の変動が個々の企業の業績に影響を与え、株価は変動する。

⑴ 金　　利

一般に、金利が下がると株価は上昇し、金利が上がると株価は下がる。

金利引下げなどの金融緩和策がとられると、市場に出回る通貨量が増え、その一部が株式市場に流入して株価を引き上げる。逆に、金利引上げなどで金融引締め策がとられると、市場から資金が引き上げられ、株価を引き下げる可能性がある。

また、投資家側から見ると、金利が低いときには預金や債券の利回りが低いため、高い投資収益を求めて株式を購入する投資家が増え、株価上昇につながると考えられる。逆に金利が高いときには、利率の高い預金や債券を購入する投資家が多くなり、株式を購入する投資家が減少して、株価が下がる要因となると考えられる。企業にとっても、金利が下がることで調達金利の低下、金利負担の低下などから、業績の拡大が期待され、株価は、上昇する可能性がある。

⑵ 為　替

為替の動向も株価に影響を与える。為替の動向にはプラス・マイナス両面があるが、上場企業に輸出型企業が多い日本では、相対的に円高は、株価にマイナスに働くことが多いと考えられる。

ドル建てで輸出している企業にとっては円ベースでの受取額が減少するため、その影響を緩和すべく値上げを行い、現地企業に比べ相対的な価格競争力の低下が起こる。また円建てで輸出している企業では直接為替差損を被ることはないが、現地の輸入・販売会社にとって割高感が高まるため、数量や価格面で下押し圧力がかかる。

輸入の場合は逆の現象が起こり、割高な国内製品に対し割安となるため輸入数量が増加する。

⑶ 政策・税制

政府が行う財政政策や税制の変更なども、企業活動や投資家に影響を与える。

また、一般的に国内の政治状況が不安定になると、求められる政策が行えないために、リスクを増幅することにつながり、より安全な資産へ資金移動が起こると考えられる。企業のグローバル化に伴い、紛争のような国際政治の状況も、国内政治と同様に株価を変動させる要因となる。

7 株価指数と株式指標

1 株価指数

株価指数は株式全体の動向を示す統計的指標である。日本の株式市場の動向を表す代表的な指標としては、TOPIX（東証株価指数）や日経平均株価（日経225）などが知られている。

また、株価指数は年金運用や、投資信託などの資産運用において、国内株式を対象とする際の、運用目標や運用評価の基準となるベンチマークとして広く利用されている。

株価指数には、組入れ銘柄を時価総額により加重平均した時価総額加重平均型の株価指数と、組入れ銘柄の株価を平均して算出する株価平均型の株価指数がある。時価総額加重平均型の株価指数は時価総額の大きな大型株の動向に左右されやすく、株価平均型の株価指数は、1株当たりの価格が高い値嵩株に左右されやすい傾向がある。

2 代表的な株価指数

(1) TOPIX（東証株価指数）

TOPIXは、日本の株式市場を代表するマーケット・ベンチマークとして、1969年7月から東京証券取引所が算出・公表する、時価総額加重平均型の株価指数である。

1968年1月4日を100ポイントとして計算される。2005年10月から2006年2月、同6月の3段階で海外の主要株価指数の流れや、需給緩和のため浮動株化が実施された。2022年4月には、市場区分の見直しとともに、TOPIXの見直しが行われた。

2023年11月時点でTOPIXの組入れ銘柄数は、おおよそ2,100銘柄で、時価総額では日本の上場企業の9割以上を占めており、日本株式市場全体を幅広くカバーしている。このため内閣府が公表する景気動向指数の先行指数の1つに採用されているなど、日本株式市場全体の動向を示す物差しとして利用されている。

また、年金運用や、投資信託などの資産運用において、国内株式を対象とする際の、運用目標や運用評価の基準となるベンチマークとして広く利用されている。

⑵ 日経平均株価

日本株の代表的な株価平均型の株価指数である。日経平均株価は原則225銘柄を対象とし、日本経済新聞社（以下、「日経」という）が算出する株価平均型の株価指数である。

1949年12月に東京証券取引所が、戦後の取引再開時である1949年5月16日まで遡及して計算を開始した。計算開始時点の単純平均株価は176円21銭であった。その後、短期間の日本短波放送による算出期間を経て、1975年から日本経済新聞社が日経ダウ平均株価として算出を開始した。1985年から、名称が現在の「日経平均株価」となった。

日経平均は半世紀以上の長い歴史をもち、日本の株式市場を代表する知名度の高い株価指数である。基本的には225銘柄の株価の平均値であるが、分母（徐数）の調整などで、市場平均以外の要因を除去して指数値の連続性が保たれている。

指数算出の対象となる225銘柄は、東証プライム市場上場銘柄から流動性・業種セクターのバランスを考慮して、日本経済新聞社が選択する。

また、日経平均を対象とした派生商品も幅広く利用されており、1986年9月には、日本の株価指数として初めて先物取引がシンガポール取引所（当時のSIMEX）で始まった。その後、大阪証券取引所、シカゴ・マーカンタイル取引所への先物、オプションの上場、2001年7月には上場投資信託（ETF）の上場と、派生商品にも幅広く利用されている。また、2006年には、大阪証券取引所に上場された日経225mini も活発に取引されている。

3 株価の評価

投資対象の株式を「割安」、「割高」等と投資価値を判断するため、多くの株式指標が用いられる。ここでは最も代表的な指標について紹介する。

⑴ PER（Price Earnings Ratio）：株価収益率

PERは、株価を1株当たり利益（EPS）で割って算出する。

株価と企業の収益力を比較することによって、株式の投資価値を判断する際に利用される。言い換えれば、現在の株価は、1株当たり利益の何年分に当たるかを測る指標である。どのくらいの株価収益率が適当かについての基準はなく、一般的には市場平均や類似企業などとの相対比較や、その会社の過去のレンジとの比較で割高・割安を判断する場合が多い。また、国際比較をする場合には、マクロ的な金利水準はもとより、各国の税制、企業会計の慣行などを考慮する必要がある。

⑵ PBR（Price Book-value Ratio）：株価純資産倍率

PBRは、株価を1株当たり純資産（BPS）で割って算出する。

市場が評価した価値（時価総額）が、会計上の解散価値（株主資本）の何倍であるかを表す指標である。一般的にPBRの水準は1倍が株価の下限であると考えられるため、下値を推定するうえで利用されたりもする。

また、景気の悪化局面などで1株当たり利益が赤字になり、PER（株価収益率）が異常値となる場合でも算出可能である。

ただし、PBRは分母が純資産であるため、企業の短期的な株価変動に対する投資尺度になりにくく、また、将来の利益成長力も反映しにくい。

⑶ PCFR（Price Cash Flow Ratio）：株価キャッシュフロー倍率

PCFR（株価キャッシュフロー倍率）は、株価を１株当たりキャッシュフローで割ったものである。株価と当該企業が生み出すキャッシュフローを比較することによって、株式の投資価値を判断する際に利用される。株価キャッシュフロー倍率は、PER などと同様に、株式市場平均や同業他社などと比べて割高・割安を判断する。

キャッシュフローは、当期利益（当期純利益）に減価償却費を足し戻すことで減価償却方法の異なる企業を比較可能にするため、企業の国際比較も可能である。企業の海外進出、市場のグローバル化が進むにつれ、注目を集めてきている。

⑷ 配当利回り

１株当たりの年間配当金を、現在の株価で割って求める。

株価に対する年間配当金の割合を示す指標である。株価が下落すると、配当利回りは上昇する。

企業が配当を減少させるリスクはあるものの、配当金は株価上昇の値上り益よりも確実性が高いため、配当利回りを重視する投資家も存在する。

第３章 デリバティブ

1 債券先物取引

1　債券先物取引

債券先物取引を簡単に定義すると、「将来のある特定の日に国債をあらかじめ取り決めた価格で受渡しすることを約束した取引（着地取引）」に加え、「その決められた受渡日以前に反対売買（売った玉は買戻し、買った玉は転売すること）をして差金決済（当初取り決めた価格と反対取引の価格との差額の授受によって決済）することを制度化した取引」ということができる。

わが国における債券先物取引は、1985年10月19日、東京証券取引所において取引が開始された。この債券先物市場創設の背景として、

①1985年以降の国債の大量発行に伴う保有国債の価格変動リスクを回避する手段に対するニーズの高まり

②国債の安定的消化を目的とした流通市場整備の一環

③主要な国際金融市場において金融先物取引は必要不可欠なものとなっていること

などがある。

その後、1987年７月、LIFFE（ロンドン国際金融先物市場）に日本国

債先物が上場され、翌1988年7月には、東京証券取引所に超長期国債（20年物）先物【参考3－1】の上場、1996年2月には中期国債（5年物）先物、2009年3月には売買単位が小口のミニ長期国債先物の上場と続き、円および国債市場の国際化・多様化に対応した動きとなっている。

【参考3－1】超長期国債先物取引
超長期国債先物取引は2002年9月10日以降休止されていたが、2014年4月より取引が再開されている。

(1) 銀行と債券先物取引

債券先物取引では、スタート当初から証券会社と同様に、銀行が市場に直接参加することが認められた。ただし、自己の取引（自己注文）に限られていて、これを特別参加者という。

1989年6月に、一部の銀行に顧客の注文を取り次ぐ業務（ブローキング業務、委託売買業務）が認可された。かねて、大蔵省（現：財務省）の証券・銀行・国際金融の3局間で、証券会社に対し金融先物取引への参加を認める見返りとして、銀行にこの業務を認可することで合意していたものである。証券市場において、銀行と証券会社がはじめて同じ土俵の上に立ったという意味で、画期的な出来事であったといえる。

(2) 債券先物のブローキング業務

ブローキング業務とは、顧客の発注を受け、それを市場で執行し、手数料を受け取る「取次ぎ」業務で、委託業務ともいわれる。

1989年6月、一部の銀行に債券先物の取次業務が認可されたが、その場合、組織面においてディーリング業務から分離・独立し、かつ、担当の職員はディーリング業務と兼任しないことが必要とされている。これは、前述のディーリング業務（自己売買）とブローキング業務（委託売買）との間の利益相反の観点から決められたものである。

2 債券先物取引の概要

(1) 対象債券

債券先物取引の概要は、「図表3－3－1」のとおりである。

■図表3－3－1　大阪取引所に上場している債券先物取引の概要

<table>
<tr><th></th><th>中期国債先物取引</th><th>長期国債先物取引</th><th>超長期国債先物取引（ミニ）</th></tr>
<tr><td>取引対象</td><td>中期国債標準物
（3％、5年）</td><td>長期国債標準物
（6％、10年）</td><td>超長期国債標準物
（3％、20年）</td></tr>
<tr><td>受渡適格銘柄</td><td>残存4年以上5年3ヵ月未満の5年利付国債＊1</td><td>残存7年以上11年未満の10年利付国債＊1</td><td>残存19年3ヵ月以上21年未満の20年利付国債＊2</td></tr>
<tr><td>【参考3－2】
立会時間</td><td colspan="3">＜午前立会＞
オープニング：8:45
レギュラー・セッション：8:45～11:00
クロージング：11:02
＜午後立会＞
オープニング：12：30
レギュラー・セッション：12:30～15:00
クロージング：15:02
＜夜間立会＞
オープニング：15:30
レギュラー・セッション：15:30～翌5:55
クロージング：翌6:00
※オープニングで取引が成立しない場合、レギュラー・セッションに移行
※クロージングで取引が成立しない場合、ザラ場引け</td></tr>
<tr><td>限月取引</td><td colspan="3">3月、6月、9月、12月の3限月取引</td></tr>
<tr><td>取引最終日</td><td colspan="3">受渡決済期日（各限月の20日（休業日の場合は繰下げる））の5日前（休業日を除外する）</td></tr>
<tr><td rowspan="2">取引単位</td><td>中期国債先物取引</td><td>長期国債先物取引</td><td>超長期国債先物取引（ミニ）</td></tr>
<tr><td colspan="2">額面1億円</td><td>額面1千万円</td></tr>
<tr><td>呼値の単位</td><td colspan="3">額面100円につき1銭</td></tr>
<tr><td>値幅制限</td><td colspan="3">(1) 制限値幅：定期的な見直しは実施せず、取引対象が同一の商品ごとに以下の値を適用する。
<table><tr><th></th><th>中期国債先物取引</th><th>長期国債先物取引</th><th>超長期国債先物取引</th></tr><tr><td>通常値幅</td><td colspan="2">上下 2.00 円</td><td>上下 4.00 円</td></tr><tr><td>最大値幅</td><td colspan="2">上下 3.00 円</td><td>上下 6.00 円</td></tr></table>※呼値の制限値幅の拡大は1回のみ</td></tr>
</table>

<table>
<tr><td>値幅制限</td><td>(2) 即時約定可能値幅：直近の最良気配の仲値または直近約定値段を中心に、以下の値を適用する。
<table>
<tr><th></th><th>中期国債先物取引</th><th>長期国債先物取引</th><th>超長期国債先物取引(ミニ)</th></tr>
<tr><td>オープニング・オークション</td><td colspan="2">上下30銭</td><td rowspan="3">上下90銭</td></tr>
<tr><td>通常値幅</td><td colspan="2">上下10銭</td></tr>
<tr><td>クロージング・オークション</td><td>上下10銭</td><td>上下15銭</td></tr>
</table></td></tr>
<tr><td>サーキット・ブレーカー</td><td>中心限月取引において、制限値幅上限（下限）の値段で約定または買（売）気配提示された場合、全限月取引の取引を10分間以上中断する。</td></tr>
<tr><td>ストラテジー取引</td><td>あり（カレンダー・スプレッド）</td></tr>
<tr><td>J-NET 取引</td><td>あり（呼値の単位：0.0001円、最低取引単位：１単位）</td></tr>
<tr><td>清算値段</td><td>当該取引日の立会（夜間取引を除く）における最終約定値段等
※必要な場合は、上記に関わらず、株式会社日本証券クリアリング機構（JSCC）が適当と認める数値に修正。</td></tr>
<tr><td>証拠金</td><td>VaR 方式で計算</td></tr>
<tr><td>決済方法</td><td>1. 転売または買戻し　2. 最終決済（受渡決済）</td></tr>
<tr><td>決済物件の受渡し</td><td>受渡しに供する国債の銘柄は渡方（売方）の任意</td></tr>
<tr><td>ギブアップ</td><td>利用可能</td></tr>
<tr><td>建玉移管</td><td>利用可能</td></tr>
</table>

＊1　発行日の属する月が受渡決済日の属する月の３ヵ月前の月以前のもの
＊2　発行日の属する月が受渡決済日の属する月の４ヵ月前の月以前のもの
（出所）日本取引所グループホームページより抜粋・編集

2000年８月14日より、「限月間スプレッド取引」（異なる２つの限月取引、具体的には、期近限月取引と期先限月取引の価格差（スプレッド）を呼値として取引を行い、１つの取引で２つの限月取引について同時に売りと買いの反対ポジションを成立させることができる取引形態）が導入されている。

また2001年４月９日より、多様化する市場参加者ニーズに応え、ヘッジ機能の一層の充実をはかる等の観点から、立会外対当取引および立会外ベーシス取引（ベーシス取引については、３編３章❶－８参照）が導入されている。

【参考3－2】立会時間

東京証券取引所の立会終了後に行われている現物国債流通市場のヘッジ手段等の提供、午後3時以降の経済情勢の変化への対応、東京金融先物取引所（現：東京金融取引所）の日本円短期金利先物とのリンクに対するニーズなどに対応するため、午後3時以降の時間帯における新たな立会区分として2000年9月18日より、「イブニングセッション」として開始されている。

3 証拠金

債券先物取引では、売買を約定した時点で資金の受渡しを行うのではなく、反対売買した時点で売買の差金の授受による決済が可能である。そこで、資金決済の履行を保証する意味合いから証拠金制度がとられている。

証拠金には、会員が証券取引所に納める取引証拠金と、顧客が銀行または証券会社に差し入れる委託証拠金の2種類がある。

4 決済方法

先物取引独特の決済方法である差金決済と、現渡し・現引きによる決済方法である現物決済の2種類がある。

差金決済は、ある時点で売建て（買建て）した建玉を決済期日までに反対売買（売建てに対しては買戻し、買建てに対しては転売）し、その差金を授受することにより、受渡しを完了させる方法である。

現物決済とは、売建てしている場合は手持ちの現物債を渡して（現渡し）代金を受け取り、買建てしている場合は代金を支払うと同時に現物債を引き取ること（現引き）により、受渡しを完了させる方法である。

5 受渡適格銘柄の交換比率

架空の債券である「標準物」を売買の対象としているため、証券取引所では、現存する国債のうち一定の条件を満たしたものを「受渡適格銘柄」

とし、標準物との交換比率（CF＝Conversion Factor）を定めている。

受渡適格銘柄は、各限月の決済期日において、超長期国債は残存期間19年３ヵ月以上21年未満の20年利付国債とされており、長期国債は残存期間７年以上11年未満の10年利付国債、中期国債は残存期間４年以上５年３ヵ月未満の５年利付国債とされている。なお、2000年３月限より長期国債先物の受渡適格銘柄からは、超長期国債が除外されている。

また、標準物と受渡適格銘柄の残存期間やクーポンレートは一般に異なっているので、その価値がある基準で同一となるように交換比率【参考３－３】が定められている。

【参考３－３】交換比率

換算係数とも呼ばれ、標準物の価格を１とした場合の受渡適格銘柄の価格で、複利利回りによって受渡適格銘柄の残存期間とクーポンを調整した理論値といえる。

6　債券先物取引の機能

債券先物取引には、ヘッジ機能、裁定取引機能、投機的機能の３つの機能がある。

(1)　ヘッジ機能（ヘッジ取引）

現物債券の価格変動リスクを回避するために、先物が利用される。将来、金利が上昇すると、保有債券の価格は、下落し損失が発生する。現時点で先物を売り建てておく（売りヘッジする）ことにより、先物では値下りによる利益を得ることができ、現物による損失をカバーすることができる。また、将来金利が低下すると、購入を予定していた債券の価格は上昇し、現時点より高い価格で購入しなければならなくなり、機会損失が生じる。現時点で先物を買い建てておく（買いヘッジする）ことにより、先物での値上り益が得られて機会損失をカバーすることができる。

⑵ 裁定取引機能（アービトラージ取引）

現物と先物の間の価格乖離（ベーシス）、異なる限月の先物と先物の間の価格乖離（限月間スプレッド）に注目し、将来その価格乖離が修正されるものとして取引が行われることをいう。基本的には現在割安なものを買い、割高なものを売る取引である。乖離が修正されたら反対売買を行い、利益を得ることができる。

⑶ 投機的機能（スペキュレーション取引）

将来の金利予測に基づき、単純にキャピタルゲインの確保を目的として利用される。将来、金利が上昇する（債券価格が下落する）と予想すれば、先物を売り建て、金利低下（債券価格の上昇）を予想すれば、先物を買い建てる。先物は証拠金取引のため、現物債券を購入するのに比べて、わずかな資金で高い投資効果（レバレッジ効果）を得ることができる。

7 債券先物の理論価格

債券先物を売買するうえで、現物債との比較から先物価格の適正水準を知ることは、非常に重要なことである。先物を売り建て、同時に現物債を購入する取引を想定する。これを現渡しで決済すると、実質的な現先取引となる。この実質的現先取引の利回りを「IRR（Implied Repo Rate）」と呼ぶ。このIRRが市場実勢短期金利と裁定される先物価格が、先物理論価格である。このとき対象とする現物債は、IRRが最も大きく期待できるもの（＝最割安銘柄）を選択する必要がある。

8 ベーシス

裁定取引やヘッジ取引を行う場合、現物債と先物の価格関係に注意しなくてはならない。理論価格の項で述べたように、両者は裁定関係にあるが、実際の先物価格は必ずしも理論先物価格と同じになるとは限らない。

この現物債の価格と先物価格から換算して求められた現物債との価格差を、ベーシス【参考3－4】と呼び、計算式は次のようになる。

ベーシス＝現物価格－（先物価格×ＣＦ）

【参考３－４】ベーシス

ベーシス計算には、先物決済日を受渡日とする現物債の着地価格と、現渡し価格の差をとる方法もある。

9　立会外取引

多様化する市場参加者のニーズに応え、ヘッジ機能の一層の充実を図る観点から、2001年４月９日より、国債先物取引に係る立会外ベーシス取引および立会外対当取引が導入された。

その後は2008年１月15日より、立会外ベーシス取引および立会外対等取引の区分が廃止され、合わせて立会外取引とされている。

また、立会外取引は大阪取引所の売買システムによる取扱いが行われており、競争売買市場から独立したJ-NET取引とされている。

2　株価指数先物取引

1　制度概要

株価指数先物取引とは、先物取引の一部で、「将来のあらかじめ定められた日に、現時点で取り決めた価格で株価指数を売買する取引」の契約を取引するものである。現在、大阪取引所に上場しているTOPIX先物取引を例に出して解説してみる。TOPIXが満期日までに、現在の価格よりも上昇すると考えた場合は、TOPIX先物を買う。しかし、逆に現在の価格よりも下落すると予想する場合は、TOPIX 先物を売ることで利益を得ることができる。現在上場している主な株価指数先物には、日経225先物、TOPIX 先物、TOPIX Core30先物、JPX 日経400先物、RN プライム指数先物などがある。

株式投資との違いは、次のとおりである。

■図表３－３－２　上場株価指数先物一覧

種類	商品	取引対象
株価指数先物	日経225先物	日経平均株価（日経225）
	日経225mini	
	日経225マイクロ先物	
	TOPIX 先物	東証株価指数（TOPIX）
	ミニ TOPIX 先物	
	JPX 日経インデックス400先物	JPX 日経インデックス400
	東証グロース市場250指数先物	東証グロース市場250指数
	TOPIX Core30先物	TOPIX Core30
	RN プライム指数先物	Russell/Nomura Prime インデックス
	東証銀行業株価指数先物	東証銀行業株価指数
海外指数先物	NY ダウ先物	ダウ・ジョーンズ工業株平均株価
	台湾加権指数先物	台湾加権指数
	FTSE 中国50先物	FTSE 中国50インデックス
配当指数先物	日経平均・配当指数先物	日経平均・配当指数
その他の指数先物	日経平均 VI 先物	日経平均ボラティリティー・インデックス
	東証 REIT 指数先物	東証 REIT 指数

（出所）日本取引所グループホームページ

⑴　取引の期間が決まっている

株式投資では、上場廃止等にならない限りは長期保有が可能だが、株価指数先物取引は取引できる期間があらかじめ設定されている。期間内であれば、いつでも売買可能であるが、期限が到来すると、自動的に決済され、損益が確定される。一般的に、株価指数先物は限月が３ヵ月で交代するため、決済月になった場合は反対売買を行い、ポジションを解消するか、次の限月にロール取引を行う必要がある。

たとえば、TOPIX 先物取引の場合、取引できる期限が、３、６、９、12月の第２金曜日の前日までと決まっている。

⑵ 差金決済

株式投資の場合は、売買のつど、売買代金の受渡しが発生する。一方、株価指数先物取引の場合は、買付け（または売付け）時点の先物価格と決済時点の先物価格の差額のみの受渡しを行い、元本部分の受渡しは発生しない。このような決済方法は、差金決済と呼ばれる。

⑶ 取引は証拠金で行う

株式投資の場合は、株式を購入するための現金が必要になる。一方、株価指数先物取引では、証拠金と呼ばれる担保を差し入れて取引を行う。このため、先物取引には、レバレッジ効果があるといわれる。例をあげると、100万円の証拠金で1,000万円の取引ができる場合、証拠金の10倍の取引を行うこととなり、1,000万円を運用しているのと同様の効果がある。レバレッジ効果は少ない元手でより大きな取引を行うことができるため、効率的な運用ができるといわれる半面、リスクが大きくなる場合がある。

⑷ 倒産リスクの軽減

個別銘柄に投資した場合は、その企業が倒産した場合、投資金額のすべてを失うことになるため、倒産リスクを慎重に見極めなければならない。しかし、株価指数先物取引は指数全体を対象としているため、倒産リスクによる投資金額の目減りを軽減することができる。

⑸ 売りからの運用開始が可能

一般的に、株式投資の場合は、銘柄が下落しそうであると予想した時は、その下落をただ眺めているだけしかできないが、株価指数先物取引の場合は、相場が下落すると予想する時には「売り」から取引を開始することができる。株価指数先物を売り、その後相場が下落した場合、買戻しを行うことで利益を確定することができる。

次の「図表３－３－３」は、大阪取引所に上場している株価指数先物取引の概要である。

■図表３－３－３　大阪取引所に上場している株価指数先物取引の概要

取引対象	TOPIX 先物	日経225先物
立会時間	＜日中立会＞ オープニング：８:45 レギュラー・セッション：８:45～15:10 クロージング：15:15 ＜夜間立会＞ オープニング：16:30 レギュラー・セッション：16:30～翌５:55 クロージング：翌６:00 ※オープニングで取引が成立しない場合、レギュラー・セッションに移行 ※クロージングで取引が成立しない場合、ザラ場引け	
限月取引	３月、６月、９月、12月のうち 直近５限月	四半期限月（最長８年） ６・12月限：直近の16限月 ３・９月限：直近の３限月
取引最終日	各限月の第２金曜日（休業日に当たる場合は、順次繰り上げる）の前日に終了する取引日	
SQ 日	取引最終日の翌営業日	
取引単位	TOPIX ×10,000円	日経平均株価×1,000円
呼値の単位	0.5ポイント	10円
制限値幅	(1)　制限値幅：呼値の制限値幅の基準値段に以下の値を乗じて得た値幅 通常制限値幅：８％ 第一次拡大制限値幅：12％ 第二次拡大制限値幅：16％ ※制限値幅はサーキット・ブレーカーの発動状況に応じて二段階まで拡大（該当方向のみ） 図表３－３－４を参照 ※ただし、市況等を勘案し、呼値の制限値幅を臨時で見直すことがある。 (2)　即時約定可能値幅：直近約定数値を中心に上下0.8％ 図表３－３－５を参照 ※ただし、オープニング・オークションの即時約定可能値幅は上下3.0％、クロージング・オークションの即時約定可能値幅は上下1.5％とする。	
サーキット・ブレーカー	中心限月取引において、制限値幅上限（下限）の値段で約定または買（売）気配提示された場合、全限月取引の取引を10分間以上中断する。	
ストラテジー取引	あり（カレンダー・スプレッド取引）	
J-NET 取引	あり（呼値の単位：0.0001ポイントまたは0.0001円、最低取引単位：１単位）	
清算数値	午後３時から日中立会終了時までの最終約定数値等 ※四半期毎の最終営業日は、上記に関わらず理論価格を採用。 ※必要な場合は、上記に関わらず株式会社日本証券クリアリング機構（JSCC）が適当と認める数値に修正。	

最終清算数値（SQ 値）	取引最終日の翌営業日における各構成銘柄の始値に基づき算出した特別な数値（SQ 値）
証拠金	VaR 方式で計算
決済方法	1．転売または買戻し　2．最終決済（最終清算数値による決済）
ギブアップ	利用可能
建玉移管	利用可能

（出所）日本取引所グループホームページより抜粋・編集

■図表３－３－４　制限値幅

<table>
<tr><th></th><th>通常時
制限値幅</th><th>第一次拡大時
制限値幅</th><th>第二次拡大時
制限値幅</th></tr>
<tr><td>日経225先物・
日経225mini・
日経225マイクロ先物</td><td rowspan="8">8％</td><td rowspan="8">12%</td><td rowspan="8">16%</td></tr>
<tr><td>TOPIX 先物・
ミニ TOPIX 先物</td></tr>
<tr><td>JPX 日経インデックス400先物</td></tr>
<tr><td>TOPIX Core30先物</td></tr>
<tr><td>東証銀行業株価指数先物</td></tr>
<tr><td>東証 REIT 指数先物</td></tr>
<tr><td>RN プライム指数先物</td></tr>
<tr><td>東証グロース市場250指数先物</td></tr>
</table>

（出所）日本取引所グループホームページより抜粋

■図表３－３－５　即時約定可能値幅

<table>
<tr><th colspan="2" rowspan="2">区分</th><th rowspan="2">DCB 基準値段</th><th colspan="3">DCB 値幅</th></tr>
<tr><th>オープニング・オークション</th><th>ザラバ</th><th>クロージング・オークション</th></tr>
<tr><td rowspan="4">指数先物</td><td>日経225先物・
日経225mini・
日経225マイクロ先物</td><td rowspan="2">Last Price</td><td rowspan="4">上下
3.0%</td><td rowspan="4">上下
0.8%</td><td rowspan="4">上下
1.5%</td></tr>
<tr><td>TOPIX 先物</td></tr>
<tr><td>ミニ TOPIX 先物</td><td rowspan="2">Last Price または BBO 仲値</td></tr>
<tr><td>RN プライム指数先物</td></tr>
</table>

<table>
<tr><td rowspan="10">指数先物</td><td>JPX日経400先物</td><td>Last Price</td><td rowspan="8">上下
3.0%</td><td rowspan="5">上下
0.8%</td><td rowspan="8">上下
1.5%</td></tr>
<tr><td>東証グロース市場
250指数先物</td><td rowspan="9">Last Priceまたは BBO仲値</td></tr>
<tr><td>東証REIT指数先物</td></tr>
<tr><td>TOPIX Core30先物</td></tr>
<tr><td>東証銀行業株価
指数先物</td></tr>
<tr><td>NYダウ先物</td><td rowspan="3">上下
1.0%</td></tr>
<tr><td>台湾加権指数先物</td></tr>
<tr><td>FTSE中国50先物</td></tr>
<tr><td>日経平均VI先物</td><td>上下30
ティック</td><td>上下10
ティック</td><td>上下30
ティック</td></tr>
<tr><td>日経平均・
配当指数先物</td><td>上下30円</td><td>上下10円</td><td>上下15円</td></tr>
</table>

※1　直近の最良買い呼値と最良売り呼値が一定値幅（MAX SPREAD）超乖離する場合等、注文の状況によってはBBO仲値を採用しない場合がある。
※2　即時約定可能値幅制度の中断時間は、最低30秒（指数オプション取引は最低15秒）で、継続してDCBが発動する場合は、中断時間が30秒ずつ（同15秒ずつ）延長される。なお、祝日取引における中断時間は平日と異なる。
（出所）日本取引所グループホームページより抜粋

2　価格形成

ここでは、株価指数先物の価格がどのように決定されているかについて見ていく。通常、先物価格の価格形成方法については、先渡価格決定方法と同様の見方をしていく。理論的には、金利が時間の関数として予測可能であると仮定した場合は、先物価格と先渡価格は同様の計算式で導くことができる。しかし、実際には将来の金利は予測不可能であるため、厳密にいうと先物価格と先渡価格は等しくはならない。しかし、日本に上場されている株価指数先物のうち、流動性の観点からも問題なく取引できるのは、満期が数ヵ月以内に到来するものである。満期が数ヵ月以内に到来するものについて、先物価格と先渡価格を比較すると、その差は非常に小さい。そのため、ここでは先物価格と先渡価格は等しいものと考えて問題ないものとして説明していく。

理論的に説明を行うための前提条件を確認したい。

①取引手数料はかからない

②取引より生じた売買益に課せられる税金は同一

③お金を貸し借りする際の金利は安全利子率とする

④裁定取引機会が発生した場合、瞬時に裁定機会はなくなる

また、当章において、以下に出てくる符号について説明しておく。

① T：満期までの期間（単位：年）

② S_0：株価指数先物取引の基となっている現在の株価指数価格

③ F_0：現在の先物価格

④ r ：安全利子率

⑤ e ：自然対数の底

それでは、先物価格がどのように決定されるかを見ていく。ここでは、株は配当を支払わないと仮定する。限月評価日が３ヵ月後の株価指数先物の買いポジションを構築したとする。株価指数先物のもととなっている株価指数が現在12,000円、安全利子率が５％であるとする。

まず、株価指数先物価格が13,000円であったと仮定する。この場合、裁定機会を伺っている投資家（「裁定投資家」）は、金利５％を支払い、12,000円を借りていく。そのお金で株価指数１単位を12,000円で買う。それと同時に、13,000円の値がついている株価指数先物を１枚売り建てておく。この取引をすると、現在から３ヵ月後の限月評価日には、裁定投資家は、買っておいた株価指数先物を渡して、13,000円を受け渡される。12,000円を借り入れた分、利子をつけて返済する必要があるが、利子を含む返済金額は

$$12,000 \times e^{0.05 \times 3/12} = 12,150円$$

となるため、裁定投資家は13,000－12,150＝850円の３ヵ月後の利益を確定することができる。

次に、株価指数先物取引が10,000円で取引されていたとする。この場合、裁定投資家が利益を確定されるためには、株価指数を１単位売り、12,000円を受け取る。その12,000円を安全利子率５％で運用すると同時に、株価指数先物を10,000円で買い建てておく。そうすることによって、３ヵ月後には、安全利子率で運用したお金が$12,000 \times e^{0.05 \times 3/12} = 12,150$で戻ってきて、先物契約を履行するために、10,000円を払い株価指数を購入すると同時に、売っていた株価指数の買戻しを行う。このような戦略を行うことで、裁定投資家は12,150－10,000＝2,150円の利益を確定することができる。

しかしながら、市場にはこのような裁定機会を伺う裁定投資家が多くいるため、このような裁定機会はすぐに消滅してしまう。このような裁定機会が発生しない株価指数先物価格は12,150円ということになり、株価指数先物価格はすぐに12,150円に収れんする。

まとめてみると、r：安全利子率、T：限月終了までの期間、S_0：現在の株価指数、F_0：現在先物価格とすると、先物理論価格は次の式に基づいて決定される。

$$F_0 = S_0 e^{rT}$$

株価は通常配当を支払うものであり、個別株の総合パフォーマンスを表す株価指数を考える時は配当について考慮しなくてはいけない。ここでは、配当について、配当額ではなく、配当率として考えていく。もしも配当率をqとすると、上記先物理論価格式は、次のようになる。

$$F_0 = S_0 e^{(r-q)T}$$

この式から、指数先物理論価格は、現在の株価指数が $(r-q)$ の金利分だけ、限月評価日まで増加していったものということがわかる。

3 ヘッジとSQ

株価指数先物市場に参加している多くの市場参加者は、ヘッジャーと呼ばれるヘッジ取引を行う人である。彼らは特定のリスクを軽減するために、先物を用いる。株価指数先物においては、株式ファンドマネージャーが先々の相場下落を予想している場合に、株価指数先物をショートし、ポートフォリオ全体のベータ値をニュートラルにすることによって、株価変動リスクを回避することができる。

このような、ヘッジャーの存在により、SQにおいては、大量の現物売買が発生する。SQとは、Special Quotation（特別清算指数）の略で、株価指数先物取引において、決済最終日までに反対売買がなされなかった場合の清算指数として使用される指数のことである。この清算指数は、株価指数先物取引では3、6、9、12月の第2金曜日に算出される。このSQ時にはヘッジャーが現物の売買を行い、先物のポジション清算を行うことから、大量の現物売買が発生することがある。

3 オプション取引

1 オプション取引の仕組み

⑴ 概　　要

オプションとは、将来“何か”を行う権利を与える契約のことをいう。

“何か”を買う権利のことを、コール・オプションといい、“何か”を売る権利をプット・オプションという。オプションを使用する目的として、①ヘッジ目的、②投機目的、③裁定機会追求目的があげられる。

コール・オプションは、代金（プレミアム）を対価として、特定の証券（原資産）を特定の価格（権利行使価格）である期間内（オプション満期日まで）に買う権利のことである。プット・オプションは、代金（プレミアム）を対価として、特定の証券（原資産）を特定の価格（権利行使価格）である期間内（オプション満期日まで）に売る権利のことである。また、オプションにはアメリカン・オプション、ヨーロピアン・オプションの2種類が存在する。アメリカン・オプションは、満期日までいつでも権利行使が可能なオプションである。一方、ヨーロピアン・オプションは満期日のみ権利行使が可能なオプションである。

対象資産が現物の場合、大半がヨーロピアン・オプションであるのに対して、対象資産が先物の場合、大半がアメリカン・オプションである。次に、株式を原資産とするコール・オプション、プット・オプションについて具体的に見てみる。

(2) コール・オプション

三井住友トラスト・ホールディングス株式を原資産とするコール・オプション（ヨーロピアン）について考えてみる。現在の三井住友トラスト・ホールディングス株式は1株105円、権利行使価格は100円、オプション満期日まで4ヵ月、オプション代金（プレミアム）は5円、当オプションを500円相当分購入したとする。これは、100円で三井住友トラスト・ホールディングス株式を100株買う権利ということになる。なお、当オプションはヨーロピアンタイプであるため、満期日前の権利行使はできない。次に、満期日の株価水準における投資行動と損益状況を説明する。

●株価が100円以下の場合

オプション保有者は、オプションの権利行使をしない。なぜなら、市場から直接、三井住友トラスト・ホールディングス株式を100円以下で購入することができるためである。ただし、この場合は投資金額である500円を失うことになる。

●株価が101～105円の場合

オプションの権利行使を行う。株価が101円の場合、権利行使を行い、100円で三井住友トラスト・ホールディングス株式を購入し、市場にて101円で売ることにより利益を確定できる。株価が105円になると、オプション権利行使により100円で株を購入し、市場にて105円で売却できるため(105円－100円)×100＝500円と初期投資金額の回収が可能となる。

●株価が105円以上の場合

オプションの権利行使を行う。権利行使を行い、100円で三井住友トラスト・ホールディングス株式を購入し、市場にて105円以上で売却するこ

■図表３－３－６　コール・オプションの株価推移と損益の関係

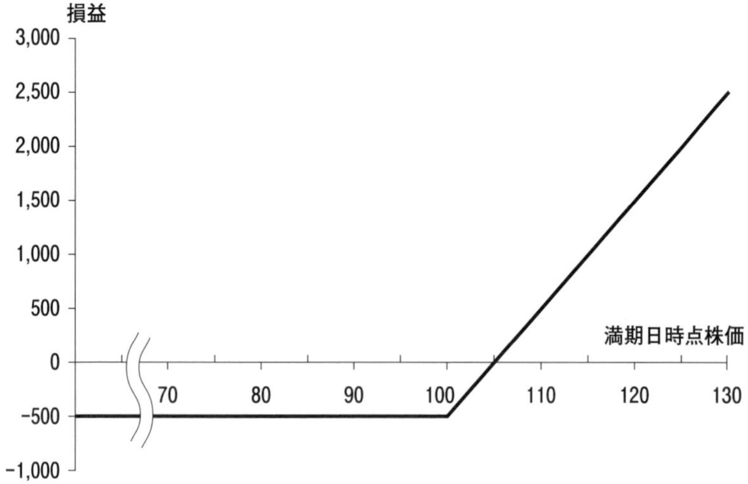

とにより、利益を確定することができる。

当コール・オプションの株価推移と損益の関係をグラフで表したのが、「図表３－３－６」である。

⑶　プット・オプション

三井住友トラスト・ホールディングス株式を原資産とするプット・オプション（ヨーロピアン）について考えてみる。現在の三井住友トラスト・ホールディングス株式は１株95円、権利行使価格は100円、オプション満期日まで４ヵ月、オプション代金（プレミアム）は５円、当オプションを500円分購入したとする。これは、100円で三井住友トラスト・ホールディングス株式を100株売る権利ということになる。なお、当オプションはヨーロピアンタイプであるため、満期日前の権利行使はできない。次に、満期日の株価水準における投資行動と損益状況を説明する。

●株価が100円以上の場合

オプション保有者はオプション権利を放棄する。なぜなら、市場にて三井住友トラスト・ホールディングス株式を100円以上で売却することができるためである。ただし、この場合は投資金額である500円を失うことになる。

●株価が95～99円の場合

オプションの権利行使を行う。株価が99円の場合、市場より99円にて株価を購入し、その後すぐにオプションの権利行使を行い100円で売却することにより利益を確定することができる。株価が95円になると、市場より95円にて株価を購入し、オプション権利行使により100円で株を売却することができるため（100円－95円）×100＝500円と初期投資金額の回収が可能となる。

●株価が95円未満の場合

オプションの権利行使を行う。市場より95円未満で株式を購入し、すぐにオプション権利行使を行い、100円で三井住友トラスト・ホールディングス株式を売却することで、利益を確定することができる。

当プット・オプションの株価推移と損益の関係をグラフで表したのが、「図表３－３－７」である。

■図表３－３－７　プット・オプションの株価推移と損益の関係

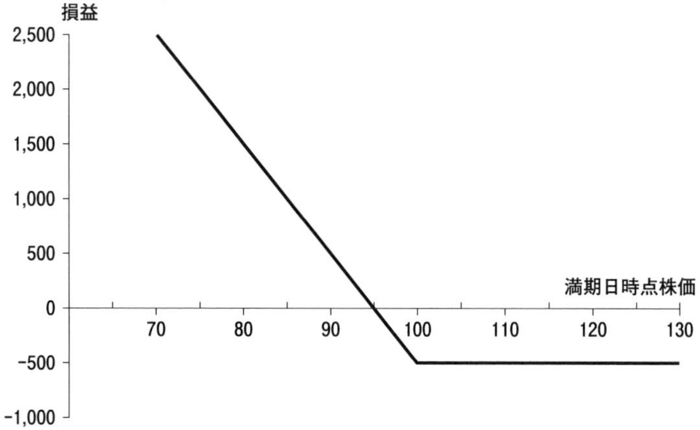

■図表３－３－８　本源的価値と時間的価値の関係

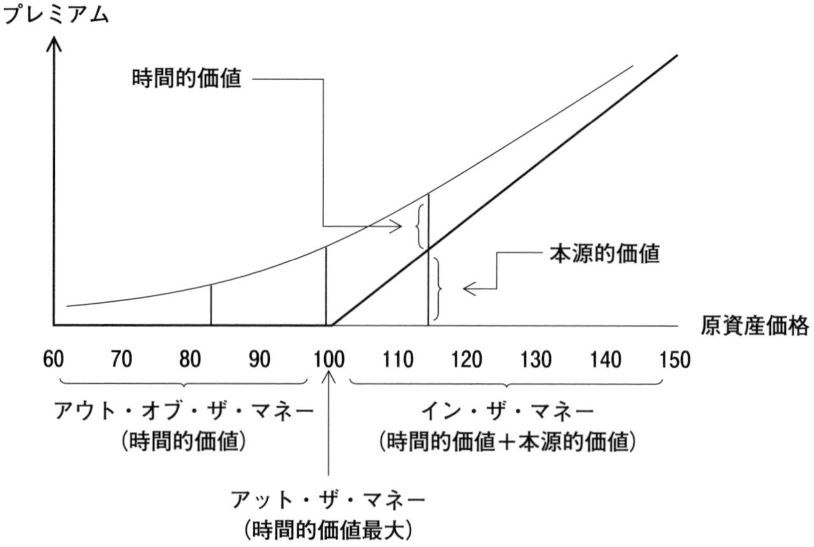

⑷ 用　　語

オプションプレミアムは「本源的価値」と「時間的価値」に分けることができる。本源的価値とは、権利行使価格と原資産価格の差額のことをいう。つまり、現時点において、オプション権利を行使した場合に、どのくらいの利益が発生するかを表している。コール・オプションの場合、本源的価値は「原資産価格－権利行使価格」で計算され、プット・オプションは「権利行使価格－原資産価格」で計算される。

・コール・オプション：本源的価値＝原資産価格－権利行使価格

・プット・オプション：本源的価値＝権利行使価格－原資産価格

一方、時間的価値は、「実際のプレミアム」と「本源的価値」との差額のことをいう。つまり、コール・オプションのプライスは、「原資産価格－権利行使価格」よりも高く値がつけられており、この高い部分のことを時間的価値という。

権利行使価格が原資産価格より有利なオプションのことを、イン・ザ・マネー（ITM）という。また、権利行使価格が原資産価格より不利なオプションのことを、アウト・オブ・ザ・マネー（OTM）、権利行使価格が原資産価格と等しいオプションをアット・ザ・マネー（ATM）という。アット・ザ・マネーの状態では、権利行使価格と原資産価格が等しいため、本源的価値はゼロとなる。

2　オプションプレミアム形成要因

オプションプレミアムは、どのような要因で変化していくのだろうか。ここでは、具体的に株価を原資産とするオプション（株価オプション）プレミアムに与える各要因について見ていく。株価オプションプレミアムに影響を与える要因は、株価、権利行使価格、満期日までの期間、株価の価格変動率、金利（安全利子率）、オプション期間における期待配当額、の

■図表3－3－9　各要因が各オプションのプレミアムに与える影響

	ヨーロピアンコール	ヨーロピアンプット	アメリカンコール	アメリカンプット
株　価	＋	－	＋	－
権利行使価格	－	＋	－	＋
満期日までの期間	＋(※)	＋(※)	＋	＋
価格変動率	＋	＋	＋	＋
金利（安全利子率）	＋	－	＋	－
配 当 額	－	＋	－	＋

6つがあげられる。「図表3－3－9」に、各要因が各コール・オプション、プット・オプションのプレミアムに与える影響をまとめた。

「図表3－3－9」にある記号「＋」は、各要因の値が上昇した時、オプションプレミアムが上昇することを表している。また、記号「－」は、各要因の値が下落した時、オプションプレミアムが下落することを表している。記号「＋(※)」は、要因の値（この場合、満期日までの期間の長さ）が上昇した時、基本的にオプションプレミアムは上昇するが、一部例外的な場合があることを表している。具体的な例をあげると、価格変動率はプラスとなっている。価格変動率はボラティリティとも呼ばれ、原資産価格の振れの大きさを表す。原資産の価格の振れが大きいということは、価格が権利行使価格を超える可能性も高まるわけであり、その点がオプションプレミアムに反映されるわけである。

3　ギリシャ指標(デルタ、ガンマ、ベガ、セータ、ロー)

トレーダーが顧客から注文を受ける際には、多くの場合、注文を受けるのと同時に反対ポジションをとり、価格変動リスクを極力抑えようとする。しかし、店頭オプションの注文を顧客から受ける場合は、オプションは顧客ニーズに応じて組成されること、上場商品ではなく、店頭市場での相対取引であることから、価格変動リスクを抑えるために、引き受けたオプションと正反対のポジションを引き受けてくれる相手方を探すことは難しい。そこで、トレーダーはギリシャ指標と呼ばれる指標をもとにして、価格変動リスクのヘッジを行う。次に典型的なオプションについて、ギリシャ指標のデルタ、ガンマ、ベガ、セータ、ローについて見ていく。

(1) デルタ

原資産の価格変動に対する、オプション価格の変動率を表す。デルタの値は、コール・オプションが0～1の間で推移し、プット・オプションは－1～0の間で推移する。コール・オプションの場合、オプションデルタが1であれば、原資産の動きとオプション価格の動きが同じであることを意味する。アット・ザ・マネーのオプションデルタは、コール・オプションでは0.5、プット・オプションでは－0.5に近い値となる。

(2) ガンマ

原資産の価格変動に対する、デルタの変動率を表す。ガンマの値は、コール・オプション、プット・オプションにおいて、常に正の値となる。アット・ザ・マネーのオプションにおいて最も大きくなり、イン・ザ・マネーまたはアウト・オブ・ザ・マネーにいくにつれて小さくなる。

(3) ベ　ガ

インプライド・ボラティリティ【参考3－5】の変動に対する、オプション価格の変動率を表す。ベガの値は常に正の値となる。アット・ザ・マネーのオプションにおいて最も大きくなる。また、一般に満期までの日数が長いオプションのベガは、満期まで短いオプションに比べてベガが大きくなる。

【参考3－5】インプライド・ボラティリティ
現在のプレミアムから算出された将来の予想変動率である。

(4) セータ

1日の時間の経過によって失われるオプション価格を表す。セータは常に負の値となる。アット・ザ・マネーのオプションは、満期が近づくにつれてセータが上昇する。逆に、イン・ザ・マネーとアウト・オブ・ザ・マネーのオプションは、満期が目前になるとセータが減少する。

⑸ **ロー**

安全利子率の変動に対するオプション価格の変動率を示す。

4 スワップ取引（金利・為替）

スワップ取引とは、2企業間で将来のキャッシュフローを交換する取引のことをいう。取引所ではなく店頭市場で取引され、店頭市場取引の間でも代表的な取引が、金利スワップと通貨スワップとなっている。

2企業間で結ぶスワップ契約の中では、いつキャッシュフローの交換を行うか、どのようにキャッシュフローを交換するか、キャッシュフローの計算方法などが記載される。多くの場合は、キャッシュフローの計算は、将来の金利水準、為替レート、また他の市場レートなどに影響される。

1 金利スワップ

金利スワップ契約では、2者間において、一定期間内、片一方がスワップ契約時に決められた固定金利を受け取る代わりに変動金利を払う一方で、もう一方は固定金利を払う代わりに変動金利を受け取る契約をいう。このような典型的なスワップ契約は、プレインバニラ型（plain vanilla）と呼ばれる。スワップ契約において最も典型的な変動金利はLIBOR（London Interbank Offered Rate）であったが、LIBORの公表停止に伴い、OIS（Overnight Index Swap）となった。OISとは、翌日物金利（RFR：Risk Free Rate）を指標金利とした変動金利と固定金利を交換する取引である。変動金利を算出するには、日次のRFRを複利計算すると

■図表3－3－10　店頭取引市場規模

	Notional amounts outstanding				Gross market value			
	H2 2021	H1 2022	H2 2022	H1 2023	H2 2021	H1 2022	H2 2022	H1 2023
All contracts	**598,416**	**632,238**	**617,959**	**714,744**	**12,439**	**18,348**	**20,750**	**19,832**
Foreign exchange contracts	**104,249**	**109,587**	**107,576**	**120,250**	**2,548**	**4,717**	**4,846**	**4,311**
By instrument								
Outright forwards and forex swaps	63,723	66,333	62,846	69,738	1,343	2,620	2,560	2,325
Currency swaps	30,049	30,280	31,802	34,549	1,041	1,805	2,016	1,718
Options	10,436	12,951	12,906	15,938	164	292	270	268
Other products	41	22	22	25	...	...	...	...
By counterparty								
Reporting dealers	38,165	41,385	39,055	44,615	960	1,598	1,565	1,324
Other financial institutions	53,261	54,770	54,571	61,158	1,150	2,273	2,417	2,191
Central Counterparties	4,138	4,713	4,714	5,508	64	104	107	108
Non-financial customers	12,782	13,410	13,928	14,452	438	846	864	795
By maturity								
Up to 1 year	81,032	86,268	83,576	94,588	...	...	...	...
Between 1 and 5 years	16,079	16,379	16,950	18,250	...	...	...	...
Over 5 years	7,098	6,917	7,027	7,387	...	...	...	...
By currency								
US dollar	89,582	96,448	93,710	101,348	2,112	4,040	4,017	3,484
Euro	34,326	34,479	35,117	40,487	888	1,716	1,911	1,487
Yen	15,532	15,487	16,274	17,360	417	849	813	855
Pound (sterling)	14,004	13,164	12,867	15,094	315	477	503	442
Swiss franc	4,778	5,194	5,235	6,213	96	147	155	116
Canadian dollar	5,951	6,161	6,220	7,327	103	116	135	130
Swedish krona	2,158	2,075	1,988	2,209	56	244	257	250
Other currencies	42,168	46,166	43,739	50,461	1,109	1,845	1,901	1,857
Interest rate contracts	**475,271**	**502,586**	**490,626**	**573,697**	**8,612**	**11,816**	**14,635**	**14,389**
By instrument								
FRAs	39,438	49,358	44,977	61,790	195	403	465	404
Swaps	397,109	414223	405,539	465910	7,787	10,634	13,249	13,164
Options	38,562	38,798	39,887	45,761	630	779	920	822
Other products	161	208	223	236	-	-	-	-
By counterparty								
Reporting dealers	29,944	30,993	28,894	31,890	1,337	1,103	1,051	959
Other financial institutions	432,420	458,677	448,458	527,032	6,744	10,122	12,823	12,613
Central Counterparties	370,157	394,185	373,389	446,229	5,112	8,211	10,399	10,371
Non-financial customers	12,745	12,708	13,052	14,539	531	591	761	816
By maturity								
Up to 1 year	193,616	213,817	203,909	267,585	...	...	...	...
Between 1 and 5 years	169,311	176,207	172,053	185,269	...	...	...	...
Over 5 years	112,181	112,354	114,442	120,606	...	...	...	...
By currency								
US dollar	167,283	203,870	179,216	204,793	2,054	2,866	3,732	3,682
Euro	128,405	149,596	152,002	190,570	4,027	5,520	6,814	6,665
Yen	35,681	22,499	26,918	26,336	297	280	471	301
Pound (sterling)	51,618	34,890	36,749	40,734	1,236	1,223	1,579	1,774
Swiss franc	5,072	3,203	3,577	4,490	56	87	95	90
Canadian dollar	15,302	17,240	17,007	19,345	131	355	377	379
Swedish krona	5,484	5,812	5,429	5,555	50	184	215	207
Other currencies	66,426	65,476	69,728	81,875	761	1,301	1,352	1,290
Equity-linked contracts	**7,280**	**6,988**	**6,919**	**7,838**	**655**	**595**	**504**	**570**
By instrument								
Forwards and swaps	3,968	3,512	3,469	3,688	278	349	277	265
Options	3,312	3,476	3,449	4,150	377	245	227	305
By counterparty								
Reporting dealers	1,291	1,276	1,167	1,315	97	74	62	72
Other financial institutions	4,844	4,656	4,679	5,501	351	365	310	360
Central Counterparties	20	30	23	34	1	1	2	1
Non-financial customers	1145	1056	1072	1022	206	155	132	138
By maturity								
Up to 1 year	4,607	4,514	4,350	4,980	...	...	...	...
Between 1 and 5 years	2,293	2,118	2,222	2,487	...	...	...	...
Over 5 years	379	357	346	371	...	...	...	...
By market								
US equities	3,501	3,449	3,492	4,026	362	301	259	313
European equities	2,021	1,955	1,854	2,024	178	162	135	143
Japanese equities	266	232	198	189	14	12	11	14
Other Asian equities	363	361	361	358	27	33	27	19
Latin American equities	403	345	356	575	29	32	26	37
Other equities	725	647	658	665	45	54	46	43

（出所）　BIS ホームページ

いう対応が必要となる。LIBORについては、米ドルの一部テナーを除き、2021年12月末の公表の停止がLIBOR運営機関であるICE Benchmark Administrationより公表された。なお、代替金利指標としてTIBOR（Tokyo Interbank Offered Rate）は継続して使用される。また、スワップ契約を締結した場合は、ISDA（International Swaps and Derivatives Association）によって用意されているコンファメーションを作成し、両者間の代表者によって署名を行う必要がある。ISDAは、契約の一方が破産した場合の対応方法などのスワップ契約に必要な事項を記した、マスターアグリーメントを用意している。そして、コンファメーションは、このマスターアグリーメントに従うものとされている。次に金利スワップ契約について、具体的な例を見てみる。

【 例 】

YYY1年３月７日にＡ社とＢ社間でスワップ契約(※)を結んだ。期間は３年、元本は10億円である。Ａ社が固定金利支払者、Ｂ社が変動金利支払者である。固定金利は５％、変動金利は日次のRFRを複利計算した変動金利とする。キャッシュフローの交換は１年ごとに行う。当スワップ契約を図示してみる。

■図表３－３－11　金利スワップ取引の取引例

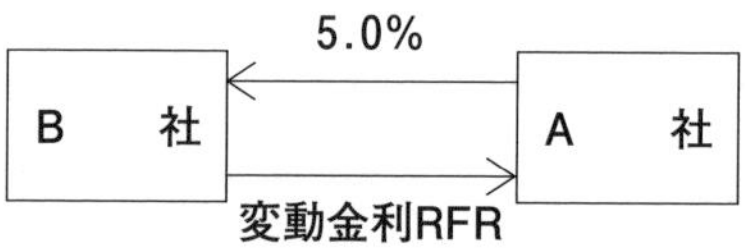

１回目のキャッシュフロー交換は、契約開始から１年後のYYY2年３月９日に行われる（※OISは契約応当日の２営業日後にキャッシュフローの交換が行われることが一般的。**【 例 】**では契約日の１年後３月７日の２営業日後３月９日にキャッシュフローが発生)。この日、Ａ社はＢ社に50百万円（＝10億円×５％）を支払う。Ｂ社はＡ社に変動金利を支払う

わけであるが、ここでのキャッシュフロー計算に用いる変動金利は、日次のRFRを複利計算した金利を用いる。算出された変動金利を4.3%とすると、B社からA社への支払額は、10億円×4.3%＝43百万円となる。

2回目のキャッシュフロー交換は、YYY3年3月9日に実施される。A社は固定金利支払いのため、1回目と同じく50百万円と変わらない。B社からA社への支払額は、キャッシュフロー交換日から日次のRFRを複利計算した金利に基づいて決定される。算出された変動金利を4.85%とすると、B社からA社への支払額は、10億円×4.85%＝48.50百万円。

当スワップ契約においては、契約期間が3年でキャッシュフロー交換が1年ごとであるので、合計3回のキャッシュのやりとりが発生する。固定金利支払者であるA社が支払う金額は、常に50百万円である。一方、今まで見てきたように、変動金利支払者であるB社が支払う金額は、キャッシュフロー交換日から日次のRFRを複利計算した金利に基づいて計算される。金利スワップ契約では、A社、B社がともに支払いを行う必要はなく、通常、支払金額がより多いほうが、差額を他方に支払う形がとられる。前述の例では、A社がB社にYYY2年3月9日に7.0百万円（＝50百万円－43百万円)、YYY3年3月9日に1.4百万円（50百万円－48.6百万円）を支払うことになる。また、3回目のキャッシュフロー交換の際には、元本は交換されない。次に、A社からみたスワップ契約期間におけるキャッシュフローを「図表3－3－12」にまとめてみる。

■図表3－3－12　A社からみたスワップ契約期間におけるキャッシュフロー

（単位：百万円）

日　付	変動金利RFR	変動金利分CF	固定金利分CF	純CF
YYY2/3/9	4.30%	43.00	−50.00	−7.00
YYY3/3/9	4.85%	48.50	−50.00	−1.50
YYY4/3/9	5.20%	52.00	−50.00	2.00

※　CFはキャッシュフローの略称

⑴　スワップ契約における金融機関の役割

企業がスワップ取引を行いたい場合は、通常金融機関を相手として行う。この場合、金融機関は仲介機関として、そのスワップ取引の相手方を探す。企業が自らスワップ契約の相手型を探すことができる場合は、金融機関を利用する必要はないが、通常、企業が自ら契約相手を探すことは難しい。「図表３－３－13」には、Ａ社とＢ社の間に金融機関が仲介機関として関係してくるケースを図示した。

■図表３－３－13　Ａ社とＢ社の間に金融機関が仲介機関として関係してくるケース

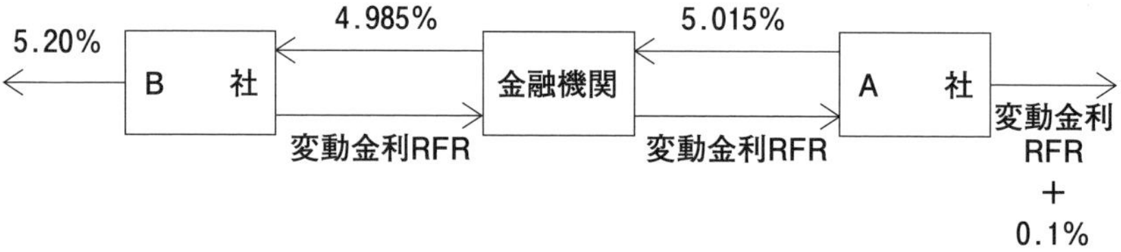

金融機関がＡ社から受け取る固定金利と、Ｂ社へ支払う固定金利が異なっているが、これは金融機関が受け取る利益といえる。つまり、金融機関は毎年元本金額の0.03％（＝5.015％－4.985％）の利益を稼ぐことができる。ただし、金融機関が0.03％の利益が稼げるのは、Ａ社、Ｂ社ともに契約を履行した場合のみである。Ａ社、もしくはＢ社が倒産した場合は、金融機関が相手方となって支払いを行わなければならない。そのため、利益である0.03％は、金融機関がＡ社、Ｂ社の倒産リスクを背負っている対価と考えることができる。

⑵　マーケットメイカーとしての金融機関の役割

企業からスワップ契約の申入れを受けた時、実際には金融機関は、リスクを完全に相殺できる反対サイドのスワップ契約を結んでくれる企業を探すことは困難である。多くの場合、金融機関は申し込まれたスワップ契約を相殺するような企業を見つけずに、自らが相手方となって契約を結ぶマーケットメイカーとして機能する。この場合、金融機関はスワップが内包するリスクを計算して、債券、フォワード取引、金利先物などを利用して、市場変動リスクのヘッジを行う。通常、スワップ契約における固定金利は、市場で示されているスワップレートと同じ金利で設定され当初のスワップ契約の評価はゼロとなる。もしも、スワップ契約の価値がゼロでないならば、金融機関には損益が契約当初に発生してしまうことになる。

(3) 比較優位性

ここでは、企業が金利スワップを利用する背景について考えてみることにする。企業が金利スワップを利用する背景としては、比較優位性があげられる。A社、B社は市場からの資金調達を考えている。A社、B社がそれぞれ調査したところ、固定金利での調達と、変動金利での調達金利は、「図表3－3－14」のとおりであった。

A社は変動金利でお金を調達したいと考えており、B社は固定金利での調達を検討している。ここで、「図表3－3－14」を見てみると、A社は変動金利での調達よりも、固定金利での調達のほうが有利である。一方で、B社は固定金利での調達よりも変動金利調達の方が有利である。なぜなら、固定金利の場合、A社と比較してみると、1.2％も高い金利を支払う必要があるが、変動金利の場合はA社よりも0.7％だけ高い金利に抑えることができるためである。このような、A社とB社に示される金利が異なる背景としては、企業信用格付の違いがあげられる。A社の信用格付はAAAであり、B社の信用格付はBBBであるため、B社はリスクプレミ

■図表3－3－14　A社とB社の間に金融機関が仲介機関として関係してくるケース

	固　定	変　動
A　社	4.00%	変動金利 RFR －0.1%
B　社	5.20%	変動金利 RFR ＋0.6%

アム分だけ高い金利が示されている。B社の固定貸付金利上乗せ幅が、変動貸付金利よりも高くなっているのは、期間が長ければ長いほど、B社の倒産リスクが高まるためである。ここでは、A社は変動金利での調達を希望しているが、固定金利での調達が有利となっていて、B社は固定金利での調達を希望しているが、変動金利での調達が有利と、各社が希望する調達方法と市場が示す金利水準はまったく逆の環境となっている。つまり、A社は固定金利市場において比較優位があり、B社は変動金利市場において比較優位がある。このような場合に、企業は金利スワップ契約を利用する。A社が固定金利で資金調達、またB社は変動金利にて資金調達を行い、A社とB社でスワップ契約を結ぶことによって、より有利な金利で、またニーズにかなった調達をすることが可能となる。では、具体的な例を見てみる。今回は事例簡略化のために、金融機関を通さずに、A社とB社は、金利スワップ契約を直接結んだケースを考えてみる。

A社はB社に元本10百万ドルにおいて日次のRFRを複利計算した変動金利を支払う。また、B社はA社に同金額の元本において、4.35%の固定金利を支払う金利スワップ契約を締結した。具体的には、A社キャッシュフローとして、①外部から固定金利4%にて資金調達を行う、②B社よりスワップ契約の固定金利である4.35%を受け取る、③その見返りとして、B社へ変動金利分を支払う。B社キャッシュフローとして、①外部から変動金利RFR+0.6%にて資金調達を行う、②A社よりスワップ契約の変動金利分を受け取る、③A社へ固定金利分の4.35%を支払う、というものである。

A社のキャッシュフローを計算すると、A社はB社に変動金利RFR−0.35%支払うことになる。これは、A社が変動金利RFR−0.1%にて直接市場から借入を行うよりも、0.25%分低い金利での調達となる。また、B社のキャッシュフローを計算すると、A社へ4.95%支払うことになる。これは、固定金利市場で5.2%にて直接借入を行うよりも0.25%低い金利で借入をすることができる。

総じて、A社、B社は金利スワップ契約を締結することにより0.25%低い金利にて資金調達を行うことに成功した。ただし、この場合、A社、B社ともに0.25%低い金利となったが、これは必ずしも両者が同金利分を得するとは限らない。両者が得をする金利合計分は、次のようにして計算することができる。両者の固定金利市場での調達した場合の金利差をCとして、変動金利市場で調達した場合の両社の金利差をDとすると、両者が金利スワップを結んだことによる金利利得は$C-D$となる。前述の例では、$C=1.2\%$、$D=0.7\%$となり、その結果、両者の利得は0.5%となる。

■図表3－3－15　金融機関を通さずにA社とB社は金利スワップ契約を直接結んだケース

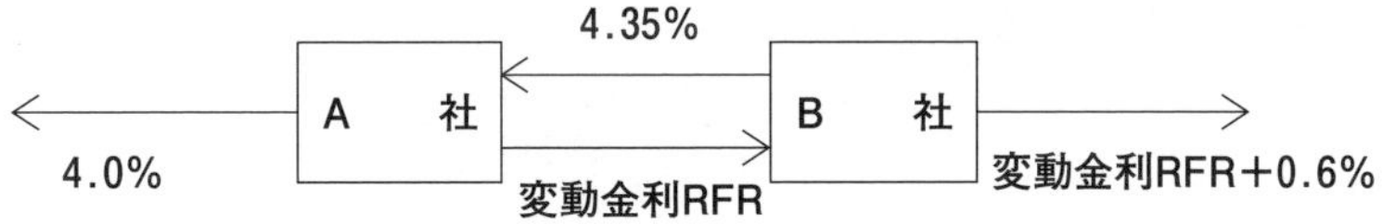

(4) 金利スワップ評価方法

前述したとおり、金利スワップ価値は契約開始時にはゼロであるが、その後、時間が経つにつれて、金利スワップ価値は変動していく。スワップ価値を計算する方法としては2種類あり、1つ目の方法は、スワップ契約を2種類の債券に分けて考える方法である。もう1つは、金利先渡契約【参考3－6】のポートフォリオスワップ契約を考える方法である。

【参考3－6】金利先渡契約

金利先渡契約とは未来のある一定時期において適用される金利を取引する契約のことである。ここでのくわしい説明は省略する。

(i)債券としての評価方法

金利スワップ評価を債券とみなして計算する場合は、契約終了時に元本の交換を行うものとみなす。前述のように、スワップ契約では原則として契約終了時に元本の交換は行われない。固定金利を受け取り、変動金利を支払う側から見た場合、スワップ契約は固定金利債券の買いポジションと、変動金利債券の売りポジションの組合せと見ることができる。スワップ契約の価値をV_{swap}、固定金利債券の価値を$Bond_{固定}$、変動金利債券の価値を$Bond_{変動}$とすると、次のような関係が成り立つ。

$$V_{swap} = Bond_{固定} - Bond_{変動}$$

同様に、変動金利を受け取り、固定金利を支払う観点からいうと、スワップは、変動金利債券の買いポジションと、固定金利債券の売りポジションの組合せと考えることができる。

$$V_{swap} = Bond_{変動} - Bond_{固定}$$

固定金利債券の評価方法については、「3編1章❸」を参照されたい。ここでは、変動金利債券の評価方法について見ていきたい。スワップ契約を債券として評価する際に、スワップにおいてキャッシュフロー交換後に、債券価値はすぐに元本金額に戻るものとして考える。また、元本金額をL、次のキャッシュフロー交換までの期間を$t*$、時点$t*$における変動金利分の支払額を$k*$、すでに説明したように金利支払後は$Bond_{変動} = L$、金利支払前の変動金利債券価値は$L + k*$となることを確認されたい。時点$t*$において、$L + k*$のキャッシュフローが発生するため、変動金利債券が生み出すキャッシュフローの割引現在価値は、$r*$を満期$t*$のOIS/Swap金利であるとすると、次のとおりとなる。

$$キャッシュフローの割引現在価値＝(L+k^*)\,e^{-r^*\times t^*}$$

【例】

三井住友トラスト・ホールディングスが100億円に対して6ヵ月TIBORを支払い、年率0.5％（半年複利）の金利を受け取る契約を結んだとする。スワップ契約期間は2年であるが、すでに契約して3ヵ月が経過し、残存期間は1年9ヵ月とする。OIS/Swapゼロ金利は3ヵ月0.50％、9ヵ月0.75％、15ヵ月0.85％、21ヵ月1.00％とする（連続複利）。契約開始時点の6ヵ月TIBORは0.52％（半年複利）とする。スワップを債券とみなして評価を行う方法は、次の「図表3－3－16」にまとめてある。

2列目に示されている固定金利債券にて発生するキャッシュフローは、1回目から3回目までは100億円×0.5％×0.5＝0.25億円であり、最後のキャッシュフローは、この金額に元本を足した100.25億円になる。

3列目の変動金利債券のキャッシュフローは、L＝100億円、k^*＝0.5×0.0052×100＝0.26億円に元本金額を加えた100.26億円となる。

4列目の割引率は、それぞれ、$e^{-0.005\times0.25}$、$e^{-0.0075\times0.75}$、$e^{-0.0085\times1.25}$、$e^{-0.01\times1.75}$となる。

5列目、6列目は固定債券と変動債券のキャッシュフローに割引率をかけたものである。

固定金利を受け取り、変動金利を支払う場合のスワップの価値は固定債券と変動債券の差となるため、－0.878億円となる。

$$V_{swap}=99.261-100.139=-0.878$$

もしも、三井住友トラスト・ホールディングスが固定金利を支払い、変動金利を受け取る反対ポジションを保有していたならば、そのスワッ

第1編 第2編 第3編 第4編 第5編

プ価値は＋0.878億円となる。ただし、これらの計算は、休日等の日数の考慮はしていない。

(ii)金利先渡契約としてのスワップ評価

スワップ契約は、金利先渡契約の集合体としても考えることができる。つまり、スワップ契約における最初のキャッシュフローについては、契約時のTIBOR金利によって行われる。しかし、2回目以降のキャッシュフローについては、変動金利側の金利が将来時点でないと判明しない。この将来の変動金利部分について、現在の先渡金利が将来実現するものと仮定して、変動金利側のキャッシュフローを計算する方法が、スワップを金利先渡契約として評価を行う方法である。

【例】

三井住友トラスト・ホールディングスが元本100億円について6ヵ月TIBORを支払い、年率0.5％(半年複利)の金利を受け取る契約を結んだとする。スワップ契約期間は2年であるが、すでに契約して3ヵ月が経過し、残存期間は1年9ヵ月とする。OIS/Swapゼロ金利は3ヵ月0.50％、9ヵ月0.75％、15ヵ月0.85％、21ヵ月1.00％とする（連続複利）。契約開始時点の6ヵ月TIBORは0.52％（半年複利）とする。金利先渡契約としてスワップを評価する計算方法は、次の表にまとめてある。

■図表3－3－16　スワップを債券とみなして評価を行う方法

（単位：億円）

時間(年)	キャッシュフロー		現在価値		
	固定金利債券	変動金利債券	割引率	固定金利債券	変動金利債券
0.25	0.25	100.26	0.9988	0.250	100.139
0.75	0.25		0.9944	0.249	
1.25	0.25		0.9894	0.247	
1.75	100.25		0.9827	98.515	
合　計				99.261	100.139

2列目は、固定金利債券のキャッシュフローを表している。固定金利は年率0.5%であるので、キャッシュフローは100億円×0.5%×0.5＝0.25億円となる。

3列目は、変動金利債券のキャッシュフローを表している。初回のキャッシュフローは契約開始時点の6ヵ月TIBOR：0.52%に基づいて決められるので、100億円×0.52%×0.5＝0.26億円となる。2回目以降のキャッシュフローについては、先渡金利が将来実現するものと仮定して計算することになる。具体的には、3ヵ月先に開始される6ヵ月金利（3ヵ月と9ヵ月の間に対応する先渡金利）をOIS/Swapゼロ金利から計算して、その6ヵ月金利が実現するものと仮定する。ここでは、3ヵ月と9ヵ月の間に対応する先渡金利を計算してみる。

$$\frac{0.0075\times0.75-0.005\times0.25}{(0.75-0.25)}=0.00875$$

以上の計算により、3ヵ月後に決まる6ヵ月金利は0.875%となる。よって、9ヵ月後に支払われる変動金利債券に適用される金利は、0.875%ということになる。ただし、この金利は連続複利であるため、半年複利に変換すると、0.877%（$=2\times(e^{(0.00875\div2)}-1)$）となるため、キャッシュフローは、100億円×0.877%×0.5＝約0.438億円となる。

4列目は、変動金利債券キャッシュフローから固定金利債券キャッシュフローを差し引いたものである。また、5列目は、各期間に対応する割引率である。6列目は、4列目で計算した各期間の価値の割引現在価値となる。6列目の合計値（−0.878億円）が当スワップの価値ということになり、この結果は、スワップを債券として評価した結果と一致する。

■図表３－３－17　スワップを金利先渡契約とみなして評価を行う方法

（単位：億円）

時間（年）	キャッシュフロー 固定金利	 変動金利	純 CF	割引率	現在価値 C　F
0.25	0.25	−0.260	−0.010	0.9988	−0.010
0.75	0.25	−0.438	−0.188	0.9944	−0.187
1.25	0.25	−0.501	−0.251	0.9894	−0.249
1.75	0.25	−0.690	−0.440	0.9827	−0.432
合　計					−0.878

2　通貨スワップ

通貨スワップとは、ある通貨の元本／利払いを、異なる通貨の元本／利払いと交換する取引である。各通貨の元本金額であるが、大抵はスワップ契約開始時の為替レートを使用して、等価金額になるように決められる。各通貨の元本は、スワップ開始時点および契約終了時点に交換されるが、多くの場合、各通貨の元本金額は契約開始時とは違い、等価にはならない。

【 例 】

YYY1年２月１日、三井住友トラスト・ホールディングスとPM社の間で通貨スワップ契約を締結した。スワップ契約期間は５年である。三井住友トラスト・ホールディングスはPM社に円建て１％固定金利を支払い、PM社からオーストラリアドル（AUD）建てで６％固定金利を受け取る。利子の支払いは年１回とする。契約開始時の元本金額はそ

■図表３－３－18　通貨スワップ取引の取引例

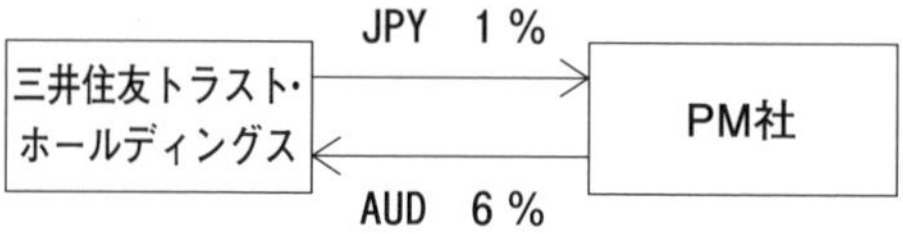

れぞれ80億円、AUD100百万である。

以上にあげた通貨スワップ契約は、固定対固定スワップ契約（fixed-for-fixed currency swap）と呼ばれる。これは、三井住友トラスト・ホールディングス、PM社のキャッシュフローがともに固定金利で決定されるため、このように呼ばれる。具体的に見ていくと、スワップ開始時点にて、三井住友トラスト・ホールディングスはAUD100百万をPM社へ支払い、PM社より80億円を受け取る。スワップ契約期間中には、三井住友トラスト・ホールディングスはPM社へ0.8億円（＝80×１％）を支払い、PM社からAUD６百万（＝100×６％）を受け取る。そして、スワップ終了時には三井住友トラスト・ホールディングスは80億円をPM社へ支払い、PM社よりAUD100百万を受け取る。三井住友トラスト・ホールディングス側のキャッシュフローについて、「図表３－３－19」に示した。

■図表３－３－19　固定対固定スワップ契約における三井住友トラスト・ホールディングス側のキャッシュフロー

日　付	JPY Cash Flow	AUD Cash Flow
YYY1/2/1	+80.00	－100.00
YYY2/2/1	－0.8	+6.00
YYY3/2/1	－0.8	+6.00
YYY4/2/1	－0.8	+6.00
YYY5/2/1	－0.8	+6.00
YYY6/2/1	－80.80	+106.00

(1)　市場優位性

企業が通貨スワップを利用する理由としてあげられるのが市場優位性である。ここでは、りんご社とみかん社という２つの会社を例にして、市場優位性について説明する。りんご社とみかん社は、資金調達を考えている。そこで、りんご社とみかん社が金融機関に円建て調達とドル建て調達の場合での金利を確認したところ、次のような金利を提示された。

■図表３－３－20　りんご社とみかん社の金融機関からの調達金利

	JPY	USD
りんご社	1.0%	2.0%
みかん社	2.0%	2.2%

このテーブルを観察してみると、りんご社、みかん社ともに円建ての調達金利が、ドル建て調達金利よりも優位となっている。また、りんご社の円建てとドル建て両方の調達金利は、みかん社よりも優位となっている。りんご社の金利が低いのは、りんご社の信用リスクがみかん社よりも低いことが一般的理由として考えられる。

次に、りんご社とみかん社の各市場での金利スプレッドについて見てみる。円市場においては、りんご社はみかん社よりも1.0％低い金利で調達が可能であるが、ドル市場においては、みかん社の金利は、りんご社よりも0.2％だけ高い金利での調達が可能となっている。

このような状態が起こる背景としては、りんご社が円建て市場においてみかん社よりも市場優位性を持ち、みかん社はドル建て市場において市場優位性を持っていることがあげられる。市場優位性は様々な要因で発生するので、一概には理由をあげることはできないが、典型的な背景としては税制の違いがあげられる。つまり、りんご社は、円建て市場における調達時には税制的に優遇を受けられる可能性がある。

りんご社はUSD20百万を調達したいと考えており、みかん社は20億円を調達したいと考えている。現在の為替レートは１ドル＝100円とする。前述した環境においては、市場優位性を考えて通貨スワップ契約を使うことによって、りんご社とみかん社の調達コストを削減できる可能性があ

■図表3－3－21　りんご社とみかん社の三井住友トラスト・ホールディングスとの通貨スワップ

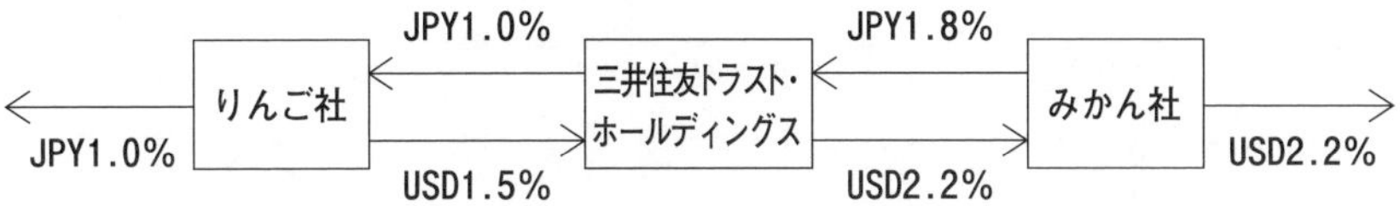

る。具体的に見ていくことにする。

今回の例では、りんご社とみかん社は三井住友トラスト・ホールディングス（金融機関）を利用して、通貨スワップ契約を組むことにする。円建てでのりんご社とみかん社の金利差は1.0％であり、ドル建て金利での差は0.2％であるので、三井住友トラスト・ホールディングス、りんご社とみかん社の合計利益は1.0－0.2＝0.8％となると考えられる（3編3章❹－1－⑶参照）。

りんご社はドル建てで資金調達を行いたいが、円建て市場の方がより低い金利で借りることができるために、円にて資金調達を行い、通貨スワップ契約を締結して円をドルに交換したいと考えている。りんご社が円建てにて調達を行うと、年利1.0％の金利で調達することができる。その後速やかに、三井住友トラスト・ホールディングスとりんご社は、通貨スワップ契約を結ぶ。この契約は、りんご社が三井住友トラスト・ホールディングスから円固定金利を1.0％で受け取り、ドル固定金利を1.5％支払う契約である。つまり、りんご社にはUSD20百万が三井住友トラスト・ホールディングスより支払われ、その代わりにりんご社から日本円で調達した20億円が三井住友トラスト・ホールディングスに支払われる。この結果、りんご社は、年率1.0％の円建てローンを年率1.5％のドル建てローンに変更することができる。本来ドル市場で調達を行った場合は年率2.0％を支払わなければならないが、通貨スワップ契約により、0.5％低い金利での調達に成功している。

また、みかん社も同様にドル建てにて年率2.2％で資金調達を行い、三井住友トラスト・ホールディングスと通貨スワップ契約を結んだ。この時のスワップ契約はみかん社が三井住友トラスト・ホールディングスからドル固定金利を2.2％で受け取り、円固定金利を1.8％支払う契約である。こうすることによって、みかん社には20億円が三井住友トラスト・ホールディングスより支払われ、その代わりにみかん社からドルで調達したUSD20百万が三井住友トラスト・ホールディングスに支払われる。この結果、みかん社は、年率2.2％のドル建てローンを年率1.8％円建てローンに変更することを意味する。本来円市場で調達を行うと年率2.0％を支払わなければならないが、この場合0.2％低い金利での調達に成功している。

金融機関である三井住友トラスト・ホールディングスの立場で見てみる。三井住友トラスト・ホールディングスは円建てキャッシュフローにおいて、0.8％の利ざやを稼ぐことができる。ドル建てキャッシュフローでは、0.7％の損失となっているため、合計では0.1％の儲けとなっている。この結果、すべての関係者の利得は、＋0.5％（りんご社）＋0.2％（みかん社）＋0.1％（三井住友トラスト・ホールディングス）＝ 0.8％となっており、前述の予想と一致している。ただし、三井住友トラスト・ホールディングスは為替リスクを負っているため、為替リスクを相殺するためには、スワップ期間分だけドル円先渡契約を結ぶ必要がある。

⑵ 通貨スワップ評価方法

金利スワップ同様、固定対固定通貨スワップは、２種類の債券として評価するか、もしくは、先渡契約ポートフォリオとみなして評価するかの２とおりの評価方法がある。

(i)債券として評価方法

まずは、ここで説明に使用する記号の定義を行っておく。

V_{swap}：USD を受け取り、AUD を支払うドル建て通貨スワップの価値

B_F ：AUD 建てキャッシュフローと同様のキャッシュフローを持つ債券の価値

B_D ：USD 建てキャッシュフローと同様のキャッシュフローを持つ債券の価値

S_D ：USD と AUD のスポット為替レート

通貨スワップの価値は、次のように表すことができる。

$$V_{swap}=B_D-S_DB_F$$

上記式から、スワップ価値は２つの通貨間の OIS 金利、金利の期間構造、スポット為替レートによって決定されることがわかる。

【 例 】

OIS/Swap 金利の期間構造が日本、米国ともにフラットであると仮定する。円金利は年率1.0％（連続複利）であり、米国金利は、年率3.0％（連続複利）である。三井住友トラスト・ホールディングスはある企業からの注文を受けて、JPY で年率1.1％を受け取り、USD で2.0％支払う通貨スワップを数ヵ月前に締結した。元本金額は円が1,200百万円、USD が USD10百万、スワップ契約の残存期間は３年となっている。現在の為替レートは、１ドル＝100円である。では、当通貨スワップ契約の価値を計算してみよう。

■図表３－３－22　通貨スワップ契約の価値の計算（債券としての評価）

時　間	USD 建て債券 CF	現在価値 (USD)	円建て債券 CF	現在価値 (JPY)
1	0.2	0.19	13.2	13.07
2	0.2	0.19	13.2	12.94
3	0.2	0.18	13.2	12.81
3	10.0	9.14	1,200	1,164.53
合　計		9.70		1,203.35

2列目は、USD建て債券のキャッシュフローを表している。1、2年目は元本金額USD10百万×2.0％＝USD0.2百万のキャッシュフローが発生する。3年目はUSD0.2百万に元本金額USD10百万を合わせた、USD10.2百万のキャッシュフローが発生する。

3列目は、割引率3％（米国金利）を使用した各キャッシュフローの割引現在価値を表している。たとえば、1年目のキャッシュフローは、USD0.2百万×$e^{-0.03\times1}$＝USD0.19百万となる。

4列目は、円建て債券のキャッシュフローを表している。1、2年目は元本金額1,200百万円×1.1％＝13.2百万円のキャッシュフローが発生する。3年目は、13.2百万円に元本金額1,200百万円を合わせた、1,213.2百万円のキャッシュフローが発生する。

5列目は、割引率1％（円金利）を使用した各キャッシュフローの割引現在価値を表している。たとえば、1年目のキャッシュフローは、13.2百万円×$e^{-0.01\times1}$＝13.07百万円となる。

各記号について次のように定めると、

B_F：USD建てキャッシュフローと同様のキャッシュフローを持つ債券の価値

B_D：JPY建てキャッシュフローと同様のキャッシュフローを持つ債券の価値

S_D：USDとJPYのスポット為替レート

B_Dは5列目の合計となり、B_D＝1,203.35、B_Fは3列目の合計となるから、B_F＝9.7百万円となる。S_D＝100であるので、通貨スワップ価値の公式$V_{swap}=B_D-S_DB_F$に従うと、1,203.35－100×9.7＝233.35百万円とスワップ価値が導きだせる。

(ii)先渡契約のポートフォリオとしての評価

固定対固定通貨スワップにおける各支払い交換に使用する将来為替

レートは、先渡為替レートが実現したものと仮定して評価を行う。

【例】

OIS/Swap 金利の期間構造が日本、米国ともにフラットであると仮定する。円金利は年率１％（連続複利）であり、米国金利は年率３％（連続複利）である。三井住友トラスト・ホールディングスはある企業からの注文を受けて、JPY で年率1.1％を受け取り、USD で２％支払う通貨スワップを数ヵ月前に締結した。元本金額は円が1,200百万円、USD が USD10百万、スワップ契約の残存期間は３年となっている。現在の為替レートは、１ドル＝100円である。では、先渡契約のポートフォリオとして通貨スワップ価値を計算してみる。

三井住友トラスト・ホールディングスは毎年２％×10＝USD0.2百万を支払い、1,200×1.1％＝13.2百万円を受け取る。３年後の契約終了時には USD 元本である USD10百万を支払い、1,200百万円を受け取る。この部分は、「図表３－３－23」の２、３列目に記載されている。

４列目のフォワード為替レートであるが、現在の為替スポットは１ドル＝100円（１円＝0.01ドル）、ドル金利：３％、円金利１％となるため、１年後先渡為替レートは次のように計算される。

$$0.01e^{(0.03-0.01)\times 1}=0.01020$$

２年、３年後先渡為替レートも同様に計算することができる。

スワップを形成している先渡契約は、先渡為替レートが実現したものと仮定して価値が計算される。もしも、１年後先渡為替レートが実現した場合、１年後の円キャッシュフローの USD 価値は、13.2×0.01020＝0.1347百万ドルとなる（「図表３－３－23」５列目に記載）。そして、１年後の純キャッシュフローは0.1347－0.2＝－0.0653（「図表３－３－23」６列目に記載）となる。次に、現在価値を計算すると、$-0.0653e^{-0.03\times 1}$

■図表３－３－23　通貨スワップ契約の価値の計算（先渡契約のポートフォリオとしての評価）

時間（年）	USD CF	JPF CF	フォワード為替レート	JPF CF USD価値	USD 純 CF	USD 現在価値
1	−0.2	13.2	0.01020	0.1347	−0.0653	−0.0634
2	−0.2	13.2	0.01041	0.1374	−0.0626	−0.0590
3	−0.2	13.2	0.01062	0.1402	−0.0598	−0.0547
3	−10.0	1200	0.01062	12.7420	2.7420	2.5060
合　計						2.3290

＝USD －0.0634百万となる。これは、１年後のキャッシュフローの交換に対応するフォワード契約の価値となる（「図表３－３－23」７列目に記載）。他のフォワード契約の価値も同様に計算し、その結果を足し上げることで、通貨スワップの価値USD2.3290百万を求めることができる。なお、円建て価値はUSD2.3290×100＝232.90百万円となり、債券とみなして通貨スワップ価値を見出した計算結果と一致することがわかる。

３　信用リスク

スワップを契約する際は、信用リスクについて考えなくてはいけない。スワップとは、２社間で契約するものである。前述では、三井住友トラスト・ホールディングスがりんご社とみかん社の間に入り、スワップ契約を取りまとめていた。ここで問題となってくるのが、契約相手が倒産した場合である。仮に、りんご社とみかん社が同タイミングで倒産をした場合、三井住友トラスト・ホールディングス（金融機関）への影響は、完全に相殺されるためゼロとなる。しかし、仮にどちらかが倒産した場合は、金融機関は、取引の相手方として、契約を履行しなくてはならない。

具体的な例を見てみるとしよう。金融機関がりんご社、みかん社とそれぞれスワップ契約を結んでいる。ある日、金融機関はりんご社が倒産した

■図表３－３－21　りんご社とみかん社の三井住友トラスト・ホールディングスとの通貨スワップ（再掲）

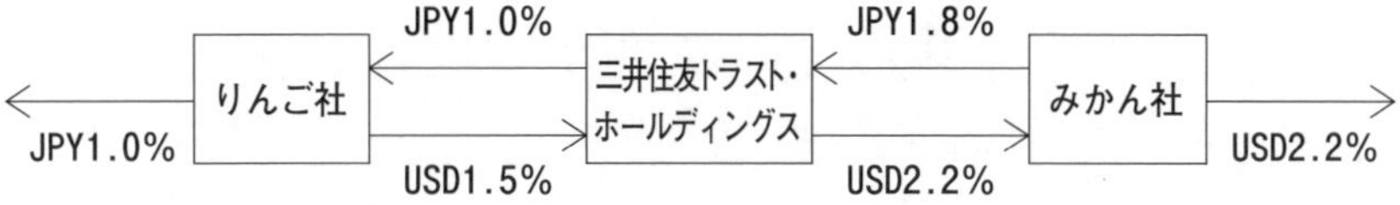

ことを知った。倒産前において、りんご社とのスワップ価値は正であり、みかん社とのスワップ価値は負であった。この場合は、りんご社倒産後には、りんご社との間で契約締結していたスワップ価値はゼロとなり、みかん社との契約のみが残ることになる。金融機関はみかん社とのスワップ契約に関する市場変動リスクを回避するためには、りんご社との契約を引き継ぎたい企業を探してこなければならない。

では、りんご社とのスワップ契約が負の価値を持つ場合はどうなるであろうか。理論的には、りんご社の倒産により、金融機関は利益を計上することになる。りんご社との負の価値を持つスワップ契約がりんご社の倒産後にはなくなるということは、金融機関から債務が消滅することを意味するからである。ただし、実務的には、りんご社は倒産前には、少しでも正の価値を持つ資産を売却しようとするはずであり、りんご社倒産時までにスワップ契約が残存していることは極めて少ない。

ここで、重要なことは、スワップ契約が正の価値を持つときのみ、金融機関は相手先に対してデフォルトリスクを持っているということであり、スワップ契約が負の価値を持つ時は、金融機関に対しては影響がないということである。

スワップ契約における相手先の倒産による損失は、スワップ額面契約と同額のローン貸出先の倒産より生じる損失よりもかなり少ないものとなる。これは、スワップの価値は、ローン全体の価値に比べればほんの一部でしかないためである。また、通貨スワップの相手先破綻による潜在的損失は、金利スワップのそれよりも大きい。これは、2つの異なる通貨の元本は、通貨スワップではスワップ契約時に交換されるため、通貨スワップは金利スワップよりもデフォルト時にはより大きい価値に対する債務を負っていることになるからである。

ここまで見てきたように、スワップ契約には、信用リスクと市場リスクを内包している。市場リスクは金融機関にとってスワップ価値が負の方向へ為替レートや金利が傾くリスクである。市場リスクをヘッジすることは金融機関にとっては比較的容易であるが、信用リスクについてヘッジすることは一般的には容易ではない。

第４編

資金調達・運用

第1章 短期金融市場

1 短期金融市場とは

短期金融市場は、一般的には期間1年以内の短期の金融取引が行われる市場のことであり、「マネーマーケット」とも呼ばれる。また短期金融市場は、日本銀行による金融調節の場としての機能も備えており、資金需給の過不足の調節等により後述の金融政策を実現している。

2 日本銀行の金融政策

1　政策委員会

日本銀行は、日本銀行法1条、2条に基づき、わが国の中央銀行として「物価の安定」を図ることを通じて国民経済の健全な発展に資するという役割を担っている。日本銀行はこの役割を達成するために通貨および金融の調節を行うとされている。

金融政策とは、日本銀行が国債の売買などによる公開市場操作（オペレーション）などの手段を用いて、金融市場を通じて資金の量や金利に影響を及ぼし、通貨および金融の調節を行うことである。

金融政策の基本方針は、日本銀行政策委員会で決定される。金融政策を決定する政策委員会の会合は「金融政策決定会合」と呼ばれ、年に８回、２日間かけて集中審議が行われている。

金融政策決定会合では、金融経済情勢の調査・分析に加え、金融政策に係る調査・分析・企画・検討を行い、そのもとで適切な金融市場調節方針を決定している。また、日本銀行はその判断のもととなった金融経済や物価情勢に関する見通しを「経済・物価情勢の展望（展望リポート）」として四半期毎に決定し、通常は１月、４月、７月、10月の金融政策決定会合後に公表している。

2　公開市場操作（オペレーション）について

日本銀行が行う公開市場操作については次の「図表４－１－１」のとおりである。現在では銀行券の発行・還収（銀行券要因）や金融機関と政府の間の財政資金の受払い（財政要因）によって生じる資金過不足を調整するだけではなく、金融市場の円滑な機能の維持および安定性の確保を目的としたオペレーションも導入されており、その目的に応じてオペレーションを使い分けている。

なお、各種オペレーションの適格担保として、資産担保CPの適格要件緩和（2008年10月）、不動産投資法人債の適格化（2009年１月）、米国債、英国債、ドイツ国債、フランス国債の適格化（2009年５月）、外貨建て証書貸付債権の適格化や住宅ローン債権を信託等の手法を用いて一括して担保として受け入れることを可能とする制度の導入（2015年12月）など、適格担保についても様々な措置を講じてきている。

■図表４－１－１　日本銀行のオペレーション

オペレーション等一覧	期間	担保や対象等
共通担保オペ	10年以内	日銀適格担保（国債、地方債、短期社債、証書貸付債権、外国政府債　等）
国債現先オペ	買現先：１年以内 売現先：６ヵ月以内	利付国債および国庫短期証券
国庫短期証券売買オペ	—	国庫短期証券
CP 買現先オペ	3ヵ月以内	担保として適格と認める CP、短期社債、保証付短期外債、政府保証付短期債券、資産担保短期債券および短期不動産投資法人債
国債買入れ	—	利付国債
手形売出オペ	3ヵ月以内	日銀が自己を受取人および支払人として振出・引き受を完了した為替手形で、満期日が売出日の翌日から起算して3ヵ月以内に到来するもの
国債補完供給	O/N	利付国債および国庫短期証券
コマーシャル・ペーパーおよび社債等買入れ	—	CP 等および社債等
指数連動型上場投資信託受益権等買入等	—	指数連動型上場投資信託受益権等
米ドル資金供給オペ	3ヵ月以内	日銀適格担保（国債、地方債、短期社債、証書貸付債権、外国政府債　等）
米ドルオペ用担保国債供給		利付国債または国庫短期証券
カナダドル資金供給オペ	3ヵ月以内	日銀適格担保（国債、地方債、短期社債、証書貸付債権、外国政府債　等）
英ポンド資金供給オペ	3ヵ月以内	日銀適格担保（国債、地方債、短期社債、証書貸付債権、外国政府債　等）
ユーロ資金供給オペ	3ヵ月以内	日銀適格担保（国債、地方債、短期社債、証書貸付債権、外国政府債　等）
スイスフラン資金供給オペ	3ヵ月以内	日銀適格担保（国債、地方債、短期社債、証書貸付債権、外国政府債　等）
被災地金融機関を支援するための資金供給オペ	２年以内	日銀適格担保（国債、地方債、短期社債、証書貸付債権、外国政府債　等）
気候変動対応を支援するための資金供給オペ	原則１年（延長可）	日銀適格担保（国債、地方債、短期社債、証書貸付債権、外国政府債　等）

（出所）　日本銀行 HP より三井住友信託銀行作成

3 近年の日本銀行の金融政策とオペレーション内容

(1) 「量的・質的金融緩和」の導入（2013年4月4日）とその拡大（2014年10月31日）

日本銀行は金融政策決定会合において、2年ほどの期間を念頭に置き、消費者物価の前年比上昇率2％の「物価安定目標」をできるだけ迅速に実現することを目指し、「量的・質的金融緩和」を導入した。金融市場調節の操作目標を、無担保コールレート（翌日物）からマネタリーベースに変更し、マネタリーベースが、当初年間60～70兆円、2014年の拡大措置以降80兆円に相当するペースで増加するよう金融市場調節を行うとした。具体的な決定内容は以下のとおり。

①イールドカーブ全体の金利低下を促す観点から、長期国債の保有残高が年間約50兆円に相当するペースで増加するよう買入れを行う。

②長期国債の買入れ対象を40年債を含む全ゾーンの国債としたうえで、買入れの平均残存年限を長期化。

③ ETF および J-REIT の資産買入対象・金額の拡大

(2) 「マイナス金利付き量的・質的金融緩和」の導入（2016年1月29日）

日本銀行は金融政策決定会合において、「マイナス金利付き量的・質的金融緩和」の導入を決定した。本政策により、金融機関が保有する日本銀行当座預金が3段階の階層構造に分割され、一部の階層（政策金利残高）に対して▲0.1％のマイナス金利が適用されることとなった（準備預金については4編1章❷－4を参照）。

(3) 「長短金利操作付き量的・質的金融緩和」の導入（2016年9月21日）

日本銀行は金融政策決定会合において、2％の「物価安定の目標」を早期に実現するため、「長短金利操作付き量的・質的金融緩和」を導入した。具体的には、長短金利の操作を行う「イールドカーブ・コントロー

■図表４－１－２　近年の日本銀行の主な金融政策とオペレーション内容

時　期	決定事項	主な内容
2013年４月４日	「量的・質的金融緩和」の導入	・消費者物価の前年比上昇率２％の「物価安定の目標」の実現を目指す ・金融市場調節の主たる操作目標は、無担保コールレートからマネタリーベースへ変更 ・長期国債、ETF、J-REIT の買入れ拡大等
2014年10月31日	「量的・質的金融緩和」の拡大	・マネタリーベース増加額を年間80兆円まで拡大 ・長期国債買入れの平均残存年限の長期化
2016年１月29日	「マイナス金利付き量的・質的金融緩和」の導入	・マイナス金利の導入（日本銀行当座預金を３段階の階層構造に分割）
2016年７月29日	金融緩和の強化	・ETF 買入れ額の増額 ・成長支援資金供給、米ドル特則の拡大 ・米ドル資金供給オペの担保となる国債の貸付け制度の新設
2016年９月21日	「長短金利操作付き量的・質的金融緩和」の導入	・イールドカーブ・コントロールの導入 ・オーバーシュート型コミットメント
2018年７月31日	強力な金融緩和継続のための枠組み強化	・政策金利のフォワードガイダンスの導入 ・資産買入方針の見直し ・政策金利残高の見直し ・ETF 銘柄別買入額の見直し
2019年４月25日	強力な金融緩和の政策運営方針の明確化	・政策金利のフォワードガイダンスの明確化 ・強力な金融緩和の継続に資する措置の実施
2020年３月16日	新型感染症拡大の影響を踏まえた金融緩和の強化	・新型コロナウイルス感染症にかかる企業金融支援特別オペの導入 ・米ドル資金の貸付金利を0.25% 引き下げ ・CP・社債等買入れの増額
2020年４月27日	新型コロナウイルス感染症の影響に対する金融緩和の拡充	・CP・社債等の追加買入れ枠の大幅な拡大 ・新型コロナ対応金融支援特別オペの拡充
2021年３月19日	より効果的で持続的な金融緩和について	・貸出促進付利制度の創設 ・長期金利の変動幅についての明確化
2022年12月20日	長期金利の変動幅拡大	・長期金利の変動幅を「±0.5% 程度」に拡大 ・国債買入れ額の増額
2023年７月28日	長短金利操作柔軟化	・長期金利の変動幅は「±0.5%程度」目途に変更 ・10年指値オペの水準を1.0%に変更
2023年10月31日	長短金利操作再柔軟化	・長期金利の上限は「1.0%」目途に変更 ・指値オペを実勢水準で行う

2024年３月19日	マイナス金利政策および「長短金利操作付き量的・質的金融緩和」の撤廃	・金融市場調節目標を無担保コールレート（オーバーナイト物を０～0.1%程度）に変更 ・イールドカーブ・コントロールの撤廃

（出所）日本銀行ホームページより三井住友信託銀行作成

ル」と、消費者物価上昇率の実績値が安定的に２％の「物価安定の目標」を超えるまで、マネタリーベースの拡大方針を継続する「オーバーシュート型コミットメント」が新たな枠組みとして導入された。

①イールドカーブ・コントロール

短期金利は政策金利残高に▲0.1％のマイナス金利を適用することを維持。長期金利は、10年物国債金利が概ね０％程度で推移するよう、長期国債の買入れを行う。買入れペースは従前どおり保有残高の増加額年間約80兆円とし、買入対象における平均残存期間の定めは廃止。また、長短金利操作を円滑に行うため、日本銀行が指定する利回りによる国債買入れ（指値オペ）を導入したほか、固定金利の資金供給オペレーションを行うことができる期間を10年に延長した。

②オーバーシュート型コミットメント

従前の政策では「２％の物価安定の目標の実現を目指し、これを安定的に持続するために必要な時点まで継続する」としていたが、「消費者物価指数（除く生鮮食品）の前年比上昇率の実績値が安定的に２％を超えるまで、拡大方針を継続する」という政策へ枠組みを変更。

⑷　強力な金融緩和継続のための枠組み強化（2018年７月31日）

日本銀行は金融政策決定会合において、強力な金融緩和を粘り強く続けていく観点から、フォワードガイダンスの導入と「長短金利操作付き量的・質的金融緩和」の持続性を強化する措置を決定した。具体的な決定内容は以下のとおり。

①「政策金利のフォワードガイダンス」の導入

■図表４－１－３　マネタリーベース推移（2012年12月～）

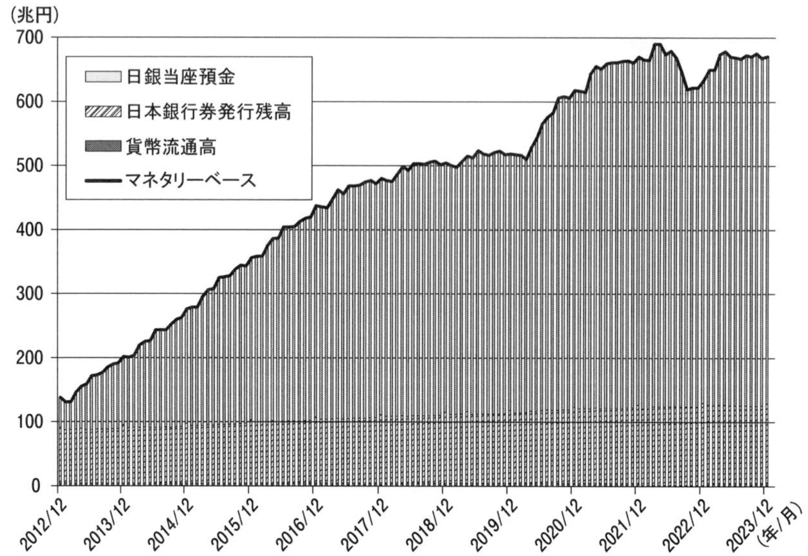

（出所）　日本銀行データより三井住友信託銀行作成

「2019年10月に予定されている消費税率引き上げの影響を含めた経済・物価の不確実性を踏まえ、当分の間、現在のきわめて低い長短金利の水準を維持することを想定している」ことを公表。

②「長短金利操作付き量的・質的金融緩和」の持続性の強化

長期国債買入に際し、「金利は、経済・物価情勢等に応じて上下にある程度変動しうるもの」と枠組みを強化。また、長期国債以外の資産（ETF およびJ-REIT）買入に際しても、「資産価格のプレミアムへの働きかけを適切に行う観点から、市場の状況に応じて、買入額は上下に変動しうるもの」と枠組みを強化。

(5)　新型感染症拡大の影響を踏まえた金融緩和の強化（2020年３月16日）とその拡充（2020年４月27日）

日本銀行は金融政策決定会合において、新型コロナウイルス感染症が拡大する情勢を踏まえ、金融市場の安定を維持し、企業の信頼感や消費者心理の悪化を防止するための措置を導入した。具体的な決定内容は以下のとおり。

①国債買入れや米ドル資金供給オペを含む一層潤沢な資金供給の実施

積極的な国債買入れによる円資金の供給を実施する。米ドル資金については、貸付金利を0.25％引き下げるとともに、これまでの１週間物に加え、３ヵ月物を週次で実施する。

②新たなオペレーションの導入を含めた企業金融支援のための措置

(i)新型コロナウイルス感染症に係る企業金融支援特別オペの導入と拡充

2020年３月16日に、民間企業債務を担保に、最長１年の資金を金利０％で供給する新たなオペレーションを導入した。当該オペの利用により、被災地金融機関支援オペと同様に、オペ利用残高の２倍の金額がマクロ加算残高（４編１章❷－４参照）に加算される。

また、2020年４月27日には、当該オペ利用のさらなる促進のため、対象担保を住宅ローンを含めた民間債務全般へと拡大し、オペ利用残高に相当する当座預金に対して＋0.1％の付利を実施する等の拡充措置を施した。

(ii) CP・社債等買入れの増額

2020年３月16日に、CP・社債等の追加買入枠を設定し、合計約20兆円の残高を上限に買入れを実施することを決定した。2020年４月27日には、CP・社債等の発行体毎の買入限度額の引上げと、買入対象とする社債等の残存期間が５年まで延長された。

(iii) ETF・J-REIT の買入れ

当面はそれぞれ年間約12兆円、約1,800億円に相当する残高増加ペースを買入れの上限に設定した。

なお、2021年12月17日の金融政策決定会合において、中小企業等の資金繰り支援を対象としたプログラムに限り2022年９月30日まで延長し、その他については2022年３月31日での終了を決定した。その後、2022年９月22日の金融政策決定会合にて、前述のプログラムのうち制度融資分を2022年12月末、プロパー融資分を2023年３月末まで再延長し、それぞれ同期日を以て終了した。すべての新型コロナウイルス感染症対応金融支援特別オペが期日を迎えた2023年６月30日に同オペは廃止となった。

(6) より効果的で持続的な金融緩和について（2021年３月19日）

日本銀行は金融政策決定会合において、２％の物価安定の目標を実現するため、機動的かつ効果的な経済・物価・金融情勢の変化への対応が重要と判断し、以下の対応を行うこととした。

①貸出促進付利制度の創設

金利引下げ時の金融機関収益への悪影響を当該金融機関の貸出状況に応じて一定程度和らげる仕組みを導入。具体的には、日本銀行が金融機関の貸出を促進する観点から行っている各種資金供給について、その残高に応じて短期金利と連動する一定の金利を付与する制度を創設。

■図表４－１－４

	付利金利	対象となる資金供給
カテゴリーⅠ	カテゴリーⅡより高い金利	該当なし
カテゴリーⅡ	短期政策金利の絶対値	
カテゴリーⅢ	カテゴリーⅡより低い金利	貸出支援基金・被災地オペ等

②長期金利の変動幅についての明確化

2018年７月の「強力な金融緩和継続のための枠組み強化」において、長期金利については「それまでの概ね0.1％の幅から上下にその倍程度変動しうる」としていたものを、上下に±0.25％程度と明確化した。同時に、必要な場合に強力に金利の上限を画すため、「連続指値オペ制度」

を導入。

③ ETF・J-REITの買入れ

新型コロナウイルス感染症の影響への対応のための臨時措置として決定したそれぞれの年間増加ペースの上限を感染症収束後も継続することとし、必要に応じて買入れを行う。

⑺ 長期金利の変動幅拡大（2022年12月20日）

2021年３月19日の「より効果的で持続的な金融緩和について」で、長期金利の変動幅を「±0.25%程度」としていたが、特に10年債の価格形成が歪むなど市場機能が低下。そのため市場機能を回復させることを企図しつつ、同時に金融緩和の出口に向けた変更でなく、金融緩和の持続性強化であることを示すため、以下の対応を行うこととした。

①長期金利の変動幅を「±0.5%程度」に拡大

②国債買入額を増額し、状況に応じて機動的に各年限で、更なる増額や指値オペを実施

⑻ 長短金利操作運用の柔軟化（2023年７月28日）

経済・物価動向の不確実性に鑑み、長短金利操作の運用を柔軟化し上下双方向のリスクに機動的に対応することで、金融緩和の持続性を高めるとし、長短金利操作運用の柔軟化として以下の変更を加えた。

①長期金利の変動幅は「±0.5%程度」を目途とする

②10年物国債指値オペの水準を1.0%に引き上げ

⑼ 長短金利操作運用の再柔軟化（2023年10月31日）

粘り強く金融緩和を継続する方針の下、長短金利操作の運用のさらなる柔軟化として以下の変更を加えた。

①長期金利の上限は「1.0%」を目途とする

②指値オペの水準を「実勢を踏まえて、適宜決定」とする

⑽　マイナス金利政策、イールドカーブ・コントロールの撤廃（2024年３月19日）

物価安定目標の持続的・安定的な実現が見通せる状況に至ったとし、以下の金融政策変更を行った。

①マイナス金利政策の撤廃

金融市場調節目標を無担保コールレート・オーバーナイト物（翌日物）とし、誘導水準「０～0.1％程度」に変更。

②イールドカーブ・コントロール撤廃

③一部買入オペの終了

ＥＴＦ・Ｊ－ＲＥＩＴの買入を終了し、ＣＰ等および社債等買入は１年後をめどに終了。

４　準備預金制度

準備預金制度とは、金融機関に対し、受け入れている預金等の一定比率（これを預金準備率と呼ぶ）以上の金額について、日本銀行に預け入れることを義務付ける制度である。預け入れなければいけない最低金額を「法定準備預金額」あるいは「所要準備額」という。準備預金制度は、1957年に施行された「準備預金制度に関する法律」により、金融政策の手段の１つとして導入されているものである。

銀行、信用金庫（預金残高1,600億円超の信用金庫のみ）、農林中央金庫が準備預金制度の対象となる。

2016年１月29日の金融政策決定会合で「マイナス金利付き量的・質的金融緩和」が導入され、各金融機関の準備預金は３つの階層に分割された。各階層の主な内容は、以下のとおりである。

⑴　基礎残高（付利＋0.1％）

従前の「量的・質的金融緩和」のもとで各金融機関が積み上げた既往の

■図表４－１－５　日銀当座預金の３階層

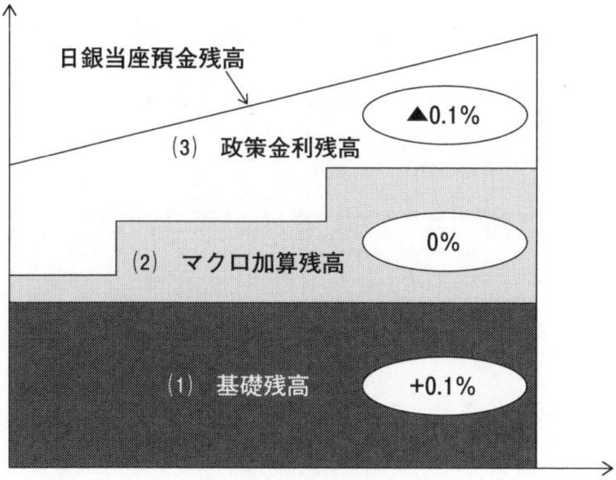

（出所）　日本銀行ホームページより三井住友信託銀行作成

残高については、従来の取扱いが維持される。具体的には各金融機関の日本銀行当座預金残高のうち、2015年１月～12月積み期間（基準期間）における平均残高までの部分が、既往の残高に対応する部分として、＋0.1％の適用となる。

⑵　マクロ加算残高（付利０％）※2024年３月21日～４月15日は0.1％

以下の合計額には、０％が適用される。

①所要準備額に相当する残高

②基礎残高に一定比率を乗じた金額

③貸出支援基金、被災地金融機関を支援するための資金供給オペ、気候変動対応を支援するための資金供給オペに基づく借入平均残高

④③のうち、2016年３月末における借入残高を上回る金額に一定比率を乗じた金額

⑤MRF（Money Reserve Fund）の受託残高（基準期間の残高を上限とする）

⑥2016年２月16日を起算日とする積み期から2019年12月16日を起算日とする積み期における当座預金平均残高から④を控除した金額のうち、

基礎残高の3倍の金額を上回る金額に3分の1を乗じた金額

なお、②から④までの合計金額が当座預金残高から基礎残高を控除した金額を大きく上回っていると日本銀行が認める場合、日本銀行の定めた金額がマクロ加算残高から控除される。

⑶ 政策金利残高（付利▲0.1%）※2024年3月21日～4月15日は0.1%

各金融機関の当座預金残高のうち、⑴と⑵を上回る残高。

なお、この3階層構造は2024年3月19日の金融政策決定会合にてマイナス金利政策が解除されたことに伴い、2024年3月積期（同年3月16日～4月15日）を最後に撤廃されることとなった。

撤廃後は所要準備額を除くすべての日銀当座預金に0.1%の付利がされる構造に変更されている。

3 短期金融市場の概要

短期金融市場は、参加者の範囲によってインターバンク市場とオープン市場の2つに大別される。

1 インターバンク市場とは

インターバンク市場の主な市場はコール市場、手形市場である。参加者は金融機関に限定されており、金融機関が相互に短期的な資金の過不足を調整するための取引が行われている。

⑴ コール・手形市場の仕組み

コール・手形市場は、金融機関同士による資金過不足の調節が行われる市場であり、参加者は、銀行・証券会社等の金融機関に限定されている。また、無担保コールレート（オーバーナイト物）金利は、様々な円金利を見るうえで指標となるものである。

■図表４－１－６　短期金融市場

- 短期金融市場
  - インターバンク市場
    - コール市場
    - 手形市場
  - オープン市場
    - CD（譲渡性預金）市場
    - CP（短期社債）市場
    - TDB（国庫短期証券）市場
    - 債券現先市場
    - 債券レポ市場

（出所）　セントラル短資ホームページより三井住友信託銀行作成

コール市場においては、前述のような資金過不足の調整以外にも、他の市場との金利裁定取引も含めた大口資金の運用・調達を容易かつ迅速、確実に行うことができる。

コール市場には、有担保、無担保の区分があり、有担保コールは日銀適格担保のもとに行われる取引であり、無担保コールはそれらを必要としない取引である。本来、コール市場は取引の安全性を図るため、有担保取引が原則であったが、短期金融市場の拡大とともに、ユーロ円市場での無担保資金取引が活発となるに至り、国内外市場との整合性、金利裁定を円滑にする目的から、無担保コール取引が導入された。短期金融市場改革により現在では、有担保・無担保コール取引は、オーバーナイト物から１年物までの取引が可能となっている。

なお、レートの刻みは、１／100（0.01％）および１／32（0.03125％）刻みの併用が原則であるが、マーケット環境に応じて１／1,000（0.001％）刻みも使用されており、現在の金融環境下では、取引はほぼ１／1,000（0.001％）刻みで行われている。

コール市場における取引は、従来、短資会社が独占的に介在し、市場参加者と直接の取引相手になったり（ディーリング方式）、あるいは市場参加者間の仲介を行っていたが（ブローキング方式）、各種規制が取り払わ

■図表４－１－７　短期金融市場の残高推移（年末残高）

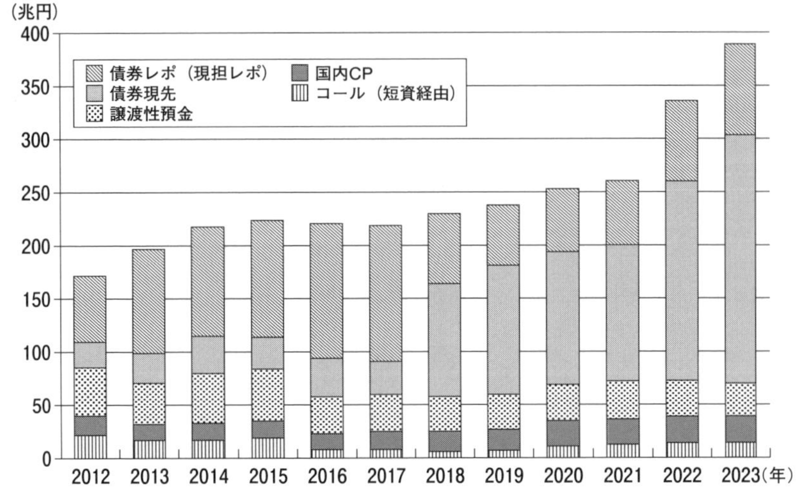

（出所）　日本証券業協会、日本銀行、証券保管振替機構、上田八木短資公表データより三井住友信託銀行作成

れ、現在では市場参加者間でのダイレクト取引も多くなっている。

なお、手形売買市場は、印紙税のコストを避けるため、企業が商業手形発行残高を減少させたのに伴い、金融機関同士の取引（プロパー取引）は、ほとんど見られなくなっている。

⑵　コール・手形市場レートの形成

コールレート水準は、資金需給、季節性、日本銀行の金融調節の影響を受ける。金融機関が日々の資金繰りを行ううえで最も短期の資金調節である無担保コールレート（オーバーナイト物）金利は、金融政策の変更のほか、日々の資金需給により変動する。

金融市場での日々の資金過不足は、銀行券の増減と財政の受払いにより決まる。また、月々の需給には季節性がある。３・９月決算の法人税納入とボーナス用現金需要の高まる６月と12月は、年間で最大の不足月となっているため、こうした時期には、期間が長めのレートよりも短めのレートのほうが高いという、いわゆる「逆イールド」が起こることもある。

また、金融機関は、準備預金制度のもとで一定額の準備預金の積上げを義務付けられており、準備預金の積立残高が所要残高に対して不足すれば、コール市場から調達しようとするためにレート上昇の要因となり、逆に残高が超過すれば、レート低下要因となる。

2　オープン市場とは

オープン市場の主な市場は、債券現先市場、債券レポ市場、CD市場、CP市場、TDB市場である。オープン市場は金融機関のほか、事業法人・公共法人等の企業も自由に参加することができ、資金の運用・調整が活発に行われている。

(1)　債券現先市場とは何か

(i)現先取引の仕組み

現先取引とは、有価証券などを売買する場合に、一定期間後に一定価

■図表４－１－８　委託現先の仕組み

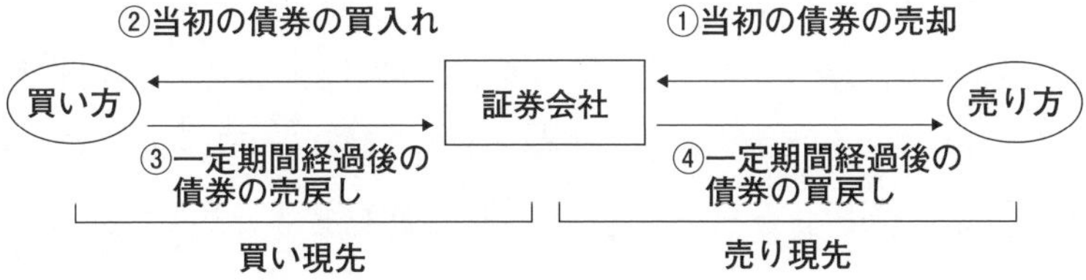

■図表４－１－９　自己現先の仕組み

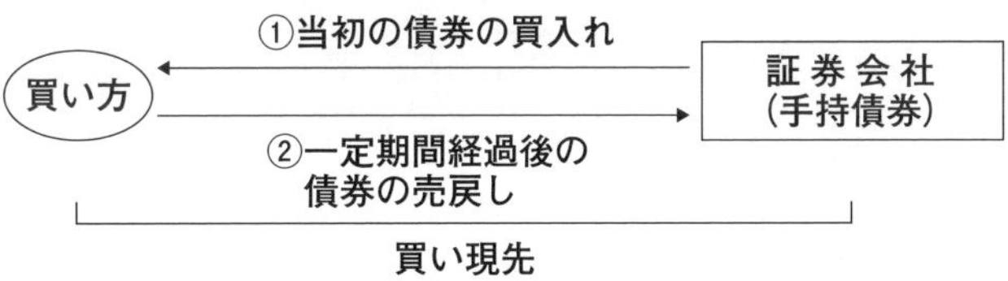

(出所)　日本経済新聞社『短期金融市場』

格で買い戻す（あるいは売り戻す）ことを条件に行う取引で、現物売り・先物買い（現物買い・先物売り）という意味から現先取引と呼ばれている。

債券現先を例にとると、手持ちの債券を売却することにより資金を調達し、一定期間後に当該債券を買い戻すことにより資金を返済する取引を「売り現先」、逆に債券を買い入れることにより資金を提供し、一定期間後に当該債券を売り戻すことにより資金を回収する取引を「買い現先」と呼んでいる。

現先取引は、委託現先と自己現先に分かれている。委託現先は、債券保有者が一時的に資金不足に陥るときに、金額、期間、レートを業者と相談し、業者は資金運用先である投資家と交渉して、出合いをつけることになる。自己現先は、証券会社などの業者が自分で保有する債券を、売り方として取引するものである。

証券会社は、手続き面や時間的な面で機動的に対応できることから、自己現先を積極的に行っている。

(ii)現先取引のルール

売買取引が完全に履行されるように、所定の契約書を当事者間で交換し、保管しなければならない。また、対象有価証券としては、ほとんどの国内債（TDBなど）および同等の性質を有する外国債のほかにCD、CPなどである。

取引は、市場実勢と大幅に乖離せず、合理的な方法で算出された適正な価格で行う。取引資格も上場会社またはこれに準ずる法人に限られ、個人の参加は認められていない。

2001年4月、より健全でリスクの少ないグローバル・スタンダードに合致した現先市場を目指すため、現先取引の基本ルールである日本証券業協会理事会決議「債券等の条件付売買取引の取扱いについて」が改正された。

この改正による大きな変更点としては、債務不履行時に一括清算が可能となったこと、取引に関わるリスク・コントロール条項として、ヘアカット（売買金額算出比率の顧客ごと個別設定）、リプライシング（取引期間中の再評価）、マージンコール（値洗いによる担保金入替）等が導入されたこと、またサブスティテューション（取引期間中の対象債券差替えの権利）が認められるようになったことなどがあげられる。これらの条項は、主に欧米で導入されている売買形式のレポ取引をモデルとしている。

また、この改正の新条項を加味した取引を、それまでの現先取引と区別して「新現先取引」と呼んでいる。「新現先取引」をするにあたっては、当事者間で基本契約書を締結したうえで、個別に取引明細書や合意書を取り交わすこととなる。この「理事会決議」は2002年４月から施行され、それ以降、TDB、CP を対象とする現先取引がすべて新現先方式に移行した。なお、日本銀行も同年11月から新現先方式のオペレーションを導入している。

ⅲ現先レートの形成

現先市場は、限定された市場参加者により構成されるインターバンク市場と異なり、レートはまったく自由で、売買当事者に委ねられている。現先レートを決定する要因は、次のとおりである。

①日本銀行の金融政策、海外金融情勢

②需給関係、投資家動向

③金利裁定、CD・大口定期預金・外貨預金など自由金利商品の動向

④季節要因、資金余剰期と資金不足期のレート格差

ⅳ現先取引の具体例

㈠買い現先

資金運用として、季節的にレートの高くなる３月、６月、９月、12月にスタートする、売り方の戻り玉の多い10日、20日、月末を中心にスタートする、また、金利先高感の強いときに期間を短く、金利低下期待の強いときに長期間の取引を行うなど、工夫すれば有利になる。

金利裁定として、系統金利、各種預貯金との比較で、有利な条件を引き出せる可能性がある。

(イ)売り現先

資金調達のために、買い方の多い時期で、レート水準が低く、金利先高感の見込めるときに、できるかぎり長い期間の現先を行う。

買い現先同様、裁定取引により有利な取引を行える可能性がある。

(2) 債券レポ市場とは何か

債券貸借取引における現金担保の付利制限および担保金の下限に係る制限が廃止されたことに伴い、1996年４月に日本版レポ取引（現金担保付債券貸借取引）がスタートした。債券レポ取引はわずか数年で急拡大したが、その主な要因としては次の３点があげられる。

①従来の無担保による債券貸借取引は信用リスクが非常に高く、市場の拡大に限界があったこと

②債券の受渡しが、従来の「５、10日決済」から、「ローリング決済」へ移行したことに伴い、証券業者の玉繰りの観点から、貸借取引の拡大が必要不可欠であったこと

③日本銀行が金融調整手段として、1997年11月から債券レポオペレーション（資金供給オペレーション）を導入したことに伴い、債券貸借市場が一段と厚みを増したこと

(i)債券レポ取引の仕組み

債券レポ取引は、現金担保による債券貸借という機能と、証券担保による資金の運用・調達という２つの機能を持ちあわせている。取引形態

は、上記の貸借の目的によって、取引をする際にあらかじめ債券の銘柄を特定する「SC 取引」（Special Collateral）と、貸借する債券の銘柄を特定しない「GC 取引」（General Collateral）とに分かれる。また、債券レポには、次のような特徴がある。

①法的解釈として、債券レポ取引が欧米では現先形態に基づく取引であるのに対し、日本では主に証券税制の観点から消費貸借取引として市場が整備された経緯がある（証券の売買に、原則として有価証券取引税が課せられていたため。ただし、1999年４月には有価証券取引税は廃止された）。

②担保金の調整を行うため、値洗い制度がある。現在市場参加者の大半は、マージンコール方式（当初授受されている担保金額との差額を値洗い期間中いつでも取引相手先に請求できる権利をお互いに所有する）を採用している。値洗いを取引実行日の前営業日から取引決済日の前々営業日まで毎日行うことで、債券レポ取引はより信用リスクの少ない取引となっている。

(ii)債券レポ取引のレート形成

債券レポ取引は、債券貸借取引の形態をとっているため、レポレートは「レポレート＝付利金利－貸借料率」になる。レポレートは、GC 取引では、国債を担保とした資金取引であるため、理論上は無担保コールレートよりやや低いレベルに、SC 取引では、個別銘柄の需要によりレートは異なるが、一般的にレポレートに占める貸借料率は、比較的高くなる。

また、個別の需要が非常にタイトになると、付利金利よりも貸借料率が大きくなり、レポレートが大きくマイナスとなる取引が成立することもある。

ⅲ決済に関する市場慣行等について

①フェイル慣行

フェイルとは「債券の受け方が、その渡し方が予定されていた決済日が経過したにもかかわらず、本来受け渡しが合意されていた債券等を受け渡されていないこと」をいう。フェイルの発生を容認することにより、デフォルトを回避できることから、フェイル慣行の定着は債券の流動性が確保され、円滑な決済に資するものとされている。わが国では国債の決済がRTGSに移行した2001年1月に導入されたものの十分に定着していなかったが、2010年にフェイル発生時の事務取扱やフェイルチャージの導入等市場慣行の整備が行われたことで普及が進んだ。

②日本証券クリアリング機構（JSCC）

国債の売買やレポ取引における決済において、相対での決済ではなく、集中清算機関を用いることにより、決済リスクを削減させる取組も広がってきている。従来、日本国債の決済に係る集中清算機関として、日本国債清算機関（JGBCC）が存在していたが、同社が2013年10月1日に日本証券クリアリング機構（JSCC）と合併したことにより、JSCCが国債の店頭取引に係る清算業務を引き継いでいる。

ⅳ決済期間短縮化

2008年のリーマン・ショックで顕在化した国債決済リスクの削減や国際的な市場間競争力の維持・強化に向けて、2009年9月に設置された日本証券業協会の「国債の決済期間の短縮化に関する検討ワーキング・グループ」にて国債決済期間短縮化が進められ、2012年4月23日の約定分から、国債アウトライト取引はT＋3決済からT＋2（約定日の2営業日後決済）に短縮され、レポ取引についても、T＋2～3決済から、T＋1～2（約定日の翌営業日～2営業日後）に短縮された。

■図表４－１－10　現担レポ・現先レポ残高推移

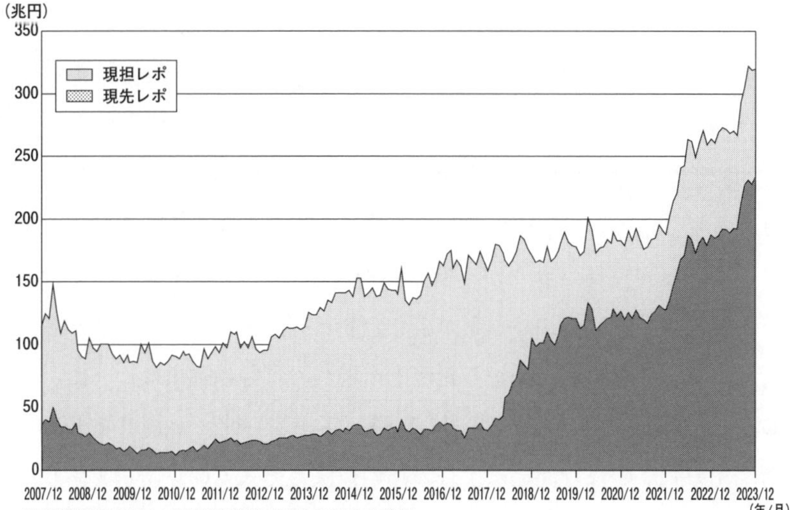

（証券貸借取引状況、公社債投資家別現先売買月末残高）

（出所）　日本証券業協会公表データより三井住友信託銀行作成

また、2018年５月１日の約定分から、国債アウトライト取引及びSCレポ取引の決済期間がＴ＋２からＴ＋１へ短縮され、またGCレポ取引については「銘柄後決め方式」【参考４－１】を導入して、決済期間がＴ＋１からＴ＋０へ短縮された。

【参考４－１】

GCレポ（Ｔ＋０）取引を可能とするため、資金の調達・運用金額でGCレポ取引を約定し、決済直前に市場インフラが国債出し手の在庫銘柄から担保となる国債の割当てを行う「銘柄後決め方式GCレポ取引」の導入が決定。

⑶　新現先方式の債券レポ取引について

日本で行われている債券レポ取引は、貸借取引であるという点で欧米とは異なる、いわゆる「日本版レポ取引」である。そのため、非居住者と取引をする場合、前述の売買方式である「新現先方式」で行う必要がある（新現先方式については、４編１章❸－２－⑴参照）。

2001年「新現先取引」移行直後の時点では、非居住者との取引に対し、利息に源泉徴収税が課されていた。ゆえに、居住者間での「日本版レポ取引」が選好され、市場参加者の間で「非居住者との新現先方式によるレポ取引」についての事務・システム体制の整備が出遅れてしまった感がある。

翌2002年に当該源泉徴収税を撤廃することで当問題がいったん解決したこともあり、債券レポ取引についても今後徐々に新現先方式の比重が高まっていくことが期待されたが、低金利の環境下、「システム対応を行ってまで新現先取引を行うメリットが小さい」と判断する市場参加者が多かったことから、債券レポ市場から新現先市場への移行は進まなかった。

しかし、「国債取引の決済期間の短縮（T＋1）化」と併せて進められた新現先方式への移行促進により、銘柄後決め方式GCレポ（T＋0）取引を中心に2018年５月以降新現先方式での取引が増加した。その結果、2018年12月以降の取引残高において、債券現先が債券レポを上回っている。

⑷ CD市場とは何か

CD（Negotiable Certificate of Depositの略称）とは、法的性格は預金でありながら、普通の預金と異なり、指名債権譲渡の形で他の投資家と売買することができる預金（譲渡性預金）のことである。

発行期間・単位は、当初、大蔵省（現：財務省）の金融通達により制限されていたが、現在では、投資家のニーズに合わせた期間・金額での発行が可能になっており、また、投資家と発行する金融機関が直接交渉するダイレクトディールも普及している。こうした流れの中でCD売買の動機が薄れ、流通市場は大幅に縮小している。したがって、中途解約ができない点と預金保険の対象外ということを除き、大口定期預金との違いがなくなってきている。

CD市場の役割は、発行金融機関の資金調達ニーズを満たすと同時に、それを資金運用手段として活用する投資家のニーズを満たすこと、各種金利の指標として、預金金利のみならず貸出金利に対する大きな影響をもつことなど、様々なものがある。

(i) CD の発行市場

預金業務を行う金融機関はCDの発行を行うことができる。最近では、発行期間制限の撤廃や、ダイレクトディールが普及している。

(ii) CD の流通市場

CDの流通市場は、大幅に縮小している。その主な理由は、①発行期間・発行金額制限の撤廃、②ダイレクトディールの普及、③煩雑な事務と高い確定日付手数料負担の3点である。

発行期間・金額の制限がなくなり、さらに、ダイレクトディールが一般化したことで、投資家と金融機関がお互いの都合に合わせた期間・金額を発行しやすい環境ができあがり、発行市場の利便性が向上したため、CD売買がそれほど必要ではなくなった。さらに、事務の煩雑さや低金利の中で高い確定日付の手数料負担を伴うこと等から、CD売買を行う動機がさらに薄れてしまっている。

(5) TDB 市場とは何か

(i) TDB（国庫短期証券）の仕組み

TDB（Treasury Discount Billsの略称）とは、機関投資家等を対象に発行される期間が1年以内の国債（国庫短期証券）のことである。

流動性と信用力の高さから、低リスクの運用商品として機関投資家に利用されるだけでなく、日本銀行による短国売買オペ等、日銀オペの対象にもなっている。

2009年2月から、それまで別々の名称で発行されていた割引短期国債（TB）と政府短期証券（FB）の入札が統一名称で行われるようになった。

■図表4－1－11　国庫短期証券の概要

名　称	国庫短期証券
償還期間	2ヵ月、3ヵ月、6ヵ月および1年
最低額面金額	5万円
発行方法	入札発行
入札の方法	価格競争入札によるコンベンショナル方式および国債市場特別参加者・第I非価格競争入札
応募額一口の金額	5万円またはその整数倍
販売対象顧客	上場法人およびそれに準じる法人

(ii) TDBの流通市場

転売するにあたっては、日本銀行の国債振替決済制度を利用することとし、個人への販売はできず、上場会社またはこれに準じる法人に対してのみ販売可能となっている。また、投資家が保有しているTDBは、入札参加者のみ売買可能で、投資家同士の譲渡は認められていない。

(6)　CP市場とは何か

(i)手形CPと電子CP

CPは、Commercial Paper（コマーシャル・ペーパー）の略称で、企業が短期資金調達のために振り出す無担保約束手形である。金融商品取引法上は、有価証券に分類される。

■図表4－1－12　国庫短期証券の発行と流通

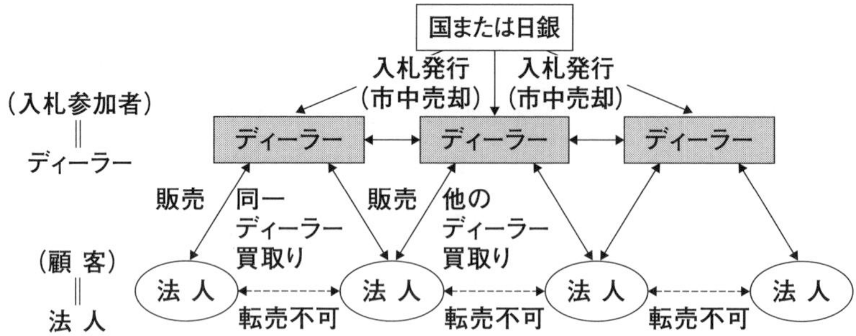

■図表４－１－13　短期社債振替制度の階層構造

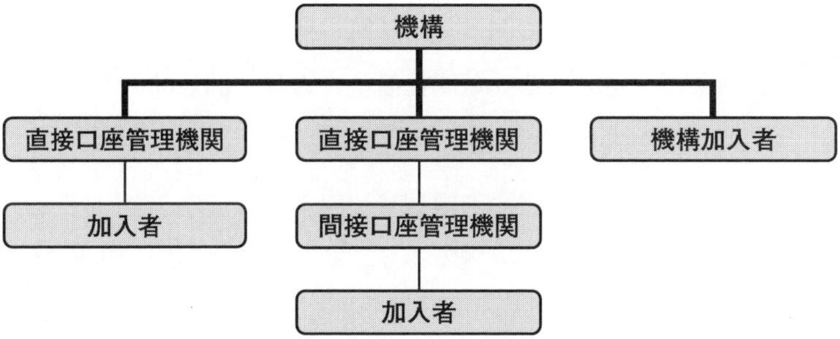

口座管理機関：他の者のために短期社債の振替を行う口座を開設する者
直接口座管理機関：口座管理機関のうち、機構から口座開設を受けた者
間接口座管理機関：口座管理機関のうち口座管理機関から口座開設を受けた者
加入者：機構、口座管理機関から口座開設を受けた者
機構加入者：機構に口座開設した者

（出所）　証券保管振替機構ホームページより三井住友信託銀行作成

従来、CPは手形による発行のため、現物保管リスク、現物と資金の受渡決済リスク、印紙税等の種々のリスクやコストがかかっていた。そのためCPのペーパーレス化を望む声が高まり、2002年４月に「短期社債等の振替に関する法律」が制定され、翌2003年３月31日より無券面化されたコマーシャル・ペーパー（以下、電子CP）の取扱いが可能となった。その後「証券決済制度等の改革による証券市場の整備のための関係法律の整備等に関する法律」（2003年１月施行）が制定され、これに伴い「短期社債等の振替に関する法律」の名称が「社債等の振替に関する法律」（以下、「社債等振替法」という）に変更された。現在「社債等の振替に関する法律」は株式の振替制度が導入されたため、「社債、株式等の振替に関する法律」と名称変更されている。

2023年12月末現在、短期社債の振替制度に参加している発行体は548社、発行残高は約25兆円にのぼり、現在流通しているCPのほとんどを電子CPが占めている。

ⅱ電子 CP の仕組み

電子 CP は、会社法の特例として社債、株式等の振替に関する法律83条および84条に規定される「短期社債」であり、同法66条に規定する次のすべての要件を満たすものをいう。

①各社債の金額が１億円を下回らないこと

②元本の償還期限が１年未満であり、かつ、分割払いの定めがないこと

③利息の支払期限を②の元本の償還期限と同じ日とする旨の定めがあること

④無担保である（担保附社債信託法上の担保が付されているものではない）こと

電子 CP の基本的な仕組みは、電子的な記録を振替機関にある振替口座記録簿への記録により権利の帰属を確定させる方法となっている。振替機関として㈱証券保管振替機構（以下、「機構」という）が管理を担っている。さらに、社債、株式等の振替に関する法律においては、振替口座簿を管理する振替機関である機構のもとに、機構に直接口座を開設した機構加入者が位置し、そのもとには機構に直接口座を持たず口座管理機関に口座を開設して、振替口座簿に残高が記録される加入者（投資家）が位置するという、重層構造となっている。

■図表４－１－14　CP のスタート単価とスタート決済金額の算出

$$\text{スタート単価} = \frac{100}{1 + (\text{利回り}(\%) \div 100 \times \text{運用日数})}$$

※小数点以下７桁未満切捨て

運用日数：決済日～償還日までの日数(片端)÷365
(小数点以下７桁未満切捨て)

$$\text{スタート決済金額} = \frac{\text{単価} \times \text{額面金額}}{100}$$

※円未満切捨て

取引様態ごとの概要は、次のとおりである。

①発行：発行者と機構加入者（引受け）の間で発行条件が決定する。発行者は機構に発行の申請を行って所定の事項を通知し、機構加入者（引受け）の口座に残高が記録されて権利が確定する。

②流通：機構加入者間での口座の振替（渡し方→受け方）により、権利の移転を行う（振替口座簿の記録には権利を推定する効力が認められている）。機構加入者はそれぞれの自己口間での振替のみならず、口座管理機関として自己のもとに位置する加入者との振替も行う（当該加入者の口座を顧客口という）。

③償還：機構加入者が機構に残高の抹消申請を行うことにより、償還される。償還（発行者）と抹消申請（機構加入者）を同時履行関係におくことにより、発行者の保護を図っている。

電子CPのメリットは、前述の現物保管リスク、手形現物のデリバリーリスクの回避、DVP決済（電子CPと資金との同時決済）の実現等があげられる。2006年1月には、さらなる市場拡大のために機構が短期社債振替システムをレベルアップし、DVP決済の高度化（機構から日本銀行に直接資金決済情報が送信される）や、キューイング機能の追加（口座残高不足時での振替申請を可能とする）等の対応を実施している。

(iii) CPの発行市場

CPの付利方式は割引方式であり、発行期間、発行額面、発行会社に関する規制はない。発行期間は1～3ヵ月が主流で、取扱業者（通常ディーラーという）は銀行等金融機関、証券会社（流通業務に限り短資会社も可）となっている。

CPの発行方法には、発行者が購入者(投資家)に直接販売するダイレクト・ペーパーと、ディーラーが仲介するディーラー・ペーパーがある。

電子ＣＰの発行レートは、他の割引債と同様の計算方式で決定する。具体的には利回りをもとに100円当たりの単価を計算し、最終的な決済金額を確定させる。

CP の発行レートは、TDB、CD レート等の影響を受け、これに発行体の信用力を加味して決定される。さらにはそれぞれのマーケットにおける需給関係も大きく影響を与え、時にはCP レートがより信用力の高いTDB レートを下回ることもある。

ⅳ CP の流通市場

CP の流通市場における投資家の運用手段は、CP 現先取引とCP 買切取引がある。一般的にCP 現先取引は明日―明後日（トムネ）や、明後日―明々後日（スポネ）などのオーバーナイトの取引が中心である。CP 現先取引の主要参加者は機関投資家が中心で、顧客資産の解約等に備え、一般的に短期間での運用を行う。したがって、現先レートは、CD 現先、債券現先、GC レポ等のレートの影響を受ける。

CP 買切については、発行レート同様、TDB、CD レート等の影響を受け、これに発行体の信用力や需給を考慮して決定される。

第２章

企業金融の基礎知識

1 企業の資金調達

企業は、事業を継続的に展開していくなかで様々な用途の資金需要を有している。たとえば、商品を仕入れてから販売する過程において経常的に必要な運転資金や、役職員の賞与や株主への配当金など季節的に需要が発生するもの、工場などの設備の維持・拡張等に必要な資金、研究開発投資や企業買収のために必要な資金など、多様な局面で必要となる資金を、必

■図表４－２－１　企業の資金調達方法の概略

<table>
<tr><td rowspan="13">資金調達</td><td rowspan="2">内部調達</td><td colspan="3">利益の内部留保</td></tr>
<tr><td colspan="3">減価償却</td></tr>
<tr><td rowspan="11">外部調達</td><td>株主資本</td><td colspan="2">株式発行</td></tr>
<tr><td rowspan="6">負　債</td><td colspan="2">新株予約権付社債、ハイブリッドファイナンス</td></tr>
<tr><td colspan="2">社　債</td></tr>
<tr><td colspan="2">ＣＰ</td></tr>
<tr><td rowspan="3">金融機関借入</td><td>長期借入金</td></tr>
<tr><td>短期借入金</td></tr>
<tr><td>シンジケートローンなど</td></tr>
<tr><td colspan="3">アセットファイナンス（資産流動化）</td></tr>
<tr><td colspan="3">リース（ファイナンスリース）</td></tr>
<tr><td rowspan="2">企業間信用</td><td colspan="2">手形振出</td></tr>
<tr><td colspan="2">買掛金</td></tr>
</table>

要なだけタイムリーに確保して活用することで、資金調達コストを上回るリターンを獲得して企業の成長に役立てている。

こうした資金需要に対応するための企業の資金調達方法を概観すると、「図表４－２－１」のように分類することができる。これらの方法には、それぞれ一長一短があり、資金の使途・市場環境・企業の財務戦略等によって、その時々の状況に合わせて適切と思われる調達方法が選択されることになる。

1　内部調達

⑴　利益の内部留保

企業は、決算を行った結果生じた未処分利益のうち、利益配当や役員賞与として社外へ流出した以外のものを準備金や剰余金として社内に留保するが、これを利益の内部留保と呼んでいる。

利益の内部留保は、企業自らが生み出した利益を源泉とするものであり、利払いや配当などの資金コストはかからず、調達期間も限定されない。企業はこれを機動的に事業活動に投下し、自己資金として自由に使用することができることから、極めて安定的な資金調達といえる。ただし、調達金額は企業自らが生み出す利益水準の範囲内となる。

⑵　減価償却とのれん償却

減価償却とは、固定資産の原価を一定の規則に基づいて費用として配分処理するとともに、その額だけ資産の繰越価格を減少させていく会計手続きである。のれん償却とは、企業がM&Aなどを行った場合、取得した資産や負債と支払額との差額を一定の規則に基づいて費用として配分するとともに、資産の繰越価格を減少させていく手続きである（国際会計基準では「のれん償却」は行っておらず、その価値が著しく棄損した場合のみ減損処理する）。また、2022年の国際会計基準審議会（IASB）にて制度を見直す動きがあったものの、現行ルールの維持が決定されている。この費用の配分処理は資金の支出を伴わないため、その金額だけ企業の内部に留保されることになる。

減価償却とのれん償却についても、利益の内部留保と同様、資金コストがかからず調達期間も限定されないというメリットがある反面、調達可能な金額にはおのずと限界がある。

2 外部調達

(1) 株主資本（株式の発行）

株式の発行により調達した資金は、資本金または資本準備金とされ、企業の資本の一部となる。この方法の特徴は、次のとおりとなる。

①調達期間が限定されない

②調達期間中のコストとして株主に支払う配当金の金額はあらかじめ約束されておらず、原則として株主総会決議事項となる

③株主が株式を保有する比率に応じて一定量の議決権を持ち、株主総会において議決権を行使することで経営に参加する

④他の調達方法と比較して手続きに時間を要する　など

株式の発行は、資金の調達であるとともに資本の調達でもあり、安定的な資金調達と資本増強の両方の目的がある場合に適した調達方法である。

たとえば、大型新規事業の開発投資など、失敗すれば財務基盤を毀損する可能性があるようなハイリスクの投資案件がある場合、これに対応する資金調達方法として、株式の発行は、資金と資本を拡充する財務戦略として有力な選択肢となり得る。

ただし、リスクマネーを投じた投資家株主は、株式の発行に伴う発行済株式総数の増加による１株当たりの株主の持分の希釈化を警戒し、株式価値も相応に向上させて欲しいという期待と、配当を含めた株主還元（利回

り）の要求を高めることになる。株式の発行により調達を行った企業から見れば、こうした株主が期待する利回りを株主資本コストとして負担するということになる。

⑵ 負　債

(i)社債

普通社債とは、企業が発行する債券で、社債の発行により調達した資金は企業の負債となる。あらかじめ利率や償還期日が決まっており、調達期間中は一定の利払いを社債権者に行い、一定期間経過後に償還するものである。

普通社債のほか、普通社債の機能に加え行使期間内であれば発行会社の株式を一定の価格で取得できる権利が付与された、新株予約権付社債があり、調達した資金は、企業の株主資本と負債の両方の性質を持つものとなる（2002年４月の商法改正により、新株予約権制度が新設され、従来のCB（転換社債）の新株への転換請求権、新株引受権付社債（ワラント債）の新株引受権（ワラント）、そしてストックオプションは「新株予約権」という名称に統一されることとなった。これに伴い、従来のCB・ワラント債も、「新株予約権付社債」という名称に一本化された）。普通社債、新株予約権付社債は、ともに長期で安定的な大口の資金調達に適している。

(ii)CP（コマーシャル・ペーパーの発行）

CPは、企業が短期資金の調達のために発行する短期社債のことで、発行会社の信用によって市場（投資家）から直接資金調達するという点で、社債と共通の性質を持っている。割引形式で発行され、額面金額と販売価格の差額を金利コストとして負担するが、企業の信用力を反映して優良企業であるほど低コストとなる。

なお、銀行はCPの取扱業者として、ディーラー業務（自己売買）、ブローカー業務（委託売買）を行っている。

(iii)金融機関借入

金融機関などとの間で、返済する期日や金利を約定して資金を借用することであり、多くの企業が伝統的に活用している資金調達方法である。通常、返済期限が１年以内のものを短期借入金、１年超のものを長期借入金という。手続きが相対的に簡便であるため、機動的な資金調達が可能となるが、調達コスト等の諸条件はよく検討する必要がある。

大型の資金調達ニーズ等に対して、アレンジャーと呼ばれる幹事金融機関が複数の参加金融機関からなるシンジケート団を組成し、１つの契約書に基づいて同一条件で借入を受けるシンジケートローンも、金融機関借入の一種である。

(3) ハイブリッドファイナンス

ハイブリッドファイナンスは、メザニンファイナンスの一種で、資本と負債の中間的な性格を有する資金調達手法である。優先株式、優先出資証券、劣後債、劣後ローン等の種類があり、2006年にイオン株式会社が劣後債を発行して以来、一般事業会社の間でも利用が広がっている。

ハイブリッドファイナンスの特徴は、一般事業会社にとって、優先株式、優先出資証券を除き、あくまで負債でありながら、格付機関から資本性認定を取得することで資本増強が可能である点にある。つまり、支払利息の損金算入等の負債メリットを享受するとともに、１株当たり純利益の希薄化（株価の下落）および格付けの低下（社債価格の下落）を回避しつつ、資本増強が可能となる。

ただし、資本認定に当たり、格付基準等に則った仕組み作りが必要となること（償還期限、期限前弁済可能開始時期、借換制限条項、劣後条項等）、普通社債等と比べてクーポンや利率が高く設定されること等に留意が必要である。

なお、投資家にとっては、株価や社債価格に悪影響を及ぼすことなく、通常の社債やローンよりも高い利回りで資金運用ができるというメリットがあり、低金利による運用難の折、投資家の裾野も広がってきている。

(4) アセットファイナンス（資産流動化）

アセットファイナンス（資産流動化）は、企業の信用力ではなく、当該企業が保有するアセット（資産）の価値に着目して行われる資金調達方法である。

企業は、自らが保有する特定の資産を、流動化のために設立された特別目的会社（SPC ＝ Special Purpose Company）に譲渡して、譲渡代金を受け取ることにより資金調達を行う（SPC 方式の場合）。SPC は譲渡代金を支払うために、社債や CP を発行したり、金融機関から借入を行う。SPC は資産流動化以外の事業は営まないため、SPC が発行する社債や CP、あるいは金融機関からの借入の返済原資は、SPC が買い取った資産から生み出されるキャッシュフローに限定される。このことから、一般的に SPC が発行する社債は ABS（Asset Backed Securities）、CP は ABCP（Asset Backed CP）、金融機関借入は ABL（Asset Backed Loan）と呼ばれる。

なお、資産流動化は、資金調達目的のほかに、資産のオフバランス（会

■図表４－２－２　資産流動化の仕組み

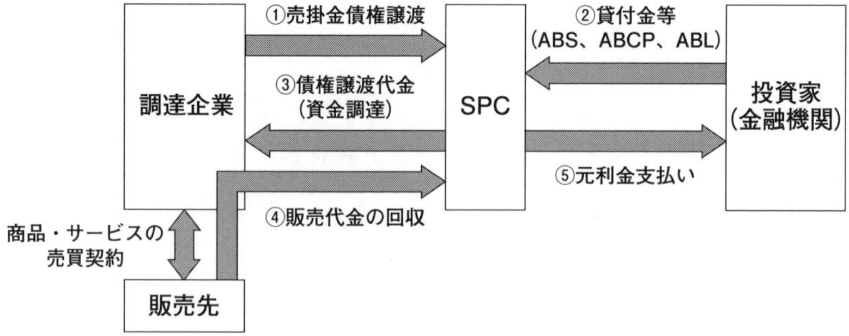

計上、資産・負債とみなされず、貸借対照表上に計上されない）目的等にも利用されることがある。

また、資産流動化には、前述のSPC方式のほかに、信託方式や組合方式等があり、どの方式を採用するかは、資金調達時期、資産の種類、スキームの構築コスト等を総合的に判断したうえで決定される。

資金の出し手となる投資家は、流動化の対象資産が将来にわたってどれだけ安定的にキャッシュフローを生み出すかにより投資判断を行う。そのため、流動化の対象資産は、これまで金銭債権や不動産といった将来キャッシュフローの予測が立てやすいものが中心であったが、改正信託法の施行等を背景として対象資産は拡大される傾向にあり、機械設備等の動産や知的財産権、さらには事業そのものを対象とした流動化事例も登場している（動産・売掛金担保融資ABL（Asset Based Lending）等)。

⑸　リース（ファイナンスリース）

資金を調達して機械設備等を購入する「金融」による設備投資に対して、リースは、リース会社が所有する設備等に対してリース料を支払うことにより賃貸使用することから「物融」とも呼ばれ、一般的に定着したファイナンス方法となっている。

ファイナンスリースには、所有権移転ファイナンスリースと所有権移転外ファイナンスリースがある。後者については一定の注記を条件に「賃貸借処理」を行うことが認められ、バランスシートをふくらますことなく設備等を利用しその便益を享受することが可能であったが、2008年４月１日以降は、前者同様、原則「売買処理」となり、バランスシートに取得価額相当額を計上することが必要となっている。しかし、中小企業等やリース料が一定額以下の取引はその適用対象外であったり、費用計上や損金算入額が「賃貸借処理」と差異がない簡便的な会計処理も認められるケースもあり、取引内容に応じて確認する必要がある。

⑹ 企業間信用

企業間信用は、商品を購入した際に、手形の振出しや買掛金とすることにより、その支払いを繰り延べ、資金の調達とするものである。表面的には資金コストはないものの、購入価額に資金コストが含まれて割高となることがある。

3 直接金融と間接金融

経済全体の中で、資金余剰となっている主体（出し手）から資金不足となっている主体（受け手）に対して資金が移動していくメカニズムを支えているのが金融仲介機能であるが、この金融仲介機能を資金調達ルートの違いから、直接金融と間接金融の2つに大別することができる。

資金の出し手から資金の最終的な受け手に至るまでの資金の流れにおいて、銀行や保険会社等の金融仲介機関が介在せずに直接的に資金融通される場合が直接金融であり、これら金融仲介機関が間に介在する場合が間接金融である。

直接金融の典型的な例は、資金の受け手が株式や債券等を発行し、資金の出し手が直接これを購入するパターンがあげられる。この場合も金融商品市場を通じて証券売買が行われ、証券会社等が取り次ぎを行うのが通例であるが、資金の受け手が発行した株式・債券等は形を変えることなく直接資金の出し手に渡ることも、直接金融と呼ばれるゆえんである。

また、間接金融の中でも、金融仲介機関の介在の仕方（取引形態）により、呼び方が変わる。当初の資金の出し手から集めた資金を調達企業が「借入」する場合を相対型間接金融と呼び、「株式・出資金」、「株式以外の証券」により金融仲介機関が投資する取引形態を市場型間接金融と呼ぶことがある。

なお、「株式・出資金」、「株式以外の証券」の形態による投資のうち、

■図表4－2－3　直接金融と間接金融

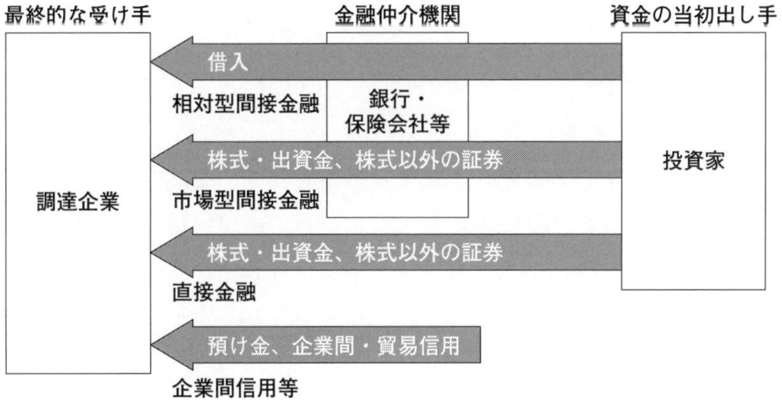

金融機関が介在しない取引は直接金融となる。

さらに、調達企業が企業間で行う「預け金」、「企業間・貿易信用」のような資金調達方法を、総じて企業間信用等と呼ぶことがある。

なお、これらの関係を単純化して概略図に示すと「図表4－2－3」のようになる。

4　新しい資金調達の手法

さらに近年では、特定の業者を通じて不特定多数の主体から資金調達を行う「クラウドファンディング」という手法が注目を集めている。これは、オンライン上でプロジェクト単位の募集を行うものだが、プロジェクトによっては資金が目標金額まで満たない等期待にそぐわない形となるケースも存在する。

クラウドファンディングの類型としては、購入型（寄付型）・融資型・不特法型・ファンド型・株式型など、いくつかのバリエーションが存在する。

資金調達側にとっては、これまで、銀行借入れや社債の発行、ベンチャーキャピタルからの出資等を受けることが難しかった企業やプロジェクトが新たな資金調達の手段を得るというメリットがあり、資金の出し手側にとっては、これまでアクセスできなかった市場で資金運用を行うことができるメリットがある。

融資型のクラウドファンディングの市場規模は、2018年の1,764億円をピークとし、2020年は1,125億円となっており、市場規模が減退しているように見える（「図表４－２－４」）。これは、2019年に金融庁が融資先の匿名化解除の見解を出した（従来は、貸金業法の問題から、クラウドファンディング事業者は、貸付先を匿名にしなければならなかった）ことで、一部の悪質な事業者が排除され、市場の透明性が向上したことによる。今後、官民が協力し、情報の非対称性を埋めるルール整備を行うことで、市場が成長していくことが期待されている。

■図表４－２－４　融資型クラウドファンディング市場規模の推移

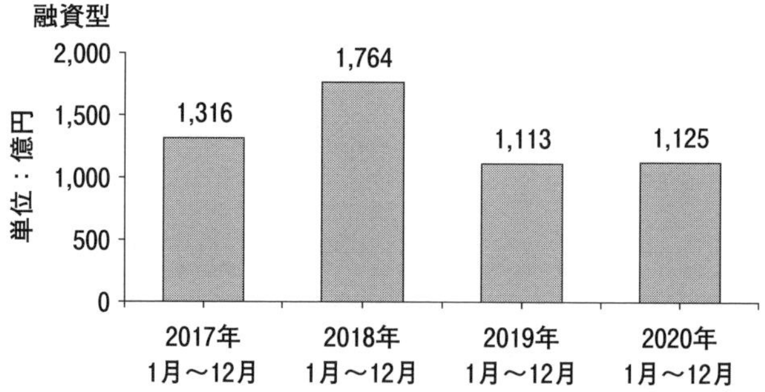

（出所）　一般社団法人日本クラウドファンディング協会　クラウドファンディング市場調査報告書

2 企業金融の現状

1　相対型間接金融から市場型間接金融・直接金融への傾斜

わが国では相対型間接金融が長らく存在感を示し、企業の資金調達は金融機関からの借入に大きく依存してきた歴史がある。多くの企業は、株式市場における評価よりも、資金調達の源である金融機関との長期安定的な関係を構築することを重視してきた。しかしながら、相対型間接金融を中心としてきたわが国の金融システムは、バブル崩壊や企業の成熟化などを経て徐々に変化を見せている。

1990年代以降、相対型間接金融の比率は徐々に低下し、株式・出資金を中心とした直接金融のウェイトが高まってきている（「図表４－２－５」）。この背景には、バブル崩壊による銀行の貸出機能の低下、大企業を中心とした資本市場へのアクセスの増加、個人の貯蓄スタイルの変化（貯蓄から投資へ）などがあげられる。

1996年度から2010年度までの間、年度別の資金調達をフロー金額で見ると、相対型間接金融（銀行等からの借入）の金額は減少傾向となっており、企業による金融機関からの資金調達金額が返済金額を下回る状態が続いた（「図表４－２－６」）。これは、資産価値の減少に伴い、企業がバランスシート調整を進めながら過剰債務を返済していったことや、実態経済の成長軌道や景気の先行が不透明となる中で、企業が有利子負債を圧縮しつつ手元資金を厚めに確保してきたことなどが背景にあるとみられる。

2013年度以降は、日本銀行による量的・質的緩和政策、マイナス金利政策を受けて、相対型間接金融の金額が再び増加基調にある。

一方、直接金融・市場型間接金融（株式・出資金）については、ITバ

■図表４－２－５　民間非金融法人の調達ルート別資金調達（ストック）

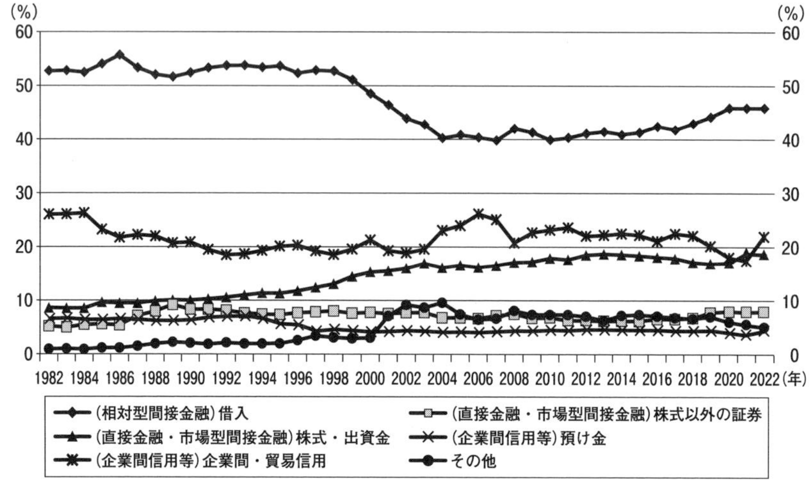

（出所）　日本銀行「資金循環統計：参考図表」より三井住友信託銀行作成

■図表４－２－６　民間非金融法人の調達ルート別資金調達（フロー）

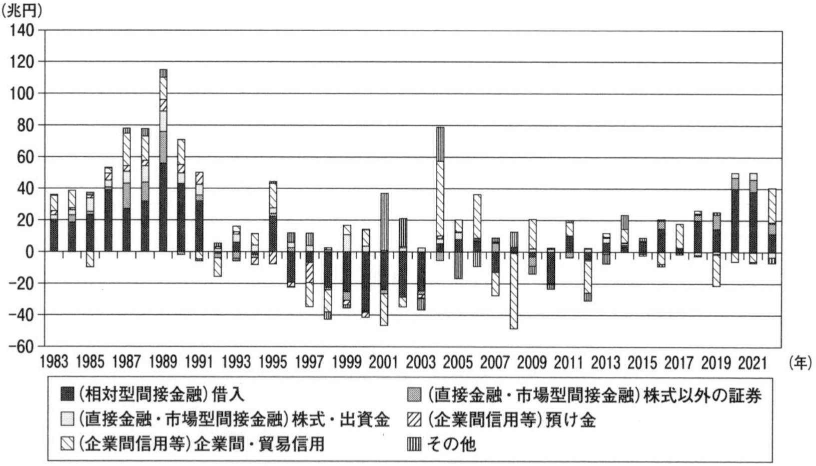

（出所）　日本銀行「資金循環統計：参考図表」より三井住友信託銀行作成

ブル、リーマンショック、東日本大震災後の市場停滞以外は、1980年以降おおむねプラスで推移していたが、足元はウェイトが微減している。

2　企業金融の国際化

企業や金融機関の海外進出、金融のグローバル化の進展に伴い、資金調達の国際化も進んでいる。

「図表４－２－７」、「図表４－２－８」は「金融・非金融部門の貸出部門かつ借入部門別残高」について、直近2023年９月末の残高および増減（2013年９月末から2023年９月末）を示したもので、この10年間で貸出残高は約526兆円程度増加している。貸出部門においては保険・年金基金と一般政府、借入部門においては一般政府を除くどの部門においても金融規模が拡大していることがわかる。加えて、国内非金融法人が行っている海外部門からの資金調達と、国内の金融機関が海外向けに行っている貸出は、ともに大幅に増加していることが確認できる。

■図表４－２－７　金融・非金融部門の貸出部門かつ借入部門別残高（2023年９月末）

（億円）

借入部門＼貸出部門	金融機関向け	非金融法人企業向け	一般政府向け	家計向け	対家計民間非営利団体向け	海外向け	合計
金融機関	2,948,352	4,735,726	1,471,649	3,574,130	158,870	1,506,398	14,395,125
中央銀行	980,266	0	0	0	0	0	980,266
預金取扱機関	919,024	3,540,239	704,958	2,676,441	109,818	1,109,100	9,059,580
保険・年金基金	87,886	188,457	33,756	56,476	46	16,031	382,652
その他金融仲介機関	552,628	1,007,021	732,935	841,099	49,006	321,653	3,504,342
そのうち公的金融機関	545,376	682,667	732,935	364,660	48,569	284,470	2,658,677
非仲介型金融機関	408,548	9	0	114	0	59,614	468,285
非金融機関	1,658,953	433,849	12,653	58,387	4,514	421,077	2,589,433
非金融法人企業	126,657	137,432	6,831	2,636	0	413,640	687,196
一般政府	114,308	48,430	5,822	16,673	4,514	5,279	195,026
海外	1,417,988	247,987	0	0	0	0	1,665,975
家計＋対家計民間非営利団体	0	0	0	39,078	0	2,158	41,236
合計	4,607,305	5,169,575	1,484,302	3,632,517	163,384	1,927,475	16,984,558

（出所）　日本銀行「資金循環統計：参考図表」より三井住友信託銀行作成

■図表４－２－８　金融・非金融部門の貸出部門かつ借入部門別残高
（2013年９月末から2023年９月末の残高の増減）

（億円）

貸出部門＼借入部門	金融機関向け	非金融法人企業向け	一般政府向け	家計向け	対家計民間非営利団体向け	海外向け	合計
金融機関	1,468,437	1,440,887	-109,734	537,801	38,041	687,970	4,063,402
中央銀行	717,353	0	0	0	0	0	717,353
預金取扱機関	335,108	1,177,468	107,420	352,978	24,842	562,059	2,559,875
保険・年金基金	43,223	3,818	-70,366	-33,787	-901	8,874	-49,139
その他金融仲介機関	24,609	260,148	-146,788	219,007	14,100	85,765	456,841
そのうち公的金融機関	4,337	61,739	-146,037	-26,621	14,140	85,469	-6,973
非仲介型金融機関	348,144	-547	0	-397	0	31,272	378,472
非金融機関	820,685	99,938	-18,966	3,401	-1,625	297,278	1,200,711
非金融法人企業	42,059	-72,492	-998	2,130	0	292,421	263,120
一般政府	28,101	-14,553	-17,968	-12,945	-1,625	2,314	-16,676
海外	750,525	187,001	0	0	0	0	937,526
家計＋対家計民間非営利団体	0	-18	0	14,216	0	2,543	16,741
合計	2,289,122	1,540,825	-128,700	541,202	36,416	985,248	5,264,113

（出所）　日本銀行「資金循環統計：参考図表」より三井住友信託銀行作成

前述のとおり、資金調達の国際化は、企業による資金調達の選択肢の広がりを示すものでもあるが、グローバル化が進行した市場においては、通貨や資産価値がグローバル市場に連動性を有することになることに留意しなければならない。グローバルな視点から、互いに影響を受け合う各国の経済情勢や金融環境について、また金融市場全体のリスクなどについても、しっかり把握する必要性が高まっている。

3　企業買収の活発化

1　M&A（Merger and Acquisition、企業の合併・買収）の動向

経済・金融のグローバル化の進展とともに、企業間の競争も激しさを増していく中、企業が勝ち抜いていくための成長戦略としてM&Aを活用することは、珍しいことではなくなっている。わが国におけるM&A公表件

■図表4－2－9　M&A公表件数の推移（グループ内M&Aを除く）

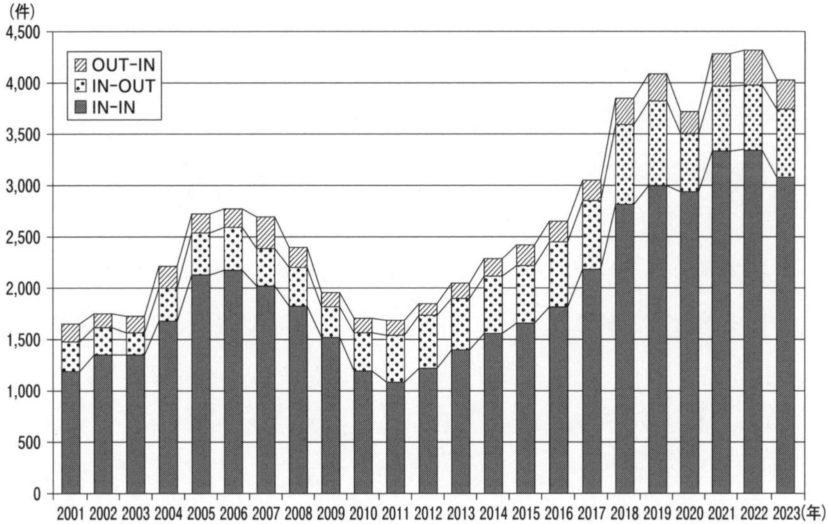

（出所）㈱レコフデータ社「レコフM&Aデータベース」より三井住友信託銀行作成

数は、「図表4－2－9」のように推移している。

M&Aの件数は1990年代の半ばから増加傾向となり、2008年のリーマンショックを契機に減少に転じたものの、2011年以降は再び増加傾向となった。新型コロナウイルス感染症（COVID-19）の感染拡大の影響を受け、2011年以来9年ぶりに減少に転じた2020年以降、2021年は4,280件、2022年は4,304件と2年連続で過去最多件数を更新したが、2023年は4,015件と3年ぶりに減少した。

特に最近は、縮小する国内市場だけでは事業の発展が難しく、積極的に海外市場を開拓していかねばならない必要性に対し、為替水準の高低にかかわらず日本企業が海外企業を買収する動きも活発になってきている。このようないわゆる「IN-OUT」のクロスボーダー（日本企業と海外企業間の取引）の案件数が増えていることも、着目すべき点としてあげられよう。また、あわせてこうした海外展開の加速により、外国通貨の安定的な調達という点の重要性が増していることも付け加えておきたい。

M&Aが増加してきた背景には、様々な要素が考えられるが、具体的には、次のような要因があげられる。

①景気の長期低迷や会計基準の変更などにより、企業業績を永続的に向上させていくことが容易ではなくなり、「事業の選択・集中・入替」を行う重要性が増してきたこと

②産業構造の変革までを視野に入れた成長戦略を遂行するための手法として、競争相手であった同業他社を買収する水平統合や、自社の商流における川上・川下企業を買収する垂直統合を行って競争力を高めていくM&A戦略の必要性が注目されるようになってきたこと

③事業拡大のために即効性のあるM&Aを実行していくことにより、独自の限られた経営リソースだけで業績向上を目指していくよりも、他の企業を買収することで一気に商圏を手に入れるなど、時間を買うことの重要性が見出されてきたこと

④他社を買収することで業界シェアを拡大し、規模の利益を獲得することで生き残りや差別化を図っていくことが経営戦略の1つとして重要性を増してきたこと

⑤後継者不在の企業オーナーが経営支配権を他社に譲渡することにより、企業存続を図るケースが増えていること

⑥投資ファンドなどのなかでアクティビスト等の物言う株主が台頭したことで業界再編機運が高まったこと

公開買付け（TOB）とは、有価証券報告書の提出義務を持つ会社の株券等を不特定多数の株式所有者から買い集めようとする時に、買付価格や買付けの時期等を公示して買い付けることをいう。なお、公開買付けの対象となる会社の取締役会の賛同を得たものを友好的TOB、そうでない場合を敵対的TOBという。

■図表4－2－10　TOB件数の推移

	2017年	2018年	2019年	2020年	2021年	2022年	2023年
TOB件数	42	45	48	57	71	59	80
うち敵対的TOB	1	1	5	5	8	1	1

（出所）㈱レコフデータ社「レコフM&Aデータベース」より三井住友信託銀行作成

わが国においても、2003年秋にスティール・パートナーズ・ジャパン・ストラテジック・ファンドによる㈱ソトーとユシロ化学工業㈱に対する突然の株式公開買付け（TOB）が行われたことを契機に、敵対的企業買収に対する危機意識が高まった。その後、事業会社同士の敵対的TOBの攻防事例として、日本技術開発㈱ vs. 夢真ホールディングス㈱（2005年）、㈱ニッポン放送 vs. ㈱ライブドア（2005年）、㈱東京放送 vs. 楽天㈱、(2005年)、オリジン東秀㈱ vs. ㈱ドン・キホーテ（2006年）、北越製紙㈱ vs. 王子製紙㈱（2006年）、日本ハウズイング㈱ vs. ㈱原弘産（2008年）、東洋電機製造㈱ vs. 日本電産㈱（2008年）などの事例が発生した。敵対的TOBは2005年の6件をピークに年1～2件程度で推移していたが、2019年は5件と増加し、2020年も5件、2021年は8件となった（「図表4－2－10」）。また、2020年にはニトリホールディングスによる島忠の買収事案で、日本で対抗TOB提案が成立した初の事例となった。

TOB件数は2021年には71件と高水準を記録した後、2022年に59件と10件超減少したが、2023年は80件と増加した（「図表4－2－10」）。TOB件数増加の背景には、東証市場改革により中堅クラスの上場企業を中心に上場維持のハードルが一段と高まっていることが考えられる。

2　買収防衛策の導入状況

買収防衛策とは、広義には、現経営陣と敵対する買収者による買収を困難にすることを目的に、主に公開企業が導入する方策をいい、取締役解任要件を加重する定款規程の設置や、主要株主や経営陣の変更がある場合に重要なライセンス契約が終了することなどをあらかじめ契約条項を利用して定めておくもの、迎撃的に逆買収を仕掛けるパックマン・ディフェンス、敵対的買収者の持株比率を希釈化させるポインズンピルなど、1980年代以降に敵対的買収が盛んに行われた米国を中心に様々な議論が進展していた。その結果、たとえば英国では、英国会社法に基づきThe Panel on Takeovers and Managersが作成するThe City Code on Takeovers and Mergersにより対象会社株主に対して買付申込みに応じるかどうかを判断するために十分な時間と情報の提供が担保されたり、フランスではフロランジュ法に基づき長期保有株主には1株につき2議決権が与えられているといった制度が構築されている。

一方、我が国においては、濫用的な敵対的買収事例や防衛策の発動事例を踏まえ、2005年5月、経済産業省・法務省が「企業価値・株主共同の利益の確保又は向上のための買収防衛策に関する指針」を公表し、適法性および合理性の高い買収防衛策の在り方が提示されるとともに、準拠すべき原則・指針が明らかにされ、事前警告型買収防衛策の導入企業が増加した。

事前警告型買収防衛策とは、自社の株式を大量に（典型的には20%以上）買い付けようとする買収者に遵守を求める情報開示などの手続きルールを定め、その内容を予め開示しておくものをいい、平時に株主総会決議等の手続きを経て導入する。買収者サイドに手続きルール違反があった場合や、手続きルールを通じて企業価値を損うおそれのあるような濫用的買収者であることが判明した場合に、現経営陣から独立した第三者により構成される委員会の判断を経たうえ、また所定の場合には株主総会の決議を経たうえで、当該買収者は行使することができない差別的行使条件を付した新株予約権を自社を除く全株主に無償割当てし、当該買収者の持株比率

■図表４－２－11　事前警告型買収防衛策の例

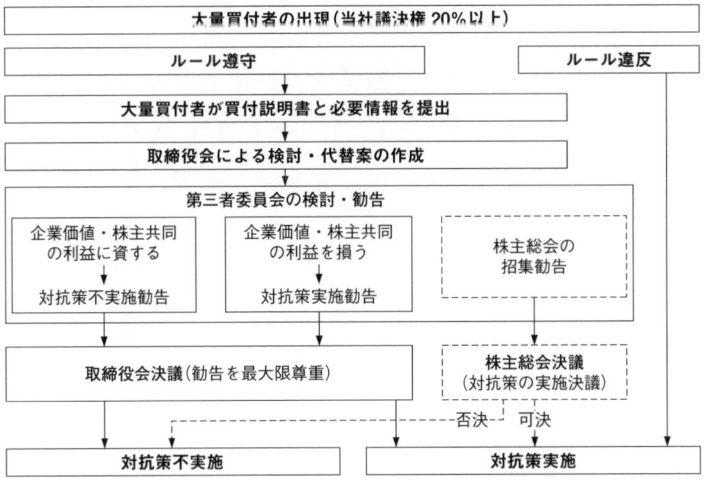

を低下させる仕組みが一般的である。この手続きルールのイメージをフローチャートで示すと、「図表４－２－11」のようになる。

買収防衛策の導入企業は、濫用的な買収の増加や海外企業からの買収の脅威などもあり、2008年当時は上場企業のうち約600社が導入していたが、国内外の機関投資家の議決権行使基準の厳格化の影響を受けて、一旦導入した買収防衛策を廃止する企業も多数出てきており、2023年７月末時点では261社と、上場企業の6.7％（東証プライム上場企業に限れば7.9％）の企業が買収防衛策を導入している状況である（三井住友信託銀行調べ）。

近時は、株式持合い解消の流れから安定株主の持ち株比率の低下や、アクティビスト・事業法人による敵対的なアプローチの増加に伴い、一度廃止した事前警告型買収防衛策を再導入したり、敵対的な買収者が顕在化した後に有事型買収防衛策を導入したりする企業も出てきており、その有効性が裁判所に認められるなどの動きもある。

なお、2023年８月31日に経済産業省から公表された「企業買収における行動指針」では、上場会社の経営支配権を取得する買収を巡る当事者の行動の在り方が提示されている。その中で「敵対的買収」は「同意なき買収」、「買収防衛策の導入」は「買収への対応方針」などと修正されており、2005年の指針の運用状況、その後の裁判例、機関投資家の議決権行使行動の変化等を踏まえ、買収への対応方針・対抗措置の在り方が改めて定められた。

第３章

資金運用の基礎理論

1 現代投資理論の基礎知識

資金を保有している投資家は、少しでも有利になるように投資したいと考えるはずである。どのような投資が有利になるのかを知るには、その投資によるリターンやリスクが計測できなければならない。ここではまず、投資理論の基本となる投資によるリターンやリスクの概念について学ぶ。

1 リターン

ある投資家が t 時点である証券を価格 p_t で購入し、１年後にその証券の価格が p_{t+1} になったとしよう。債券や株式などの証券を保有していれば、クーポンや配当などの形でキャッシュフローを受け取ることができるが、この証券を１年間保有していたことによって、１年後に d のキャッシュフローを受け取ったとする。この投資家の１年間の実現投資収益率 r は、証券価格の変化に起因する部分（キャピタル・ゲインもしくはロス）とキャッシュフローの受取りに起因する部分（インカム・ゲイン）の合計として、次式で表すことができる。

$$r = \frac{p_{t+1} - p_t + d}{p_t}$$

すでに実現したこれらの価格やキャッシュフローは観察することができき

るため、事後的には投資収益率は容易に算出することができる。ところが、過去に向かって投資をすることはできないため、将来の投資収益率を予想する必要がある。もちろん、将来の投資収益率は不確実なので、投資理論ではこれを確率変数$\tilde{r}$として扱う。そして、将来の期待投資収益率(期待リターン)は、その確率変数の期待値$\mu=E[\tilde{r}]$として表す。

2 リスク

リスクとは日常、事前に期待された成果を下回る結果となってしまう可能性を指すことが多い。ただし、結果が上下どちら側に外れ易いかわかっていないならば、期待からの乖離を上下で区別せず乖離全体をリスクと捉えて問題なく、扱いはより簡単になる。そこで、投資理論では、将来リターン$\tilde{r}$の期待値μからの乖離の程度を標準偏差$\sigma = \mathrm{Std}[\tilde{r}]$で表して、リスクとして認識する。すなわち、ある証券が期待よりも上回るリターンを示したら、将来、同程度に下回る可能性もあると見なすのである。

3 ポートフォリオのリターンとリスク

一般に、投資家はすべての資産を単一の銘柄に集中投資することはなく、多くの銘柄に分散して投資を行う。このようにして保有する銘柄群をポートフォリオと呼ぶ。個々の銘柄のリターンとリスクについてはすでに学んだので、次にポートフォリオのリターンとリスクについて考える。

ある投資家が銘柄AとBに分散投資しているとし、ポートフォリオに占めるそれぞれの銘柄のウェイトをw_A、w_Bで表す($w_A + w_B = 1$)。それぞれの銘柄の期待リターンをμ_A、μ_Bと予想していたとすると、このポートフォリオの期待リターンμ_Pは、各銘柄の期待リターンをそれぞれのウェイトで加重合計した次式で表される。

$$\mu_P = w_A \mu_A + w_B \mu_B$$

一般に、N個の証券で考えると、次式で表すことができる。

$$\mu_P = \sum_{i=1}^{N} w_i \mu_i$$

一方、ポートフォリオのリスクは、期待リターンと同様に、各銘柄のリスクをそれぞれのウェイトで加重合計したものとして表されるわけではない。銘柄AとBに分散投資している場合、銘柄AとBは、通常異なった値動きをする。ポートフォリオのリスクを把握するためには、こうした銘柄間のリターンの似通いの程度、つまり相関を考慮する必要がある。

一般に、銘柄iとjの相関係数$\rho_{i,j}$は、次式で表される。

$$\rho_{i,j} = \frac{\sigma_{i,j}}{\sigma_i \sigma_j}$$

ここで、σ_iおよびσ_jはそれぞれ銘柄iと銘柄jのリスク、$\sigma_{i,j}$は銘柄iとjの共分散である。相関係数は、まったく同じ値動きをする場合には＋1、まったく逆の値動きをする場合には－1、まったく無関係な値動きをする場合には0となる。こうした銘柄間の相関関係を考慮することによって、ポートフォリオのリスクは次式のように表される。

$$\sigma_p = \sqrt{\sum_{i=1}^{N} \sum_{j=1}^{N} w_i w_j \rho_{i,j} \sigma_i \sigma_j}$$

たとえば、銘柄AとBに分散投資している場合には、そのポートフォリオのリスクは、次式で表される。

$$\sigma_p = \sqrt{w_A^2 \sigma_A^2 + 2 w_A w_B \rho_{A,B} \sigma_A \sigma_B + w_B^2 \sigma_B^2}$$

ここからもわかるように、銘柄AとBの相関係数$\rho_{A,B}$が1である場合には、ポートフォリオのリスクは、各銘柄のリスクをそれぞれのウェイトで加重合計したものとなる。しかし、前述のとおり相関係数が1となることは現実にはほとんどないため、通常は複数の銘柄に分散して投資することで、ポートフォリオのリスクは各銘柄のウェイトでリスクを加重合計した値よりも小さくなる。これをポートフォリオのリスク分散効果と呼ぶ。

4 投資成果の測定（時間加重収益率と金額加重収益率）

投資信託などは、こうしたポートフォリオ運用を行う代表的な商品である。投資信託などの実現収益率も前述のようにキャピタル・ゲインとインカム・ゲインの合計で測定されるが、運用が開始された以降に途中で追加設定による資金流入や一部解約などによる資金流出が起こるオープン型投資信託などでは、実現した投資成果（収益率）を測定することが難しい。

時間加重収益率は、こうした評価期間における資金の流出入による影響を取り除いて算出する方法で、資金の流出入が収益率に影響を与えないため、運用者（ファンドマネージャー）の能力を評価するために利用される。

一方、投資家としては資金の出入れを含めた全体の投資成果を知る必要がある。金額加重収益率は、こうした評価期間における資金の流出入を含んで算出する方法であり、内部収益率（IRR：Internal Rate of Return）とも呼ばれる。

5 効率的市場とアクティブ運用、パッシブ運用

現代投資理論では市場が効率的である状況を想定して理論展開がなされ、市場ポートフォリオがリターンとリスクの観点から見て最も有利なポートフォリオとなることが示されている。

ここでいう「効率」とは情報伝達の効率性の程度を指し、一般的には次

のような3つの概念で表されることが多い。

① Weak Form：過去の株価履歴は、すべて今の株価に織り込まれているとする考え方。株価推移に基づくテクニカル分析によって過大な投資収益を平均的に稼ぐことはできない。

② Semi-Strong Form：過去の株価履歴のみならず、あらゆる公開情報がすでに株価に織り込まれているとする考え方。公開された企業業績予想などのファンダメンタル分析を用いても、過大な投資収益を平均的に稼ぐことはできない。

③ Strong Form：公開情報のみならず、非公開情報を含めたあらゆる情報が、すべて株価に織り込まれているとする考え方。インサイダー情報を用いても、過大な投資収益を平均的に稼ぐことはできない。

現実の市場がどの程度効率的なのかには諸説があり、実際に運用に従事するファンドマネージャーの捉え方も様々である。「株価はすべての情報を瞬時に反映したものであり、将来の株価を現在の情報で予測することは不可能である」とする効率的市場仮説（Efficient Market Hypothesis）が成立していると考えるファンドマネージャーは、市場ポートフォリオを代替するベンチマーク・インデックスのリターンおよびリスクを模倣するパッシブ運用を行う。一方、現実の市場において、現代投資理論では説明できないアノマリーと呼ばれる現象が観測されることが報告されている。理論が前提とする仮説は成立していないと考えるファンドマネージャーは、市場ポートフォリオを上回るパフォーマンスを追求するアクティブ運用を選択する。

ここでパッシブ運用とは、ベンチマーク・インデックスのリターン・リスクをできるだけ再現しようとする運用形態である。実際には、①ベンチマーク・インデックスの構成銘柄をその構成ウェイトで保有しようとする完全法、②ベンチマーク・インデックスを業種や時価総額などの属性で幾つかの層に区分し、それらの層の中から代表的な銘柄を抽出してポートフォリオを構成する層化抽出法、③ポートフォリオのリスクをベンチマーク・インデックスと極力一致させるようにモデルによって最適化を行う最適化法、などが用いられる。パッシブ運用では、ベンチマーク・インデックスのリターンおよびリスクをどれだけ忠実に再現できるかによって、巧拙を測ることになる。具体的には、ポートフォリオのリターンとベンチマーク・インデックスのリターンの乖離、いわゆるトラッキングエラーによって計測する。もちろん、パッシブ運用では、トラッキングエラーが小さい方が優れた能力であるとされる。

一方、アクティブ運用は、ベンチマーク・インデックスのリターンを上回ることを目指す運用形態である。どのような手法で超過リターン（ベンチマーク・インデックスを上回るリターン）を獲得するかは、ファンドマネージャーによって千差万別である。それらの違いは、どのような非効率性が市場に残されているか、その非効率性をどのような方法でリターンとして獲得するか、という考え方の違いに基づく。代表的な手法として、過去の株価推移をもとに将来の株価動向を予想するテクニカル分析（またはチャート分析）、企業財務や経営の評価などの企業調査によって企業業績の予想に主眼を置くファンダメンタル分析などがある。また、景気動向や金利・為替といったマクロ情報をもとに、業種構成などの属性をポートフォリオに反映する方法をトップダウンアプローチと呼ぶ。逆に、株価予測や企業業績などの個別銘柄情報をもとに銘柄構成を決定した結果としてポートフォリオが組成される方法をボトムアップアプローチと呼ばれる。アクティブ運用の能力は、アクティブリターンの大きさ（ベンチマーク・インデックスのリターンをどれだけ上回ったか）だけ測られるわけではない。その超過リターンを獲得するために負担したアクティブリスク（ベンチマーク・インデックスから乖離したリスク）を考慮して、アクティブリターンをアクティブリスクで除した情報比（インフォメーションレシオ）で評価される。一般に、アクティブ運用能力が高いファンドマネージャーには、やがて多くの資金が集まってくることになる。しかし、運用する資金規模が大きくなるにつれてマーケットインパクト（証券を購入／売却しようとすることによって価格を上昇／下落させてしまうこと）などのコストを負担しなければならなかったり、他の投資家に売買の情報が広まるなどの影響で、パフォーマンスが劣化してしまうことが多い。

2 株式の運用

1 株式のポートフォリオ運用

前述のとおり、年金基金をはじめとした投資家や投資信託などでは、多くの銘柄に分散してポートフォリオ運用を行っている。現代投資理論によると市場の情報効率性が高いとすれば、市場ポートフォリオを保有することが最も有利な投資手法となるため、市場ポートフォリオとしては、投資対象とする資産を最もよく代替するベンチマークインデックスが与えられている。たとえば、国内株式への投資の場合には、東証株価指数（TOPIX）が用いられることが多い。これは、東京証券取引所上場銘柄を対象とした時価総額加重指数である。そして、そのベンチマークインデックスに対してパッシブ、もしくはアクティブに運用が行われる。

また、投資家が市場効率性は高く、超過収益を獲得することは難しいと考える場合には、パッシブ運用を選択することになる。一方、市場には非効率性が存在しており、十分に調査・分析を行うことによって超過収益を獲得することは可能であって、かつ、そうした能力のあるファンドマネージャーを見つけだすこともできると考える場合には、アクティブ運用を選択することになる。アクティブ運用は、たとえば投資家心理のオーバーシュートによる株価の歪みなど、市場の非効率を捉えて超過収益として獲得するプロセスである。このため、アクティブ運用の大きな役割は、資本市場における価格発見機能であるともいわれている。アクティブ運用がコストをかけて調査・分析したうえで投資行動を行うことによって価格付けをするという市場機能を有するのに対して、パッシブ運用はいわば「フリーライド（ただ乗り）」していると批判されるのは、そのためである。現実に市場参加者の大多数がパッシブ運用を選択するようになれば、市場の非効率性が是正されないまま放置され、歪んだ価格によって市場で取引がなされるようになってしまうことも起こり得よう。

2　株式の価値

アクティブ運用では、個々のファンドマネージャーは自らが持つ独自の情報に基づいて株価評価を行い、市場価格が割安／割高であると判断すれば購入／売却することによって、その後に市場価格が適正価格（Fair Value）に収れんしていく過程において、超過収益を獲得するという戦略が用いられることがある。それでは、適正価格とはどのように評価されるのだろうか。資産の価値評価は一般に、その資産から発生する将来のキャッシュフローを現在価値に割り引いた合計値として算出される。株式から発生するキャッシュフローは主に配当であるため、ここでは配当割引モデルを用いて考えてみる。ここで、$t+1$時点で配当D_{t+1}が得られ、その時点での株価がP_{t+1}であるとする。現在価値に割り引く割引率をkとすれば、t時点の株価P_tは、次式で表される。

$$P_t = \frac{D_{t+1}}{1+k} + \frac{P_{t+1}}{1+k}$$

同様にして、$t+1$時点での株価P_{t+1}は、次式で表される。

$$P_{t+1}=\frac{D_{t+2}}{1+k}+\frac{P_{t+2}}{1+k}$$

これを上式に代入すると、次式となる。

$$P_t=\frac{D_{t+1}}{1+k}+\frac{1}{1+k}\left(\frac{D_{t+2}}{1+k}+\frac{P_{t+2}}{1+k}\right)$$

これを逐次的に繰り返していくことによって、次式が得られる。

$$\begin{aligned}P_t&=\frac{D_{t+1}}{1+k}+\frac{D_{t+2}}{(1+k)^2}+\frac{D_{t+3}}{(1+k)^3}+\cdots+\frac{D_{t+N}}{(1+k)^N}+\cdots\\&=\sum_{i=1}^{\infty}\frac{D_{t+i}}{(1+k)^i}\end{aligned}$$

ここで、配当が一定の成長率gで成長していくと仮定すると、次式のように表される。

$$\begin{aligned}P_t&=\frac{D_{t+1}}{1+k}+\frac{D_{t+1}(1+g)}{(1+k)^2}+\frac{D_{t+1}(1+g)^2}{(1+k)^3}+\cdots+\frac{D_{t+1}(1+g)^{N-1}}{(1+k)^N}+\cdots\\&=\sum_{i=1}^{\infty}\frac{D_{t+1}(1+g)^{i-1}}{(1+k)^i}\end{aligned}$$

これを等比数列の和の公式を用いて整理すると、次式となる。

$$P_t=\frac{D_{t+1}}{k-g}\quad \text{ただし、} k>g$$

これを定率成長モデルと呼ぶ。

このように、概念的には株価を評価できるように思えるものの、実際には将来の配当流列、もしくは配当の成長率を正確に予想しなければならない。ところが配当は、企業業績が想定以上に「良い／悪い」場合には予定配当額から「増配／減配」されることがある。加えて割引率kは、その企業に対する投資家のリスクプレミアム（リスクを負担することに伴う対価のことを指す）が反映されたものであり、適切に把握することは難しい。

こうした点から、配当だけでなく企業が将来獲得するキャッシュフロー全体に着目したモデルや、企業が調達した資本コストを超過する利益やキャッシュフローに着目したモデルなど、多くの株価評価モデルが提案され、実際に用いられている。

3 テクニカル分析とファンダメンタル分析

テクニカル分析は、個々の銘柄の企業業績や経営・財務の状況などの情報を用いることなく、過去の株価推移や出来高など市場での取引実績の時系列データをもとに将来の株価を予想しようとするものである。過去の株価は市場参加者がとった投資行動の結果であり、投資家心理の情報が集約されていると捉えることもできる。そこで、そうした投資家心理を利用しようとしたものや移動平均、回帰トレンドなどの統計的な手法を用いるものなど、様々な指標が用いられている。

ファンダメンタル分析は、たとえば、株価評価モデルのインプットとして企業業績の予想を行うなど、企業財務や経営の評価などの企業調査に主眼を置くものである。そして、独自に収集した情報がどの程度株価に織り込まれているのかを推し量る指標として、PBR（株価純資産倍率）、PER（株価収益率）、PCFR（株価キャッシュフロー倍率）などのバリュエーション指標が用いられる。

PBR は株価を 1 株当たり純資産で除したもので、純資産に対してどのくらいの価格が付いているのかを表している。PBR が 1 倍の銘柄を保有していたとすると、その時点で会社を清算すればバランスシート上の 1 株当たり純資産と同額が払い戻されることと同義となる。PER は株価を 1 株当たり利益で除したもので、利益に対して何倍の価格が付いているかを示している。PER はその絶対的な水準というよりも、同じ業種内での相対的な「割高／割安」を比較するのに用いられることが多い。PCFR も同様に、株価を1株当たりキャッシュフローで除したもので、企業が生み出すキャッシュフローに対して何倍の価格が付いているのかを示している。ここで、キャッシュフローは当期純利益に減価償却費を加えたものが用いられることが多いが、これは会計上の利益だけでなく、実際に企業が自由に使えることができるキャッシュに着目して「割高／割安」を比較するためである。こうしたバリュエーション指標を用いることで、情報が市場での株価にどの程度織り込まれているかを推し量ることができる。

ファンダメンタル分析では、通常、株価への情報の反映度合いを分析するだけでなく、企業の財務状態などの安全性や収益性・効率性、成長性などの「調査／分析」も行われる。投資家の立場からは、ROE（Return On Equity）を高める経営が行われることが望ましい。ROEは当期純利益を自己資本で除したものであり、企業の収益性を表す指標である。ROEは、次のように分解することができる。

$$\frac{\text{当期純利益}}{\text{自己資本}}=\frac{\text{当期純利益}}{\text{売上高}}\times\frac{\text{売上高}}{\text{総資産}}\times\frac{\text{総資産}}{\text{自己資本}}$$

この式の右辺に着目すると、「当期純利益／売上高」は売上高利益率、「売上高／総資産」は総資産回転率、「総資産／自己資本」は財務レバレッジと呼ばれている。そして、これらはそれぞれ、売上高利益率は企業の収益性、総資産回転率は資産の効率性、財務レバレッジは財務の安定性を表す指標となっている。ファンドマネージャーは、このようにして、多面的な角度から投資対象となる銘柄を分析し、ポートフォリオへの組入れの判断を行っているのである。

4 コーポレートガバナンス

一般に、企業は事業を行うための資金を、株式や債券の発行や銀行借入れなど、様々な形態で調達している。企業の資金調達手段の多様化は、相互に利害の対立する可能性がある様々なステイクホルダー（利害関係者：株主、債権者、経営者、従業員など）を生み出していることになる。コーポレートガバナンスは、これらの各ステイクホルダー間の権限や責任などの関係を調整し、会社として価値を最大化するための効率的な意思決定、もしくは監視システムを構築する枠組みであるといえる。

従来、日本ではメインバンク制度や株式持合い、日本的経営などの言葉に代表されるように、戦後の国際競争力強化のために独特の経営システムが導入されていた。そのため、株主によるコーポレートガバナンスはあまり重要視されてこなかった。一方、米国でも過去には主に年金基金などの投資家は「物言わぬ投資家」と呼ばれ、投資先企業の経営や株価へ不満がある場合には市場で株式を売却する、いわゆる「ウォールストリート・ルール」が支配していた。

ところが、昨今では年金基金の資産規模が拡大し、基金の行動が運用パフォーマンスに与える影響が無視できなくなるとともに、米国で発生した粉飾会計問題を契機として2002（平成14）年にサーベンス・オクスリー法（SOX 法）が制定されたことなどから、年金基金が「株主として」コーポレートガバナンスに参加する方向に変化してきている。こうした動きを受けて、日本の機関投資家の中でも、議決権行使の動きなどが見られるようになってきている。

3 債券の運用

1 債券の価値

債券という資産の特性を考えるにあたって、まずは債券の適正価格について理解しておく必要がある。前述のとおり、資産の価値評価は一般に、その資産から発生する将来のキャッシュフローを現在価値に割り引いた合計値として算出される。債券から発生するキャッシュフローはクーポンC、および満期時に償還される額面100円である。これらのキャッシュフローに不確実性がないとすると、現在価値に割り引く割引率には金利（無リスク資産利子率）r 用いて、債券価格Pは、次式で表すことができる。

$$
\begin{aligned}
P &= \frac{C}{(1+r)^1} + \frac{C}{(1+r)^2} + \cdots + \frac{100}{(1+r)^N} \\
&= \sum_{n=1}^{N} \frac{C}{(1+r)^n} + \frac{100}{(1+r)^N}
\end{aligned}
$$

この式から、金利rが「上昇／下落」すると、債券価格Pは「下落／上昇」することがわかる。債券を満期まで保有していれば額面である100円で償還されるが、それまでの間は金利の「上昇／下落」によって時価が変動するのである。債券を保有すれば、市場の金利変動に起因する債券価格の変動リスクに晒されることになる。このリスクを金利リスクと呼ぶ。

将来のキャッシュフロー（クーポンや償還額）はあらかじめ決められているから、債券投資の不確実性は主に金利リスクである。よって、この金利リスクを被る程度、すなわち、金利変動１単位当たりの債券価格の変動の度合いである金利感応度によって、債券の特性はおおよそ決まる。市場には、残存期間の長いものや短いもの、クーポンが高いものや低いものなど様々な債券が流通しているが、それらを横断的に金利感応度によって管理できるのである。したがって、金利感応度が重要となるが、それは実質的な平均残存年数であり、デュレーションと呼ばれる。デュレーションは、残存期間が長いほど、クーポンが小さいほど大きくなる。

2　金利の期間構造（イールドカーブ）

銀行の定期預金などは通常、１ヵ月物など期間の短いものよりも、５年物など期間の長いものの方が金利は高い。これと同じように、市場で形成される金利も残存期間に応じて異なり、通常は残存期間が長いほど金利水準も高くなっている。横軸に残存年数、縦軸に金利水準を取ったグラフにプロットすることで､金利の期間構造（イールドカーブ）が得られる（｢図表４－３－１」参照)。残存期間が長いほど金利が高い右肩上がりの状態を順イールドと呼んでいる。逆に、残存期間が長いほど金利が低い右肩下がりの状態を逆イールドと呼ぶ。

イールドカーブの形状は、時間の経過とともに時々刻々と変化する。一般に、このような曲線の時間変化を捉えるのは難しいが、シフト（水準変化)、ツイスト（傾斜変化)、カーベチャー（曲率変化）という３つの成分で、イールドカーブの変化がほとんど説明できることが知られている。

■図表４－３－１　イールドカーブ

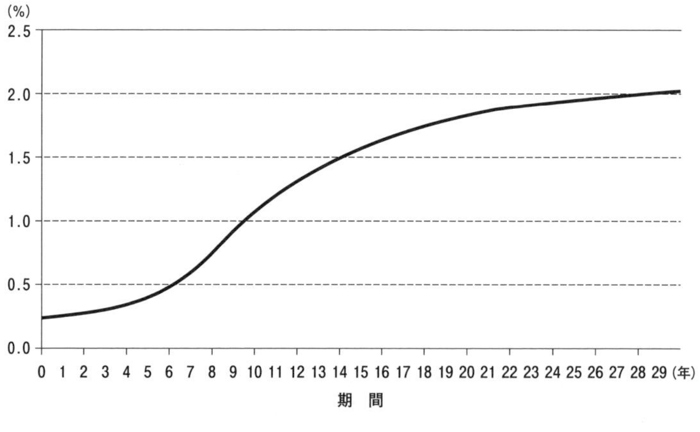

3　債券のポートフォリオ運用

債券のポートフォリオ運用でも、株式と同様に市場ポートフォリオを代替するベンチマーク・インデックスとして、市場で取引される債券の時価総額加重指数が用いられ、国内債券への投資の場合には、たとえば

NOMURA-BPIというベンチマーク・インデックスが用いられることが多い。そして、そのベンチマーク・インデックスに対してパッシブ、もしくはアクティブに運用が行われるのも、株式の場合と同様である。

アクティブ運用の手法としては、将来の金利予測に基づく手法や銘柄間の相対的な「割高／割安」に基づく手法などによって、ベンチマーク・インデックスに対してアクティブなポジションをとっていく戦略が一般的である。

一方、債券は株式とは異なり、満期という期間の概念があったり、クーポンという定期的な利息の支払いがあるなど、あらかじめ定められたキャッシュフローが得られやすい資産である。そのため、将来得られるであろうキャッシュフローの不確実性、つまりリスクが低く、通常は、期待リターンも株式に比べると低い。

債券のポートフォリオ運用では、こうした債券の性質を利用した運用も行われることがある。たとえば、年金プランなどのように、定期的に給付支払いが発生するようなケースでは、そのキャッシュフローのタイミングに債券の満期構成をあわせることで、債券の売買に伴う金利リスクやコストの発生を回避することができる。こうした手法は、キャッシュフローマッチングと呼ばれる。

また、投資主体が金利リスクを有する負債を保有していたとすると、その金利リスクを削減することができるイミュニゼーションもしくはデュレーションマッチングという戦略が活用されることも多い。これは、前述の金利感応度、つまりデュレーションを活用して、負債のデュレーションに債券ポートフォリオのデュレーションを一致させる投資手法である。

債券ポートフォリオの代表的な構築方法は、各年限ゾーンの満期構成を満遍なく保有するラダー（ladder）型、短期ゾーンと長期ゾーンを集中的に保有するバーベル（barbell）型、中期ゾーンを集中的に保有するブレット（bullet）型に分けられる。

ラダー型ポートフォリオは、主に債券を償還まで保有することを前提にしたポートフォリオである。各年限ゾーンの満期構成を満遍なく保有することで、債券が償還を迎えるつど、その資金を長期ゾーンの年限に再投資し、満期構成を維持する手法である。金利変化に対して時価が変動することによる評価損益は発生するものの、基本的に債券を売却しないため実現損益とはならず、売買があまり生じないことから取引費用を抑制できるという利点がある。

ラダー型ポートフォリオでは金利変化の予測などを行わず、機械的に銘柄入替えを行うため、パッシブ運用に分類されることもある。

一方、バーベル型もしくはブレット型ポートフォリオは、金利変化の予測などを活用し、積極的にリスクをとって運用するアクティブ運用に分類される。

イールドカーブ全体が「上昇／下落」すると予測している場合には、ポートフォリオのデュレーションを「短期化／長期化」すればよい。しかし、イールドカーブ全体の水準変化は不明だがイールドカーブの形状変化に着目する場合には、同じデュレーションを持つバーベル型ポートフォリオとブレット型ポートフォリオを機動的に選択する戦略が有効である。

傾斜成分のフラット化や曲率成分の凸化を予測する場合には、バーベル型ポートフォリオが有利になる。傾斜成分がフラット化する、つまり、短期ゾーンの金利上昇（価格下落）・長期ゾーンの金利下落（価格上昇）が起これば、短期ゾーンと長期ゾーンを集中的に保有するバーベル型ポートフォリオは、短期ゾーンで価格下落・長期ゾーンで価格上昇が発生する。長期ゾーンの債券のデュレーションは長いため、短期ゾーンと長期ゾーンの金利変化が同程度であれば、バーベル型ポートフォリオ全体としてはプラスの収益率をもたらすことになる。

■図表４－３－２　効率的フロンティア

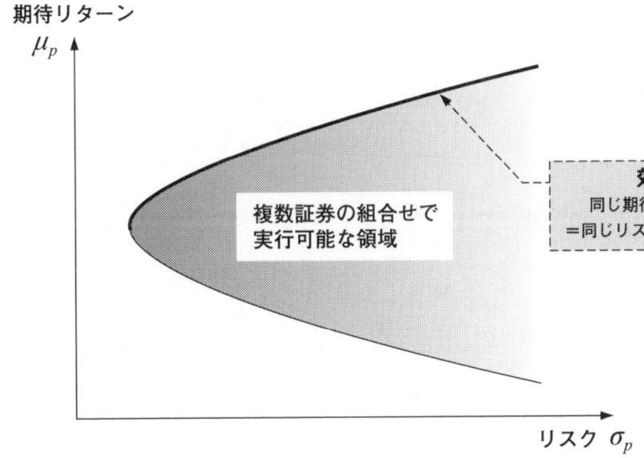

また、曲率成分が凸化する、つまり、中期ゾーンの金利上昇が起これば、中期ゾーンを集中的に保有するブレット型ポートフォリオは、マイナスの収益率となる。逆に傾斜成分のスティープ化や曲率成分の凹化を予測する場合には、ブレット型ポートフォリオが有利になる。

4　信用リスク

債券の価格変化を引き起こす主な要因（リスクファクター）は、金利であることはすでに述べた。債券にはその他にも様々なリスクファクターがあるが、信用リスクは流動性リスクとともに、その代表的なファクターとしてあげることができる。信用リスクとは一般に、債務者が契約などに基づいて発生した債務を履行できなくなる、いわゆる債務不履行（デフォルト）に陥ることを指す。

債券の種別には、国家・政府が発行する国債をはじめとして、地方公共団体が発行する地方債、民間企業が資金調達のために活用する社債など、債券の発行主体別に様々な種類がある。債券から発生するキャッシュフローであるクーポンや償還額面は、そうした発行体が契約によって支払いを約束したものである。

しかし、その発行体が、何らかの理由で予定していた支払いができなくなる（遅延、減額も含む）ことがある。つまり、デフォルトに陥ることが起こり得る。こうした将来のキャッシュフローの不確実性を信用リスクと捉えるのである。

この不確実性は、将来の一定期間内にデフォルトが起こる確率（デフォルト確率）と、デフォルトが起こった場合に債券保有者が受け取る回収額の債券額面に対する比率（回収率）によって表すことができる。また民間の格付会社は、特定の公社債その他の証券やその発行体について、信用リスクをAAA、AA、Aなどの簡単な記号で表して公表しており、こうした信用格付は一般に広く用いられている。

4 ポートフォリオ運用

昨今では年金などをはじめとした機関投資家のみならず、個人を含めた一般投資家にまで証券投資が浸透してきているが、そこでは本章で学んだ証券投資理論は必要不可欠となってきている。これまでは株式や債券といった資産別の投資手法などを中心に解説してきたが、本節では主に資産配分に焦点を当てて解説する。

1　資産配分（アセット・アロケーション）

投資対象とする様々な資産に投資資金をどれくらい配分するのかを、資産配分（アセット・アロケーション）問題と呼ぶ。多くの実証研究では、実際の投資成果のほとんどは、アセット・アロケーションで決定される、ということが示されている。こうしたアセット・アロケーションの策定方法として、次のような考え方が提唱されている。

①ポリシー・アセット・アロケーション（PAA：Policy Asset Allocation

政策AA）

長期的な観点からベースラインとなるポートフォリオを決める意思決定。資本市場の効率性をある程度前提とし、数年に一度のサイクルで行われる。

②タクティカル・アセット・アロケーション（TAA：Tactical Asset Allocation　戦術的AA）

経済情勢の変化や市場間の一時的不均衡による短期的な価格変動をとらえて資産配分を機動的に変更することによって、ポリシー・アセット・アロケーションを維持している場合よりも高いリターンを獲得しようとする戦術である。

③ダイナミック・アセット・アロケーション（DAA：Dynamic Asset Allocation）

損失を一定の値までに留めたい等の目的で、一定のフォーミュラに従って配分比率を変更する手法である。継続的に資産配分を変更するという意味ではタクティカル・アセット・アロケーションと似ているが、各資産クラスの一時的な不均衡を利用するものではない。

これらをすべて統合したものは統合アセット・アロケーションと呼ばれ、年金などの機関投資家の間ではALM分析などを活用して、アセット・アロケーションを策定するうえで実践されている。

2 資産配分（アセット・アロケーション）の決定

4編3章❶で学んだように、ポートフォリオの期待リターンは、ポートフォリオに含まれる各銘柄のウェイトで各銘柄の期待リターンを加重合計した値として表される。

一方、ポートフォリオのリスクは分散効果により、各銘柄のウェイトとリスクの加重合計値よりも小さくなる。リターンとリスクの観点から最も有利なポートフォリオ、つまり同じリスク水準で最も期待リターンの高いポートフォリオ、もしくは同じ期待リターンの水準で最もリスクの小さいポートフォリオ群を効率的フロンティアと呼ぶ(「図表4－3－2」参照)。

この効率的フロンティアは、各銘柄の期待リターン・リスク・相関係数が与えられれば、所与の期待リターン水準のもとでのリスク最小化問題を解くことで算出できる。

アセット・アロケーションの決定では、各銘柄の代わりに投資対象資産の期待リターン・リスク・相関係数を与えれば、同様に効率的フロンティアが得られる。加えて、各投資対象資産への投資比率の制約（上限や下限)、目標期待リターンもしくはリスク水準などの諸条件を加味して、最終的なアセット・アロケーション候補を選定する。

そして、そうした資産配分の候補の中から実際のポートフォリオを選択する際には、次の多面的な分析を行ったうえで実際の配分が決定される。

①モンテカルロ・シミュレーション

コンピュータによって多数の乱数を発生させ、多期間にわたるポートフォリオの収益率をシミュレーションする手法

②ヒストリカル・シミュレーション

現実に起こった過去の相場環境に基づくデータを利用して、多期間にわたるポートフォリオの収益率をシミュレーションする手法

③ストレステスト

現実に起こった市場危機時など、過去の特定の相場環境に基づくデータを利用して、多期間にわたるポートフォリオの収益率をシミュレーションする手法

その他にも、VaR（Value at Risk）などのような一定の収益率を下回る可能性をリスクと捉えて、下方リスクを抑制するようなポートフォリオを選択する方法がとられることもある。

第5編
証券税制と会計制度

第1章

個人に係る証券税制

1 公社債取引税制

国、地方公共団体、企業などが発行する公社債は、満期まで定期的に利子が支払われ満期時に額面金額が償還される利付債と、利払いがない代わりに利子相当分を額面金額から割り引いた価格で発行され満期時に額面金額が償還される割引債とに大別される。公社債に投資を行うと、利子収入・償還差益・売買差益が発生することになり、投資効率も税金を考慮するか否かによって異なってくる。

【重要】復興特別所得税について

「東日本大震災からの復興のための施策を実施するために必要な財源の確保に関する特別措置法」が、2011年11月30日に成立した。これによって、2013年１月１日から2037年12月31日までの25年間、所得税額に対し復興特別所得税として2.1％が課税されることとなった。

【証券投資に関する税率】

	～2012年 12月31日	2013年 １月１日～12月31日	2014年 １月１日～
上場株式等の 譲渡所得・配当所得	10% （所得税７％・住民税３％）	10.147% （所得税7.147％・住民税３％）	20.315% （所得税15.315％・住民税５％）
利子所得	20% （所得税15％・住民税５％）	20.315% （所得税15.315％・住民税５％）	

1 利子に対する税金

所得税法上、利子所得とは「公社債及び預貯金の利子並びに合同運用信託、公社債投資信託及び公募公社債等運用投資信託の収益の分配に係る所得をいう」（所得税法23条1項）と定義されており、公社債の利子には、原則として、国税である所得税と、地方税である住民税が課税されることになる。

金融所得課税の一体化拡充施策により、2016年から、租税特別措置法で定められた特定公社債の利子所得は、これまでの源泉分離課税から税率20.315％（所得税15.315％、住民税5％）の申告分離課税の対象となり、特定口座で源泉徴収を選択した場合は、特定口座に利子を受け入れることで申告不要を選択することが可能となった。

特定公社債の範囲は以下のとおり。

①国債、地方債、外国国債、外国地方債

②会社以外の法人が特別の法律により発行する債券（外国法人に係るものならびに投資法人債、短期投資法人債、特定社債および特定短期社債を除く）

③公募公社債、上場公社債

④発行日の前9ヵ月（外国法人においては前12ヵ月）以内に有価証券報告書等を提出している法人が発行する社債

⑤国外において発行された公社債で、次に掲げるもの（取得後引き続き保護預りがされているものに限る）

(a)国内において売出しに応じて取得したもの

(b)国内における売付け勧誘等に応じて取得した公社債で、取得日の前9ヵ月（外国法人においては前12ヵ月）以内に有価証券報告書等を提出している法人が発行したもの

⑥金融商品取引所または外国金融商品取引所において公表された公社債情報（一定の期間内に発行する公社債の上限額、発行者の財務状況等その他その公社債に関する基本的な情報をいう）に基づき発行される公社債で、目論見書に当該公社債情報に基づき発行されるものである旨の記載のあるもの

⑦外国法人が発行し、または保証する債券で政令で定めるもの

⑧国内または国外の法令に基づいて銀行業または金融商品取引業を行う法人またはその100％子会社等が発行する社債（その取得をした者が実質的に多数でないものとして政令で定めるものを除く）

⑨2015年12月31日以前に発行された公社債（発行時に源泉徴収がされた割引債を除く）

2　利子に対する非課税制度

利子に対する非課税の制度としては、障害者等の少額貯蓄非課税制度や勤労者財産形成住宅貯蓄および勤労者財産形成年金貯蓄の利子非課税制度などがあるが、ここでは、障害者等の少額貯蓄非課税制度である所得税法上の「障害者等の少額預金の利子所得等の非課税制度」と、租税特別措置法上の「障害者等の少額公債の利子の非課税制度」にのみ触れることとする（「障害者等」の範囲については後述）。

⑴　障害者等の少額預金の利子所得等の非課税制度（障害者等のマル優）

障害者等の少額預金の利子所得等の非課税制度は、いわゆるマル優と呼ばれるもので、障害者等の資格のある者が、預金等をする日までに金融機関を経由して所轄税務署長に「非課税貯蓄申告書」を提出し、原則として、預金等の預入のつど、金融機関に「非課税貯蓄申込書」を提出して預入を行った場合には、非課税限度額（１人元本350万円、租税特別措置法３条の４）の範囲内で、その預金等の利子については非課税扱いが受けら

れるというものである。

なお、申告書の提出にあたっては、公的書類を金融機関に提示して、障害者等であることについてその確認を受けなければならない。

非課税制度の適用を受けることができる者の範囲（障害者等）は、国内に住所を有する次の者と定められている。

①身体障害者手帳の交付を受けている者

②遺族基礎年金を受けることができる妻（遺族基礎年金受給者）

③寡婦年金を受けることができる妻（寡婦年金受給者）

④上記①から③の者に準じるものとして政令で定める者

非課税扱いの適用を受けられる対象商品は、預貯金、合同運用信託、特定公募公社債等運用投資信託および一定の有価証券に限られている。一定の有価証券とは、以下のとおり。

①国債および地方債

②特別の法令により設立された法人が発行する債券

③長期信用銀行債、特定社債、全国連合会債、商工債

④政府保証債

⑤内国法人の発行する社債で、証券会社を通じて公募されるもの

⑥公社債投資信託の受益権（外国投資信託を除く）

⑦公募公社債等運用投資信託の受益権（委託者指図型投資信託に限るものとし、外国投資信託を除く）

⑧社債的受益権（募集が公募に限る）

⑨外国、外国の地方公共団体その他の外国法人（財務省令で定める国際機関を除く）の発行する債券のうち、証券会社を通じて公募されるもの

また、非課税扱いの適用を受けるためには、①から⑤については国内において発行されたものに限る。⑥および⑦については、募集が国内で行わ

れる受益権で信託の設定（追加設定を含む）があった日に購入されたものに限られる。

さらに、購入した有価証券については、貯蓄の受入金融機関等で、保管の委託（保護預り）をしておかなければならないので、現物で保有すると、マル優が適用されない。

⑵　障害者等の少額公債の利子の非課税制度（障害者等の特別マル優）

障害者等の少額公債非課税制度は、いわゆる特別マル優と呼ばれ、国債および公募地方債のみを対象とした非課税制度である。

非課税の適用を受けるためには、障害者等の少額預金の利子所得等の非課税制度の手続きと同様に、「特別非課税貯蓄申告書」および「特別非課税貯蓄申込書」を、購入機関を通じて所轄税務署長に提出する必要がある。

また、非課税扱いとなるのは元本（額面）350万円までの利子であり（租税特別措置法4条）、この特別マル優は、マル優とは別枠で利用でき、合計元本700万円まで非課税扱いとすることができる。

3　割引債の償還差益に対する税金

2016（平成28）年から、金融所得課税の一体化拡充施策により、償還差益は、これまでの雑所得から、原則、公社債の譲渡所得等に係る収入金額とみなし、償還時に20.315％（所得税15.315％、住民税5％）の申告分離課税の対象となった。上場株式等の譲渡損益と通算可能で、特定口座で源泉徴収を選択した場合は、申告不要を選択できる。

ただし、発行時に18％（2013年以降に発行された場合は復興特別所得税を上乗せした18.378％）の源泉分離課税が適用され課税関係が終了しているものについては、譲渡による所得は非課税とすることとされた。

源泉分離課税が適用される公社債は、主に以下のとおりである。

①2015年12月31日以前に発行された国債および地方債
②2015年12月31日以前に発行された内国法人が発行する社債（会社以外の内国法人が特別の法律により発行する債券を含む）
③2015年12月31日以前に発行された外国法人が発行する債券（国外において発行する割引債にあっては、2008年5月1日以後発行されるもので、その債券の社債発行差金のうち国内において行う事業に帰せられるものがある場合に限る）
④2016年1月1日以後に発行された預金保険法に規定する長期信用銀行債等および農水産業協同組合貯金保険法に規定する農林債

4 売買差益に対する税金

2016年から、金融所得課税の一体化拡充施策により、譲渡益は、これまでの非課税から、原則、公社債の譲渡所得等に係る収入金額とみなし、20.315％（所得税15.315％、住民税5％）の申告分離課税の対象となった。上場株式等の譲渡損益と通算可能で、特定口座で源泉徴収を選択した場合は、申告不要を選択できる。

5 外国債券に対する税金

2016（平成28）年からは、特定公社債の利子が申告分離課税に変更されたことから、確定申告により所得税額から外国税額（国外で生じた所得について外国の法令に基づいて納めた所得税に相当する額）を控除することができる。なお、国外所得が生じた年と外国所得税を納付する年が異なる場合は、外国所得税の額と所得税の控除限度額との差額のうち一定額を翌年以降3年間繰り越すことができる。

2 株式等取引税制

1 配当金に対する課税（配当課税）

⑴ 配当所得

配当所得とは、株主や出資者が法人から受ける配当や投資信託および特定受益証券発行信託の収益の分配などに係る所得をいう。以下、2014年1月1日以降に支払いを受けた配当等について記載する。

⑵ 配当所得の源泉徴収

上場株式等【参考5－1】の配当に対しては20.315％（所得税15.315％、住民税5％）の源泉徴収が行われる。ただし、上場株式等の配当であっても、発行済株式総数の3％以上保有の個人株主に対する配当金は適用外となり、総合課税の対象となる。なお、未公開株式等の配当に対する課税は所得税のみ20.42％の源泉徴収が行われる。

【参考5－1】上場株式等

「上場株式等」とは、上場株式、上場新株予約権付社債、公募株式投資信託、上場不動産投資証券、ETF、外国上場株式、特定公社債、公募公社債投資信託等をいう。

⑶ 配当所得の課税

上場株式等の配当所得について、確定申告をする場合には、総合課税または申告分離課税のいずれか一方を選択する。確定申告をしない場合には、源泉徴収のみで課税関係が終了する確定申告不要制度を選択する。

(i)総合課税

総合課税とは、各種所得の金額を合計して所得税額を計算するものである。

総合課税の対象とした配当所得については、一定のものを除き配当控除の適用【参考5－2】を受けることができる。

【参考5－2】配当控除とは

配当所得（源泉徴収される前の配当金額、負債利子がある場合には負債利子控除後の金額）が総合課税の対象となる場合、配当金額に応じた税額控除を受けることができる制度を配当控除という。

配当控除額は、配当所得の10％（住民税においては2.8％）であり、課税総所得金額が1,000万円を超えている部分の配当所得に対しては5％（住民税においては1.4％）となる。

(ii)申告分離課税

申告分離課税とは、上場株式等の譲渡損益を他の所得と区分して計算し、算出された税額を申告納税する制度である。税率は、20.315％（所得税15.315％、住民税5％）である。申告分離課税の選択は確定申告する上場株式等の配当所得の全額を対象としなければならない。

上場株式等の配当について申告分離課税を選択した場合、上場株式等の譲渡損失と損益通算が2009年1月1日から認められている。

申告分離課税を選択すると、配当控除の適用はない。

(iii)確定申告不要制度

配当所得のうち、上場株式等の配当【参考5－3】については納税者の判断により確定申告をしなくてもよいとされており、これを確定申告不要制度という。

この制度を適用するかは、1回に支払いを受けるべき配当金等の額ごとに選択することができる。

なお、確定申告不要制度を選択した配当所得に係る源泉徴収額は、その年分の所得税額から差し引くことはできない。

【参考5－3】上場株式等の配当の例外

上場株式等の配当のうち、発行済株式総数の3％以上保有の個人株主に対する配当金は適用外となる。

ⅳ配当所得の計算

上場株式等の配当による配当所得の金額は、原則として、その年に受け取った配当金額がそのまま配当所得の金額となる。

ただし、確定申告をする場合、株式を取得するために要した借入金の利子がある場合には、その借入金の利子のうちその年の元本を有していた期間に対応する金額を控除した額が、配当所得の金額となる。

2 譲渡益に対する課税（譲渡所得）

⑴ 課税方法

株式等を譲渡した場合は、他の所得と区分して税金を計算する申告分離課税となる。

また、特定口座制度（金商業者等が年間の譲渡損益を計算する制度）が設けられており、この特定口座での取引については、源泉徴収口座か簡易申告口座を選択することができる。源泉徴収口座を選択した場合にはその口座内における年間取引の譲渡損益および配当等については、原則として、確定申告をする必要はない。ただし、他の口座での譲渡損益と相殺する場合、配当所得と損益通算する場合および上場株式等に係る譲渡損失を繰越控除する特例の適用を受ける場合には、確定申告をする必要がある。

⑵ 課税対象者と税率

居住者および国内に恒久的施設を有する非居住者が株式等を譲渡した場合に、その株式等の譲渡に伴う所得は他の所得とは区別され（総合課税されない）、事業所得、譲渡所得、もしくは雑所得として課税される。具体的には、その株式等の譲渡が営利を目的として継続的に行われ、株式の売買を本業としている場合は事業所得または雑所得とされ、それ以外の場合は譲渡所得とされる。

年間の上場株式等の譲渡に伴う譲渡所得に対して適用される税率は、

2014年１月１日以降は20.315％（所得税15.315％、住民税５％）とされている（５編１章❶「【重要】復興特別所得税について」を参照）。

⑶ 上場株式等の譲渡損益の計算方法

株式等の譲渡損益とは、譲渡による収入金額から、当該株式の取得に要した原価等の合計額（取得原価）を控除した金額である。

取得原価は、当該株式を最初に取得した時からその譲渡の時点までの期間について、最初に取得した時に有していた株式およびその期間中に取得した株式について、総平均法に準じて計算する。

したがって、譲渡するたびにそれまでの平均単価を計算して、その単価が譲渡時点での取得原価となる。

また、株式等の取得に要した負債は、その年に支払うべき借入金利子がある場合、譲渡損益を計算する際に控除することができる。

以上をまとめると、次のような計算式となる。

> 譲渡損益＝(譲渡による収入金額)－(約定代金＋売買委託手数料(消費税含む)＋借入金金利)

このようにして譲渡損益を計算し、譲渡損失が生じた場合には、他の株式等の譲渡所得等から差し引くことができ、差し引けない時は３年間の繰越しが認められるが、株式等の譲渡による所得以外の所得との通算は認められない。

ただし、前述のとおり、2009年１月１日からは、上場株式等に係る譲渡損失と上場株式等に係る配当所得（申告分離課税を選択）との損益通算が導入され、2010年１月１日からは、特定口座での損益通算が可能となった。

3 投資信託取引税制

投資信託は、運用対象や仕組み、募集方法などの違いによって分類され、その種類は多様である。また、その分類によって課税の方法も異なる。

本章では一般的に投資信託と呼ばれる契約型公募証券投資信託から生じる次の損益に対する課税の仕組みを、株式投資信託と公社債投資信託に分けて説明する。

①期中分配時における収益（期中分配金）

②償還時における収益（償還差益）

③中途換金時における収益（解約差益、買取差益）

1 株式投資信託の収益に対する課税

償還・解約・買取による差益は譲渡益として課税される。課税される際は「単位型（ユニット型）」では、購入時の設定額（通常１万円）を元本とするが、「追加型（オープン型）」の場合は、「個別元本方式【参考５－４】」によって元本が計算される。

【参考５－４】個別元本方式

「追加型（オープン型）」の証券投資信託は、運用期間中はいつでも基準価額にて追加設定ができるため、同一受益者が複数回異なる基準価額で追加設定することが想定される。このような場合に税元本を確定する方法として、各人受益者の個別購入価額を元本とする「個別元本方式」を採用している。

この方式では各受益者の個別元本はそれぞれ異なり、複数回追加設定する際は、追加設定ごとの加重平均により元本が計算される。

(1) 期中分配時における課税

株式投資信託の期中分配金については、「普通分配金」（後述のとおり

「特別分配金」には課税されないため）に対して20.315％（所得税15.315％、住民税５％）の源泉徴収が行われる。

「特別分配金」が非課税とされているのは、信託財産の元本部分である収益調整金を原資として支払われた、元本の払い戻し部分と考えられているためである。次の例で説明する。

【計算例】

受益者Ａ　個別元本10,000円　受益者Ｂ　個別元本11,000円

その後投資信託の基準価額が11,500円となって、今回決算で1,500円（税込）を分配することになった。また、分配後の基準価額は10,000円となった（基準価額11,500円－分配金1,500円）。受益者Ａ、Ｂにおける税金を差し引いた受取金額は、次のとおりである。

〈受益者Ａ〉

分配後の基準価額が個別元本と同額で「特別分配金」は０円

「普通分配金」　：1,500円

「税引後分配金」：1,500円－304円（所得税229円、住民税75円）＝1,196円

「特別分配金」　：０円

「受取金額」　　：1,196円（受益者Ａの分配後個別元本は10,000円で変わらず）

〈受益者Ｂ〉

分配後の基準価額が個別元本を下回るので「特別分配金」は差額の1,000円

「普通分配金」　：500円

「税引後分配金」：500円－101円（所得税76円、住民税25円）＝399円

「特別分配金」　：1,000円（非課税）

「受取金額」　　：1,399円（受益者Ｂの分配後個別元本は10,000円に変更）

⑵ 償還時における課税

償還価額が個別元本を上回る場合、その超過部分（償還差益）は譲渡所得として20.315％（所得税15.315％、住民税５％）が源泉徴収される。

⑶ 中途換金時における課税

投資信託の中途換金には、解約請求と買取請求の２つの方法がある。解約請求は、受益者が販売会社を通じて、委託会社へ信託契約解約の実行を請求する換金方法である。

一方、買取請求は受益者が販売会社へ受益証券の買取を請求し、その受益証券を買取した販売会社がいったん受益者となり、委託会社へ信託契約解約実行を請求する換金方法である。

以前は、買取請求により発生した利益は譲渡所得、解約請求より発生した利益は配当所得とされていたが、現在はどちらも譲渡所得として取り扱われることになっている。この譲渡所得に対する税率は20.315％（所得税15.315％、住民税５％）である。

2 公社債投資信託の収益に対する課税

主に債券等の利息収入から発生する期中分配金および償還・中途換金による差益は、一律、20.315％（所得税15.315％、住民税５％）の源泉分離課税が適用される。

課税される際は、「単位型（ユニット型）」においては設定時の基準価額が元本となる。「追加型（オープン型）」のうち、日々決算型（MMF、MRF、中期国債ファンドなど）は常に同じ基準価額にて設定されるので、設定時の基準価額が元本となる。

日々決算型以外においては、2002年４月から「個別元本方式」が導入され、基準価額が設定時より下回っている時にも追加設定が可能となったので、株式投資信託と同様に各受益者の個別元本に応じて元本が計算される。

なお、2016年から特定公社債と同様に、公募公社債投資信託の譲渡益や分配金も申告分離課税の対象となった。

4 金融所得課税の一体化と損益通算

少子高齢化の進展から貯蓄率が顕著な低下傾向を示すわが国では、個人金融資産の効率的な活用が経済活力を維持するための鍵となっており、効率的な金融・資本市場の構築が喫緊の課題である。そのためには、個人投資家が自らのリスク選考に応じて自由に金融商品を選択できるようにする必要があり、金融資産に対する課税は、簡素でわかりやすく、金融商品の選択にあたって中立的であることが求められる。

政府税制調査会は、2004年に金融商品に対する課税方式の均衡化と損益通算範囲の拡大の方向性を打ち出している。この流れに沿って、平成20年度税制改正では、上場株式等の譲渡損失と配当等の損益通算が2009年以降可能とされ、さらに2009年に成立した「所得税法等の一部を改正する法律」の附則において「金融所得課税の一体化の更なる推進」が盛り込まれている。

かかる状況を踏まえ、金融資産に対する課税の簡素化・中立化の観点から、金融商品間の課税方式の均衡化を図り、預金等を含め損益通算を幅広く認める「金融所得課税の一体化」をさらに推進することが望まれる。

なお、前述のとおり、2016年から、これまで非課税とされていた公社債、公社債投資信託の譲渡損益が申告分離課税の対象となり、上場株式等の譲渡損益や配当（利子）との損益通算が可能となった。

1　損益通算の範囲

1年の間には、利益が出ることもあれば損失が出ることもある。同一の所得内で通算しきれない損失がある場合には、一定の条件下で他の所得と通算することができる。これを損益通算という。次の項目は、上場株式等（公募株式投資信託を含む）の損益通算【参考5－5】が可能な範囲である。

①国内株式・外国株式の譲渡損益

②国内公募株式型投資信託・外国投資信託の譲渡損益

③国内公募株式型投資信託の償還損益

④国内株式・外国株式の配当金

⑤国内公募株式型投資信託・外国投資信託の分配金

【参考5－5】上場株式等の損益通算

上場株式等の配当等と上場株式等の譲渡損失の損益通算は、2009年1月以降、認められている。

上場株式等の譲渡損と通算できるのは、上場株式等の配当等について、申告分離課税を選択した配当等のみである。言い換えると、申告不要や総合課税を選択した場合は通算できない。

なお、2016年から上場株式等に特定公社債、公社債投資信託が加えられたことから、特定公社債や公募公社債投信の利子（分配金）や譲渡損益も損益通算の対象となった。

2　繰越控除

上場株式等の譲渡損については、同じ年の上場株式等の配当金等だけでなく、翌年以降3年間の上場株式等の配当金等と通算することが認められている。

5 特定口座

1 特定口座とは

上場株式等の譲渡益には、申告分離課税が適用される。譲渡益については投資家自身が確定申告を行うことが原則となるため、たとえば、通常は確定申告が不要なサラリーマンであっても、株式等の譲渡益を得た場合には確定申告を行わなければならない。

特定口座制度は、証券会社などが株式等の譲渡損益の計算や納税事務を代行し、投資家の申告負担を軽減することを目的とする制度である。特定口座では、現物株式の取引はもちろん、信用取引を行うこともできる。

公募株式投資信託の償還差益・解約差益は、譲渡所得として取り扱われるので特定口座の対象となる。

上場株式等の配当や公募株式投資信託の分配金についても、源泉徴収を選択した特定口座に受け入れることができる。

なお、2016年から特定公社債や公募公社債投資信託についても特定口座への組入れが可能となった。

2 特定口座のメリット

特定口座では、証券会社などが投資家に代わって特定口座内の上場株式等の譲渡損益を計算する。投資家が選択すれば、証券会社などは投資家が特定口座内の上場株式等を譲渡するときに、譲渡益に対し源泉徴収を行う。

源泉徴収を選択した特定口座では、譲渡所得等に係る税額が源泉徴収されるため、確定申告を行わずに納税を済ますことができる。その一方、一定の給与所得者で、給与所得・退職所得以外の所得が20万円以下であっても、申告不要を選択すると源泉徴収された金額は還付されない。

源泉徴収を選択していない特定口座では、年間を通じて利益が出た場合に確定申告が必要となる。この場合、確定申告書に特定口座年間取引報告書を添付する方法など簡便な確定申告が可能となる（源泉徴収を選択した口座について確定申告を行う場合も同様【参考5－6】）。

一般口座や特定口座であっても源泉徴収を選択していない口座を利用する場合、株式等の譲渡益について、原則として確定申告をしなければならない。確定申告をした場合、株式等の譲渡益は合計所得金額に含まれ、投資家の世帯構成や加入している社会保険等によっては社会保険料や扶養者の税金に影響がでる可能性がある。

しかし、源泉徴収を選択した特定口座を利用した場合、確定申告をしない限り、これらの影響は生じない。この点も特定口座を利用することのメリットといえる。

3　源泉徴収口座の選択手続き

特定口座を設ければ、自動的に証券会社などにより源泉徴収されるわけではない。投資家は特定口座を設けている証券会社などに対し、その年の最初の譲渡を行う時までに「特定口座源泉徴収選択届出書」を提出しなければならない。

「特定口座源泉徴収選択届出書」を提出し、源泉徴収を選択した場合は、源泉徴収なしへの変更届出書を提出しない限り、源泉徴収を選択している状態が継続される。源泉徴収なしに変更する場合は、その特定口座の源泉徴収をやめる年の最初の譲渡までに、変更届出書を提出する必要がある。つまり、年の途中で源泉徴収の適用・不適用を変更できない。

特定口座を選択するか否かは特定口座ごとに選択が可能であるが、特定口座は証券会社など１販売会社につき、１口座しか設けることができない。

4　特定口座年間取引報告書

特定口座内の取引について、年間の譲渡損益等を記載した「特定口座年間取引報告書」が証券会社などから翌年１月31日までに交付される。

「特定口座年間取引報告書」は、年間の取引状況の確認のために使われるほか、支払調書に代わる役割を果たす。そのため、その証券会社などの店舗所在地の所轄税務署長には、支払調書に代え特定口座年間取引報告書が提出される。

また、特定口座年間取引報告書は、確定申告の際に必要となる「株式等に係る譲渡所得等の金額の計算明細書」に代わる役割も有しており、源泉徴収の選択の有無にかかわらず、特定口座年間取引報告書を用いた簡易な確定申告を行うことが可能となる【参考５－６】。

【参考５－６】確定申告時の特定口座年間取引報告書の添付、提出

2019年度税制改正において、特定口座年間取引報告書を確定申告書等に添付し、または確定申告書等の提出の際提示することを要しないこととするほか、これに伴う所要の措置を講ずる（2019年４月１日以後に提出する確定申告書等について適用）とされている。

5　上場株式等の配当等の源泉徴収口座への受入れ

2010年１月から、源泉徴収口座に設定される特定上場株式配当等勘定において上場株式等の配当金や公募株式投資信託の収益分配金を受け入れることが可能となった。

源泉徴収口座を開設している投資家であれば、同一の証券会社等の一般口座で管理されている上場株式等に係る配当金や公募株式投資信託の分配金について、原則として、源泉徴収口座に受け入れることができる。

上場株式等の配当金等を源泉徴収口座に受け入れるためには、投資家は証券会社などとの間で上場株式配当等受領委任契約を締結し、「源泉徴収選択口座内配当等受入開始届出書」を提出する必要がある。また、源泉徴収選択口座において、上場株式等の配当等の受入れをやめたい場合は、証券会社などに対して「源泉徴収選択口座内配当等受入終了届出書」を提出する必要がある。

6 特定公社債等の源泉徴収口座への受入れ

2016（平成28）年1月から、上場株式等の範囲に特定公社債、公募公社債投資信託などが含まれることになり、特定口座に受入れることが可能となった。これにより源泉徴収ありの特定口座であれば、譲渡等を行った場合も申告不要を選択することが可能である。また、特定公社債等の利子等も特定口座内で損益通算される。

なお、特定口座に受入れることができる特定公社債等は、原則、2016年1月以降に特定口座で購入したものだが、2015年までに取得し保有している特定公社債等も一定の期間内に手続きを行うことで、特定口座に組み入れることが可能である。

6 少額投資非課税制度（NISA）

上場株式等の配当・譲渡益に対する課税について2014年1月1日から期間限定で非課税とする「少額投資非課税制度」が新設された。

「少額投資非課税制度」は「NISA（日本版ISA）」とも呼ばれ、既に英国に導入されている制度にならったもので、家計の安定的資産形成の支援と、経済成長に必要な資金の拡大を目的とする制度である。制度開始以降、2016年4月には未成年者少額投資非課税制度（以下、ジュニアNISA)、2018年1月にはつみたてNISAがスタートし、2024年1月から新制度が開始した。新制度開始に伴い、旧制度は2023年12月をもって終了している。

1　NISAの仕組み

(1)　NISA口座

少額投資非課税制度を利用するためには、非課税口座（NISA口座）を開設することが必要となる。

NISA口座は、国内居住者（国内に恒久的施設を有する非居住者も含む）で、口座開設を行おうとする年の1月1日に18歳以上の者が開設可能である。

制度開始当初は金融機関の変更ができなかったが、2015年からは、変更したい年度に既にNISA口座での買付けがないことを条件に、年単位で金融機関の変更が可能となった。

NISA口座の開設にあたっては、口座開設の申込みから即日で開設し、同日に買付を行うことが可能であるが、税務署でNISA口座の重複が判明した場合は、当初から課税口座での取引として取り扱われることとなる。

(2)　制度改正の概要

新制度には特定累積投資勘定（以下、つみたて投資枠）と特定非課税管理勘定（以下、成長投資枠）の2つの投資枠があり、旧制度から大幅に拡充されている。主な拡充内容は以下3点となる。

①非課税投資枠の拡大・併用可

②非課税期間の無期限化（制度恒久化）

③非課税保有限度額の再利用可

新旧制度の比較は「図表5－1－1」のとおりとなっている。

(3)　旧制度で保有する商品の取扱い

旧制度で保有している商品は、旧制度に基づいた非課税期間が適用され、つみたてNISAは購入時から20年間、一般NISAは5年間、非課税のままで保有可能である。ただし、非課税期間終了後、新制度NISAに

■図表５－１－１　NISA 制度の新旧対照表

	旧制度（2023年12月まで）		新制度（2024年１月から）	
	つみたて NISA	一般 NISA	つみたて投資枠	成長投資枠
投資可能期間	～2023年12月末		恒久化	
年間投資枠	40万円	120万円	120万円	240万円
併用可否	併用不可		併用可	
非課税期間	20年間	５年間	無期限	
再利用可否	不可		可	
非課税保有限度額	800万円	600万円	1,800万円（内、成長投資枠は最大1,200万円まで）	
対象年齢	18歳以上		18歳以上	
購入方法	積立	一括	積立	一括・積立
投資対象商品	積立・分散投資に適した一定の投資信託	上場株式・投資信託等（※１）	旧つみたてNISA 対象商品と同様	上場株式・投資信託等（一部対象除外あり（※１））

※１　次のすべての条件を満たすものが投資対象
①信託期間が20年以上または無期限であること　②高レバレッジ型ではないこと
③毎月分配型ではないこと
（出所）　金融庁 HP「新しい NISA」より作成

移管（ロールオーバー）することはできない。

また、新制度 NISA の非課税保有限度額の外枠で管理することになる。

2　ジュニア NISA の取扱い

ジュニア NISA とは、０歳から17 歳の日本に居住する未成年者について未成年者口座（ジュニア NISA 口座）を開設し、１年間あたり80万円を限度に、最大400 万円まで非課税での投資が可能となる制度。2016年４月にスタートしたジュニア NISA は、旧制度と同様に2023年12月をもっ

■図表５－１－２　旧制度（つみたてNISA）で保有する商品の非課税期間

（例）つみたてNISAの場合

（出所）　金融庁 HP「2023年までの NISA」

て終了している。

⑴　ジュニア NISA で保有する商品の取扱い

2023年までにジュニア NISA で投資した商品については、５年間の非課税期間が終了まで非課税で保有することができる。非課税期間終了時点で18歳未満の場合は、自動的に継続管理勘定【参考５－７】へ移管（ロールオーバー）され、18歳になるまで非課税で保有することが可能。

【参考５－７】継続管理勘定

ジュニア NISA 口座で保有する金融商品について、2023年末以降に非課税保有期間が終了する場合に、口座開設者本人が18歳になるまで金融商品を保有するための非課税の勘定のこと。この勘定では新規の投資を行うことができない。

⑵　払出制限について

2024年以降は、ジュニア NISA 口座で保有している株式や投資信託等および金銭の全額について、年齢や事由に関係なく、非課税での払い出しが可能。ただし、３月31日において18歳である年の前年12月末までは、一部のみを払い出すことはできず、ジュニア NISA 口座で保有する全ての金融商品を払い出したうえで、ジュニア NISA 口座は廃止する必要がある。

第2章

法人に係る証券税制

1 法人の有価証券取引に対する課税

法人が行う有価証券取引から生じた損益は法人税法上の損金・益金となり、法人税の課税対象となる。公社債取引では、利子収益、償還差益、売買差益が、株式取引では配当、売買差益がこの対象に該当する。

なお、平成25年度税制改正、平成28年1月1日施行で金融所得課税の一体化の推進に向けた改正が行われた。

これまで公社債等と上場株式等とで課税方式に差異があったが、証券投資活性化のため、源泉徴収や損益通算の方法につき上場株式と同等とすべく見直しが行われたものである。

1 公社債取引に対する課税

2016年1月より適用となった公社債税制改正の主な内容は以下のとおりである。

(1) 特定公社債利子等の源泉徴収義務者の変更

特定公社債【参考5－8】の利子等に係る所得税および復興特別所得税（以下、「所得税」という）の源泉徴収義務者は、「発行体（または支払代理人)」から「支払の取扱者（口座管理機関)」に変更された。

【参考５－８】特定公社債

主には、①国債・地方債・外国国債・外国地方債、②財投機関債、③公募公社債・上場公社債、④その他一定の要件を満たす債券、⑤平成27年12月31日以前に発行された債券、が区分される。

⑵ 利子等の源泉徴収不適用に関する所有期間按分の廃止

指定金融機関等、振替機関等の確認を受けた事業法人および公共法人等が保有し、振替口座簿に記載または記録されている公社債利子等については、これまでは所有期間分の経過利息に関する所得税についてしか源泉徴収が免除されなかった。本改正により、利子等の源泉徴収不適用に関する所有期間按分が廃止され、利払日時点の所有者の税属性で源泉徴収の要否が判断されることとなった。

⑶ 法人に対する都道府県民利子割の廃止

これまでは法人が利子等を受け取る場合には、所得税（15.315％）の源泉徴収および都道府県民税利子割（５％）の特別徴収が行われてきた。本改正により、都道府県民税利子割の特別徴収が廃止されたため、所得税のみが源泉徴収されることとなった。

⑷ 割引債の源泉徴収方法の変更

これまで、割引債は、発行時に、償還差益に対して所得税（18.378％）が源泉徴収されていた。本改正により、2016年１月１日以降に発行された割引債では当該発行時源泉徴収が廃止され、原則としてみなし償還差益【参考５－９】に対して所得税（15.315％）および都道府県民税利子割（５％）の償還時源泉徴収が行われることとなった【参考５－10】。

【参考５－９】みなし償還差益

みなし償還差益の計算方法は以下のとおり。

①発行日から償還日までの期間が一年以下である割引債（分離利子公社債を除く）

償還金の額に0.2％を乗じて計算した金額

②分離利子公社債および発行日から償還日までの期間が一年を超える割引債

償還金の額に25％を乗じて計算した金額

【参考５－10】償還時源泉徴収の対象となる割引債（国内で支払われるもの）

①割引の方法により発行されるもの、②分離元本公社債、③分離利子公社債、④利子が支払われる公社債でその発行価格の額面金額に対する割合が百分の九十以下であるもの。

2　株式取引に対する課税

法人が行う株式取引によって生じた配当、および譲渡損益は、前述のとおり法人税の課税対象である。ただし、法人が内国法人から受け取った配当については、一定の条件で益金不算入制度が適用され、法人税上の益金に算入されないとされている（法人税法23条）。これは、当該配当について、配当支払法人と配当受取法人の両方への二重課税を排除することを目的としている。

益金に算入しない配当の額は、この趣旨に沿って、配当支払会社株式等（株式等：株式、出資または受益権）の区分に応じて決められている。まず、完全子法人株式等からの配当等はその全額が益金から除かれる。

また、関係法人株式等（配当受取法人が配当等の支払いに係る効力が生じる日以前６ヵ月以上、配当支払法人の発行済株式等総数の３分の１を超える株数を保有している場合のその株式等）の配当等も全額益金不算入が適用される。

非支配目的株式等（完全子法人株式等以外の様式であり、発行済株式等総数の５％以下を保有している場合のその株式等）の配当等は、20％益金不算入が適用される。

そして、完全子法人株式等、関連法人株式等、および非支配目的株式等（発行済株式等総数の５％超３分の１以下）を保有の場合でない株式等からの配当等については、50％が益金不算入となる。

ただし、以下の２要件を共に充足する「短期保有株式」については、本制度が適用されない。

①株式を配当支払い基準日の前1ヵ月以内に取得

②株式を配当支払い基準日の後2ヵ月以内に売却

また、投資法人や特定目的会社などの一定の内国法人からの配当については、配当支払い法人において損金に算入されるため、二重課税は発生しないと判断され、配当受取り法人において益金不算入制度は適用されない。

そして、受取配当の益金不算入制度については、2022年4月1日以後開始事業年度から見直され、グループ通算制度を適用している場合のみならず、グループ通算制度を適用していない場合も、益金不算入割合が100％となる関連法人株式等に該当するか否かは、完全支配関係のあるグループ単位で判定され、関連法人株式等に係る負債利子控除額は、受取配当の4％（上限はその年度の支払負債利子の10％）とされた。また、短期保有株式等に該当するか否かは各法人ベースで判定される。その他、2023年10月1日以降、一定の内国法人（公益法人を除く）が支払いを受ける配当等で下記①②のものに関しては、所得税が課税されず、所得税の源泉徴収も行われないこととなった。

①完全子法人株式等に該当する株式等に係る配当等

②3分の1超を保有する株式等に係る配当等

2 外国税額控除制度

国外を源泉とする所得については、源泉地国において課税される部分に対する二重課税を排除することを目的として、外国税額控除制度により、外国で納付した税額を一定の限度で日本国内において納付する税額から控除することが認められている。

また、開発途上国などにおいては、経済発展の促進のため外国の企業に対して税制優遇を行っていることがある。この場合、「みなし外国税額控除制度」によって、租税条約等に基づき当該源泉地国において減税額を納付したものとみなし、日本国内において納付する税額から控除することが認められている。これは、所得源泉地国での減税額を日本国内において納付するのでは開発途上国に対する投資インセンティブが損なわれるため、この動機づけを保護することを目的としている。

平成30年度、平成31年度の税制改正により、集団投資信託（公募・私募の証券投資信託、REIT 等の上場投資信託、JDR 等）の2020年１月１日以降に交付される分配金について、外国所得税額を控除して所得税の源泉徴収を行う（申告時の税額を限度に控除）分配時調整外国税相当額控除制度が創設された。これは分配型が多いわが国の投資信託等への投資促進を税制面から支援するものである。

第3章 会計制度

1 金融商品に関する会計基準

わが国では2000年4月に有価証券や金融債権、金融商品の取引など、金融商品の会計処理を定めることを目的として「金融商品に関する会計基準」（以下、「金融商品会計基準」という）が導入され、金融商品の時価会計がスタートした。これにより、財務状況・経営成績の透明性の確保に資することができ、投資家にとって有用な情報を提供することができるとされている。2019年7月には、国際的な会計基準との比較可能性の向上を目的とし、時価の算定に関する詳細なガイダンスを定めた「時価の算定に関する会計基準」等が公表された。これに伴い、2021年4月より金融商品の時価の算定方法を、時価の算定に係るインプット（時価を算定する際に用いる仮定）のレベル別に分け、より詳細な注記が必要となった。

金融商品会計基準の対象となる金融資産は、現金預金、金銭債権（受取手形、売掛金、貸付金等）、有価証券、デリバティブ取引で生じる債権等（先物取引、先渡取引、オプション取引、スワップ取引等）（金融商品会計基準4項）で、「金融商品会計に関する実務指針」（以下、「実務指針」という）によれば、クレジット・デリバティブ、ウェザー・デリバティブ、コモディティ・デリバティブもこの会計基準の対象に含まれるが、保険契約や退職給付債務は対象外となっている。また、対象の金融負債は、金銭債務（支払手形、買掛金、借入金、社債等)、デリバティブ取引により生じる正味の債務等となっている。

1　有価証券の区分

金融商品会計基準上では有価証券を、①売買目的有価証券、②満期保有目的の債券、③子会社および関連会社株式、④その他有価証券、に分類している。各々の区分の概要については、以下のとおりである。

■図表５－３－１　有価証券の区分

有価証券	概　要	貸借対照表価額
売買目的有価証券	時価の変動により利益を得ることを目的として保有する有価証券	・期末日の時価をもって貸借対照表価額とする。 ・評価差額は当期の損益として処理する。
満期保有目的の債券	満期まで所有する意図をもって保有する債券	・取得原価をもって貸借対照表価額とする。 ・額面と異なる価額で取得した場合は、償却原価法に基づき算定される価額をもって貸借対照表価額とする。
子会社株式および関連会社株式	―	・取得原価をもって貸借対照表価額とする。
その他有価証券	上記３つ以外の有価証券。「売買目的有価証券」と「子会社株式および関連会社株式」との中間的な性格を有するものとして捉えられている。	・期末日の時価をもって貸借対照表価額とする。 ・評価差額は洗い替え方式に基づき、①合計額を純資産の部に計上するか②時価が取得原価を上回る銘柄については評価差額を純資産の部に計上し、下回る銘柄は当期の損失として計上する。なお、会計上と法人税法上で評価額が異なるため、純資産の部に計上する分については、税効果会計を適用しなければならない。

貸借対照表上では、「売買目的有価証券」および１年以内に満期の到来する債券は流動資産に属するものとして、また、これら以外の有価証券は投資その他の資産に属するものとして表示する。

時価は金融商品会計基準上、「算定日において市場参加者間で秩序ある取引が行われると想定した場合の、当該取引における資産の売却によって受け取る価格又は負債の移転のために支払う価格」とされている。なお、金融商品の種類により種々の取引形態があるが、市場には公設の取引所およびこれに類する市場のほか、随時、売買・換金等を行うことができる取引システム等が含まれる。

2 有価証券以外の金融資産・負債

有価証券以外にも金融商品会計基準の対象となる金融資産・負債となるものがあり、それらの貸借対照表上の扱いは以下のとおりである。

■図表5－3－2 有価証券以外の金融資産・負債

金融資産・負債	例	概要
債権	受取手形、売掛金、貸付金等	・取得価額から貸倒引当金を控除した額を貸借対照表価額とする。 ・債権金額と異なる価額で取得した場合で、その差益が金利の調整と認められるときは、減価償却法に基づき算定される価額から貸倒引当金を控除した額を以て貸借対照表価額とする。
運用を目的とする金銭の信託	特定金銭信託、指定金外信託等	・信託財産の構成物たる金融資産・負債についての個別の評価額を合計した額を貸借対照表価額とする（合同運用を除く）。 ・評価差額は当期の損益として処理する。 ・特定金銭信託、指定金外信託等については一般に運用を目的とするものと考えられており、有価証券の管理などなど運用以外の目的が明らかな場合を除き、運用目的と推定される。
デリバティブ取引により生じる正味の債権・債務	先物取引、先渡取引、オプション取引等により生じる正味の債権・債務	・時価をもって貸借対照表価額とする。 ・評価差額は原則として当期の損益として処理する。 ・商品先物のように現物商品に係るデリバティブ取引も金融商品会計基準の対象。
金銭債務	支払手形、買掛金、借入金、社債等	・債務額をもって貸借対照表価額とする。 ・社債を社債金額と異なる価額で発行した場合などは、償却原価法に基づき算定される価額をもって貸借対照表価額とする。

3　償却原価法

金融資産・負債を債権・債務の額と異なる金額で貸借対照表に計上した場合、当該差額の性格が金利の調整と認められる場合は、弁済期または償還期に至るまで毎期一定の方法で取得原価に加減することとなっている(当該加減額は受取利息または支払利息)。このときの増額をアキュムレーション、減額をアモチゼーションとも呼ぶ。

4　金融資産売買契約に係る発生・消滅の認識

金銭債権・債務については、一般に商品の受渡しや役務提供の完了によってその発生を認識するが、金融資産および金融負債を対象とする取引は、その契約上の権利・義務を生じさせる契約を締結した時点において発生を認識しなければならない。これは、契約の時点から当該金融資産・負債に係る時価リスクや契約相手方の信用リスクが生じるためである。

一方、金融資産の消滅については、その契約上の権利を行使・喪失した場合、または権利に対する支配が他に移転した場合に認識しなければならないとしている。また、金融負債の消滅については、契約上の義務を履行したとき、義務が消滅したとき、または第一次債務者の地位から免責されたときに認識しなければならないとしている。

金融資産・負債の消滅を認識した場合、その帳簿価額とその対価としての受払額との差額を当期の損益として計上する。ただし、消滅の認識が金融資産・負債の一部であった場合は、消滅部分の時価と残存部分の時価との比率によって、当該金融資産・負債の帳簿価額を按分して計算する。

5　有価証券の減損処理

前述のとおり、「満期保有目的の債券」、「子会社株式および関連会社株式」、そして「その他有価証券（うち、「市場価格のない株式等」以外のもの）」については、取得原価をもって貸借対照表価額としているが、時価が著しく下落した場合については、回復の見込みが認められる場合を除き、帳簿上の取得原価を決算時の時価・実質価額に修正して貸借対照表価額とし、評価差額は当期の損失として計上しなければならない。また、時価の把握が極めて困難と認められる株式についても、発行会社の財政状態の悪化により実質価額が著しく低下した場合は、相当の減額をなし、評価差額を当期の損失として処理しなければならない。

なお、「時価が著しく下落した場合」および「回復の見込が認められる場合」については、実務指針により、次のように定量的な定義がされている。

①時価が著しく下落した場合：50％以上下落した場合

②回復の見込みが認められる場合：株式では、期末後おおむね1年以内に時価が取得原価に近い水準まで回復することを合理的に予測できる場合。ただし、時価が過去2年間にわたり著しく下落した状態にある場合は、通常は回復の見込みがあるとは認められない。債券では、一般市場金利の大幅な上昇による時価下落は回復可能性が認められる場合があるが、格付の著しい低下や発行会社の債務超過等、信用リスクに起因する時価下落は、通常は回復の見込みがあるとは認められない。

6　有価証券の譲渡原価の算出

有価証券の譲渡原価の算出には、移動平均法と総平均法が認められている。各々の計算方法については次の表のとおりだが、有価証券の区分ごと、かつ同銘柄ごとに単一の算出方法を適用しなければならない。

■図表５－３－３　有価証券の譲渡原価に用いる計算法

移動平均法	同一種類・銘柄ごとに有価証券を取得するたび、その時点までの評価額と取得した有価証券の取得価額の合計を保有総数で除して平均単価を算出
総平均法	同一種類・銘柄ごとに、有価証券の期首評価額とその事業年度に取得した有価証券の取得価額の合計を保有総数で除して平均単価を算出

7　デジタル証券に関する会計処理

2020年５月の金商法改正により定義されたデジタル証券に関する会計処理については、2022年８月に企業会計基準委員会より電子記録移転有価証券表示権利等の実務会計制度の取扱いが公表された（実務対応報告第43号「電子記録移転有価証券表示権利等の発行及び保有の会計処理及び開示に関する取扱い」）（「図表５－３－４」）。

■図表５－３－４　電子記録移転有価証券表示権利等の取扱い

範囲	電子記録移転有価証券表示権利等を発行または保有する株式会社
基本的な考え方	基本的に従来のみなし有価証券の発行および保有の会計処理と同様に取り扱うこととしている
発行の会計処理	電子記録移転有価証券表示権利等を発行する場合、その発行に伴う払込金額は、負債、株主資本または新株予約権として会計処理を行う
保有の会計処理	電子記録移転有価証券表示権利等の保有の会計処理については、金融商品会計基準等上の有価証券に該当する場合と該当しない場合に分けて定められている
適用時期	2023年４月１日以後開始する事業年度の期首から適用

証券業務の基礎　2024年度版

2024年 6 月18日　2024年度版第 1 刷発行

著　　者　三井住友信託銀行
三井住友トラスト・アセットマネジメント㈱
編　　者　三井住友トラスト・キャリアパートナーズ㈱
発 行 者　髙　橋　春　久
発 行 所　㈱経済法令研究会
〒162-8421　東京都新宿区市谷本村町3-21
電話 代表03 (3267) 4811 制作03 (3267) 4823
https://www.khk.co.jp/

〈検印省略〉

営業所／東京03(3267)4812　大阪06(6261)2911　名古屋052(332)3511　福岡092(411)0805

カバーデザイン／Design Office Notch　制作／長谷川理紗　印刷／日本ハイコム㈱　製本／㈱島崎製本

Printed in Japan　ISBN978-4-7668-2506-0

☆　本書の内容等に関する追加情報および訂正等について　☆

本書の内容等につき発行後に追加情報のお知らせおよび誤記の訂正等の必要が生じた場合には、当社ホームページに掲載いたします。

（ホームページ　書籍・DVD・定期刊行誌 メニュー下部の 追補・正誤表 ）